博雅语言学教材系列

汉语词汇文化

增订本

常敬宇 著

图书在版编目(CIP)数据

汉语词汇文化(增订本)/常敬宇著.—北京:北京大学出版社,2009.4
(博雅语言学教材系列)
ISBN 978-7-301-15130-3

Ⅰ.汉… Ⅱ.常… Ⅲ.汉语-词汇-对外汉语教学-教材　Ⅳ.H195.4

中国版本图书馆 CIP 数据核字(2009)第 052217 号

书　　　　名：	汉语词汇文化(增订本)
著作责任者：	常敬宇 著
责 任 编 辑：	欧慧英
标 准 书 号：	ISBN 978-7-301-15130-3/H·2239
出 版 发 行：	北京大学出版社
地　　　　址：	北京市海淀区成府路 205 号　100871
网　　　　址：	http://www.pup.cn
电　　　　话：	邮购部 62752015　发行部 62750672　编辑部 62753374
	出版部 62754962
电 子 邮 箱：	zpup@pup.pku.edu.cn
印　　刷　者：	河北博文科技印务有限公司
经　　销　者：	新华书店
	880 毫米×1230 毫米　A5　9.375 印张　278 千字
	1995 年 8 月第 1 版
	2009 年 4 月第 2 版　2025 年 3 月第 6 次印刷
定　　　　价：	24.00 元

未经许可,不得以任何方式复制或抄袭本书之部分或全部内容。
版权所有,侵权必究　　举报电话：010—62752024
电子邮箱：fd@pup.pku.edu.cn

作者简介

常敬宇,河北省清苑县人。1940年生。现为北京语言大学教授、研究生导师、(国际)中国书法家协会中心教授、中国书画研究院研究员、东坡书画艺术研究院院士、中国修辞学会理事、中国书画家协会理事。曾先后赴越南、日本、巴基斯坦等国讲学。出版专著有《语用·语义·语法》、《汉语词汇文化》、《淡静斋文集》、《常敬宇书画选集》、《陶情诗集》等,合著有《近义词辨析》、《汉语同义词词典》、《中国文学家辞典》、《中国艺术家辞典》、《新语法及范文分析》等十余种。发表论文百余篇。

原版序一

近些年来,汉语随着我国政治与经济地位的提高,在国际交往中已经成为一种重要的语言。世界各国学习汉语的人越来越多。由于汉语的历史悠久,语词成千累万,从古到今有多种构词的方式,有种种表示不同义类的方法,而且有富于修辞色彩和象征性质,以表现说者的情感和心态。这些都是历史长期发展的结果,显示了汉民族传统文化的特征。然而其中有很多难以单从字面上理解的说法,那就必须从民族的心理因素和历史文化各方面如文学、哲学思想、政治、经济、民俗以及伦理观念、道德观念等去寻求根柢得其确解。这自然不是很容易的事,很需要有专家学者编出辞典来供人参考。

本书作者常敬宇先生在北京语言学院从事对外汉语教学工作多年,学识丰富,深得学者赞佩。他根据教学的经验,体会到汉语中属于文化历史方面的词汇内容非常广泛,乃进行分类整理研究。岁月既久,编纂成书,为汉语文化词汇学之先声。此书一出,不仅对本国人有用,对国际友人学习汉语以及了解汉族文化当更有帮助,故略缀数语,以为序。

周祖谟
1993年3月22日于北大朗润园寓所

原版序二

据报载,1992年10月18日是美国的鬼节(万圣节)。当晚8时,在美国的两名日本留学生化了装去美国朋友的家,由于没有记清门牌号码,不慎误入另一户美国人家。开门的女主人被这两名突如其来化了装的"怪物"吓得惊叫起来,叫声惊动了她的丈夫,他赶快拿着枪冲了出来,连声高喊:"Freeze!"一个学生听到喊声站在那里,一动不动,另一个学生却拼命往外跑,于是枪响了,年轻人当场死去。(《光明日报》1993年7月24日)这个悲剧主要是由语言引发出来的。Freeze的意思是"冰冻""冻结",但它还附有"站住,不要动"的意思。被打死的日本学生不知道美国社会中Freeze这个词特有的文化含义。从这一偶发的悲惨事件中,人们更加相信学习任何一种语言必须了解该语言的文化背景。

一个人的语言能力(指听说读写的能力)的高低往往取决于他对语言本身的结构和对语言背景的文化因素的把握。以外国留学生学习汉语为例,他们在语言难度大的时候,之所以理解不好汉语,主要是由于缺乏汉语的基础知识;但在语言难度小的时候,如果还理解不好汉语,则主要是由于文化方面的障碍。各民族由于价值观念不同,心理素质不同,风土民情不同,思维方式不同,对同一事物、同一概念的理解和表达往往产生分歧,以至于引起误会,影响言语交际的顺利进行,甚至出现类似上述意想不到的后果。因此,语言学习一定离不开对文化背景知识的把握。

汉语是汉文化的载体,它深深地印上了汉民族悠久而多姿多彩的文化历史的印记,学习汉语同样必须把握汉文化。要想把握好汉文化,在具有初步的汉语基础知识之后,应注重学习最能反映汉文化特征的汉语文化词语。文化词语是指蕴含社会文化意义的词语。文化意义则指社会所赋予词语的引申义、比喻义、联想义、象征义、感情色彩与语体色彩以及特有的含义。文化词语总是同民族的文化背景、心理素质、习俗民情、社会制度的变革和社会生活的变化密切相关,随着社会的变化而变化,是词汇中最活跃的部分。对文化词语进行比较深入的考察和研究,弄清它的来龙去脉,在此基础上编写出汉语文化词语大辞典,正是出于语言应用和对外汉语教学的需要而考虑的。可喜的是,常敬宇同志在前人关于语言与文化研究的基础上,积多年的经验与材料,写出了《汉语词汇与文化》这本书。作者对汉语文化词语作了进一步的发掘,对词语的文化意义从多方面加以阐述,材料翔实,论述充分,比较实用。本书的出版定将有助于外国朋友弄清汉语某些语词的文化意义,更好地理解汉语,从而提高他们的汉语交际能力。

国内专门论述汉语文化词语和文化意义的书,就我所知,这还是第一本。万事开头难。文化词语与文化意义的界定,它们与"非文化词语""非文化意义"的界限,往往是比较模糊的,一到具体问题更可能是仁者见仁,智者见智。尽管如此,对文化词语及文化意义的探讨,如同近年来对跨文化交际的研究一样,都是对我国语言与文化研究领域里新的开拓。

我既是读者,又是敬宇同志的同道,有幸读了原稿,欣喜之余,写了上面一点儿浅薄的想法以为序。

陈建民

再版弁言

　　汉语词汇文化是外国人学习汉语的重要内容。

　　汉语是汉文化的载体，汉文化则是汉语的内涵。汉语词汇深厚地蕴涵着汉民族悠久而丰富多彩的文化信息。通常说，学习一种民族语言，很大程度上是在学习一种民族的文化。对汉语来说，尤其如此。

　　在对外汉语词汇教学中，汉语的文化词汇占有重要的地位。因为外国学生学习汉语的词汇，必须了解熟悉这些词汇的文化含义。所以外国学生要想学好汉语，在具有初步的汉语基础知识之后，还应进一步学习掌握最能反映汉文化特征的汉语文化词语。所谓汉语文化词语，是指那些蕴涵中华社会文化意义的词语，具体则包括：反映汉民族传统意识、道德观念、价值观念、哲学思想、宗教信仰、风俗民情、思维方式、心理特征、审美情趣等方面的词语。词语的文化意义则指词语的本义、引申义、比喻义、联想义、象征义、感情色彩与语体色彩等具有以上社会文化因素的含义。这些文化意义随着社会的变化而变化。本书对一些基本常见的文化词汇进行了初步的考察和研究。

　　拙著《汉语词汇与文化》1995年由北京大学出版社出版，受到国内外读者的好评。1998年由北京大学出版社再版，之后多次印刷。2000年本书又由台湾文桥出版社出版，行销海外。

　　《汉语词汇与文化》出版以来，笔者收到了很多读者来信，希望增补一些内容，如"茶文化词语""酒文化词语"等。笔者在日本、越南、巴基斯坦等国讲学时，也有很多同行朋友提出本书应扩充内容的建议。基于此，笔者在本书原有的章节基础上增补了一些新的内容，在修订原有章节之外，新增了"茶文化及其词语"、"酒文化及其词语"、"中国的玉文化及其词语"、"柳文化及其词语"、"梅文化及其词语"、"竹文化及其词语"、"亭文化及其词语"等章节，面貌大有改观，并更名为《汉语词汇文化》。

《汉语词汇文化》经过增订出版，首先得到北京大学出版社的大力支持，特别是责任编辑欧慧英女士对书稿进行了认真审阅和订正，还有本书的初版责编胡双宝先生在百忙之中也对增订书稿进行了详尽审订和增补，在此一并深表谢意。

常敬宇

2009 年 3 月 28 日

目 录

绪 论 …………………………………………………… 1

第一章 汉语词语表达的辩证观念 …………………… 5
第一节 词语表达的辩证对立思想 …………………… 6
第二节 词语的对偶性 ………………………………… 10
第三节 双声叠韵的联绵词语 ………………………… 15

第二章 汉语词语表达的伦理观念 …………………… 17
第一节 尊卑观念在词语中的反映 …………………… 17
第二节 词语反映的男尊女卑观念 …………………… 21
第三节 称谓词语 ……………………………………… 22
第四节 词语表达的官本位观念 ……………………… 28
第五节 反映方位观念的词语 ………………………… 30
第六节 表示亲疏观念的词语 ………………………… 31
第七节 反映正统排异观念的词语 …………………… 32

第三章 反映中庸和谐委婉意识的词语 ……………… 36
第一节 反映中庸和谐观念的词语 …………………… 36
第二节 委婉词语 ……………………………………… 39

第四章 反映汉民族心态特征的词语 ………………… 45
第一节 有关"心"和"意"的词语 …………………… 45
第二节 有关"天"的词语 …………………………… 48
第三节 有关"气"的词语 …………………………… 50
第四节 有关"理"的词语 …………………………… 52

第五章　典籍文化词语 ……………………………………… 55

第六章　宗教文化词语 ……………………………………… 76
第一节　来自道教的文化词语 …………………………… 76
第二节　来自佛教的文化词语 …………………………… 79

第七章　民俗文化词语 ……………………………………… 88
第一节　谐音文化词语 …………………………………… 88
第二节　龙凤文化及其词语 ……………………………… 95
第三节　虎文化及其词语 ………………………………… 100
第四节　农历二十四节气及其词语 ……………………… 103
第五节　天干和地支 ……………………………………… 106

第八章　中国传统节日及其词语 …………………………… 109

第九章　礼俗词语 …………………………………………… 119
第一节　祝福语（吉祥语）………………………………… 119
第二节　尊称语及称谓语 ………………………………… 122
第三节　自谦语及其运用 ………………………………… 125
第四节　道谢语及其运用 ………………………………… 128
第五节　道歉语及其运用 ………………………………… 131

第十章　形象词语 …………………………………………… 133

第十一章　象征词语及其文化含义 ………………………… 141
第一节　象征词语及其特点 ……………………………… 141
第二节　象征词语的文化含义 …………………………… 143
第三节　与狗有关词语的贬义色彩 ……………………… 151

第十二章　饮食文化词语 …………………………………… 153
第一节　汉菜的烹调及有关词语 ………………………… 153
第二节　汉菜名称的由来及含义 ………………………… 157

第三节	与食味有关的词语	160
第四节	与"吃"有关的词语	165
附	中草药的名称	172

第十三章 茶文化及其词语 ⋯⋯ 175
- 第一节 中国茶的历史及茶文化 ⋯⋯ 175
- 第二节 茶的种类及命名 ⋯⋯ 178

第十四章 酒文化及其词语 ⋯⋯ 183
- 第一节 中国的酒文化概说 ⋯⋯ 183
- 第二节 酒的种类及名称 ⋯⋯ 186

第十五章 数词表达的文化含义 ⋯⋯ 192

第十六章 颜色词的文化含义 ⋯⋯ 204

第十七章 汉族人的姓名与文化 ⋯⋯ 212
- 第一节 汉族人的姓氏 ⋯⋯ 212
- 第二节 汉族人的名字及其文化含义 ⋯⋯ 216
- 第三节 笔名及其他 ⋯⋯ 223
- 第四节 书斋名称 ⋯⋯ 226
- 第五节 人及事物的雅称或别称 ⋯⋯ 228

第十八章 地名文化及其词语 ⋯⋯ 237
- 第一节 中国的国名及由来 ⋯⋯ 237
- 第二节 中国的省、自治区名称来源 ⋯⋯ 240
- 第三节 中国部分城市名称的由来 ⋯⋯ 244
- 第四节 地名反映的社会文化 ⋯⋯ 245
- 第五节 亭文化及其词语 ⋯⋯ 256

第十九章 店名文化及其词语 ⋯⋯ 260

第二十章　中国的玉文化及其词语 ······················ 265
　第一节　中国玉文化概说 ······························· 265
　第二节　玉文化的象征意义及其词语 ················· 266
　第三节　玉及玉器的类别 ······························· 268

第二十一章　柳、竹、梅文化及其词语 ··············· 270
　第一节　柳文化及其词语 ······························· 270
　第二节　竹文化及其词语 ······························· 274
　第三节　梅文化及其词语 ······························· 277

参考书目 ·· 283

后　记 ··· 285

绪　　论

语言和文化有着十分密切的关系。

美国人类学家 A. 怀特说："人类的全部文化（文明）依赖于符号。正是由于符号能力的产生和运用才使得文化得以产生和存在，正是由于符号的使用，才使得文化有可能永存不朽。没有符号，就没有文化，人就仅仅是动物而不是人类了。"[①]

从语言作为符号系统的角度看，语言是文化的载体，文化是语言的内蕴。任何民族语言都负荷着该民族深厚的文化内涵。罗常培在《中国人与中国文》中说："语言文字是一个民族的文化结晶。这个民族的过去的文化靠着它来流传，未来的文化也仗着它来推进。"不同民族的文化不仅生成语言的特殊语义成分，而且对语言的构词构句模式也产生重要影响。每一个民族的语言都是自己民族文化的一面镜子，或者说，语言是历史文化的"活化石"。

各民族文化的个性特征，经过历史的积淀而结晶在词汇层面上。一个民族语言的词汇系统能够最直接最敏感地反映出该民族的文化价值取向。正如美国社会语言学家恩伯所说："一个社会的语言能反映与其相对应的文化，其方式之一则表现在词汇内容或者词汇上。"[②]从另一方面说，一个民族的文化心理往往制约着该民族生活的各个方面，尤其是对语言的词汇影响更深。19世纪德国心理学家冯特曾指出："一个民族的词汇本身就能揭示这个民族的心理素质。"[③]因此可以说，任何民族的语言词汇系统及其构成成分，都会受其民族文化的制约和影响。

[①]　《文化科学》第 31—32 页，浙江人民出版社，1988。
[②]　C. 恩伯、M. 恩伯合著《文化的变异》，辽宁人民出版社，1988。
[③]　引自墨菲《近代心理学导引》第 207 页，台湾书店。

这里所说的民族文化,指广义的文化,具体可分为物质文化、制度文化和心理文化三个层面。物质文化是指人类所创造的种种物质文明,如生产和交通工具、日用器具、建筑工艺、服饰、饮食、居住等方面。制度文化指种种社会政治制度和生活习惯等,如奴隶制度、封建制度、生活方法、婚姻形式、风俗习惯、亲属关系、姓氏名讳、地理、法律、礼仪等方面。心理文化包括思想观念、心理特征、思维方式、宗教信仰、价值观念、审美情趣等方面。物质文化是一种可见的显性文化或称表层文化。制度文化和心理文化则属于隐性文化或称深层文化。心理文化较之制度文化处于更深的层面。这些文化层面,无不反映于该民族语言的词汇系统,并形成带有文化色彩和文化内涵的文化词汇。正如吕叔湘先生在为《中国大百科全书》语言文字卷写的专文《语言和语言研究》所说:"研究一个民族的语言还常常涉及这个民族的文化。例如从词语的来源(汉语则包括汉字的构造)看古代文化的遗迹,从地名和方言的分布看居民的迁徙的踪迹,从人名看宗教和一般民间信仰,从亲属称谓看古代婚姻制度等等。这可以称为文化语言学,有些学者称之为人类学语言学或民族学语言学。"可以说,学习一种民族的语言词汇,从根本上说,是在学习一种民族的文化。

我们所说的文化词汇不同于一般的词汇。文化词汇是指特定文化范畴的词汇,它是民族文化在语言词汇中直接或间接的反映。文化词汇与其他一般词汇的界定有以下两个特点:一是文化词汇本身载有明确的民族文化信息,并且隐含着深层的民族文化的含义。文化词汇的另一特点,是它与民族文化,包括上面所说的物质文化、制度文化和心理文化有各种关系,有的是该文化的直接反映,如"龙、凤、华表"等;有的则是间接反映,如汉语中的"红、黄、白、黑"等颜色词及"松、竹、梅"等象征词语;有的和各种文化存在着渊源关系,如来自文化典籍的词语及来自宗教的词语等。

相对来说,一般词汇不具有文化词语的这两个特点,而只具有表层的概念义,如"书、笔、学生、教室、展览馆"等。

对文化词汇的研究是当前词汇学研究中的一个新课题。文化词汇不仅研究词汇与民族文化的各种关系,研究民族文化对词汇的各种影响,包括词汇的生成、词汇的结构组合关系,词汇的文化分类及构词特点,同时还要研究文化词语的语义内涵或词语的文化含义,包括文化词语的象征义、感情义、地域义、谐音、比喻义等。总之,要研究词汇的各种层次的文化义。

汉语词汇不仅是汉文化的载体,从历时而言,汉语词汇又是汉文化的结晶。汉语词汇的历史功绩在于它传承了汉族的古老文化。另一方面,汉文化也促进了汉语词汇的丰富和发展。

汉语研究和汉语教学,尤其是对外汉语教学,必须重视汉语词汇和汉文化的关系,重视汉语的文化词汇的研究。因为在教授汉语词汇的同时,必须对产生和使用汉语的文化背景知识加以联系和阐述。汉语有许多语言现象和词语的语义内涵,往往都直接或间接地和特定的文化背景相联系。透过汉语的词汇层,可以窥见汉民族文化的状况和词汇的文化渊源。例如,现代汉语中常见的"红娘"这个词,人们常把它作为帮助别人完成美满姻缘的善良者或美好事物的中介人的代称,如果不了解中国古典名剧《西厢记》的主要情节和人物,恐怕是难以理解这个词的语义内涵的。

再如成语"胸有成竹",比喻处理事情之前已有完整的谋划或打算。但如果不了解这个成语的文化背景,即出于宋代著名画家、诗人文与可画竹的故事,就不能体会它的真正含义,甚至出现有的西方语言翻译者把此成语译为"肚子里有根竹子"的笑话。由此可知,了解汉语的文化背景对外国人来说是习得汉语的必经之路。另一方面,学习汉语文化词汇系统,也可以寻觅出汉语词汇形成、发展的文化历史渊源,从中揭示出语言与文化、词汇和文化的血肉和"血缘"的关系。

在对外汉语教学中,从汉文化视角来研究汉语词汇系统的分类,进而分析汉语词汇的构成特点,并介绍汉语词汇所负载的汉文化内涵及文化信息,从而把汉语词汇与汉文化有机地结合起来,将有助于外国人深入了解汉语和汉文化,深入地学习并掌握汉语。

《汉语词汇文化》就是这样一本主要供外国人学习汉语词汇和汉文化的参考书。本书是以汉民族的诸文化因素为纲来对汉语词汇进行文化分类,并论述其构词特点,阐述其文化内涵。总之,本书的编写宗旨,就是让读者学习汉语词汇的同时,又了解了汉文化的基本概况。

第一章　汉语词语表达的辩证观念

　　汉民族自远古时代就产生了辩证观念，并逐渐形成了传统的辩证思想。早在史前的氏族社会，就产生了带有朴素辩证思想的八卦。到了殷周时代，进一步发展了这种辩证思想。如《易经》说："易有太极，是生两仪，两仪生四象，四象生八卦。八卦定吉凶，吉凶生大业。"（《系辞》）"太极"指宇宙的本原。宋人周敦颐对《太极图说》的诠释："太极动而生阳，动极而静，静而生阴，静极复动。一动一静，互为其根。分阴分阳，两仪立焉。"太极产生"两仪"——天地、阴阳，两仪产生"四象"——春、夏、秋、冬，四象产生"八卦"——乾、坤、震、巽、坎、离、艮、兑，分别表示天、地、雷、风、水、火、山、泽等实体。周敦颐所绘"太极图"，完成了太极八卦观念的图式化。

　　太极图中心由合抱的阴阳鱼构成的 S 曲线是一分为二的阴阳两方彼此依存、制约、消长、转化的动态展现，生动形象地揭示了宇宙构成的奥秘：由 S 曲线判分的阴阳双方，互补共生、相反而又相成，象征着宇宙万象遵循对立统一法则实现的和谐。在阴阳鱼周围绘出伏羲八卦图，合称"伏羲太极图"，其中，乾阳表南代夏，坤阴表北代冬，这完全符合北半球季节变迁的实际情况。总之，太极的图像——这一对阴阳鱼状合二为一的圆体，形象地表达了汉民族对宇宙为对立统一认识的朴素辩证观念。中华民族自古崇信二元学说。阴阳观念把阴阳对立统一看作是客观事物固有的属性，认为宇宙世界万物都含有阴阳两性，如宇宙的天和地、日和月，人类有男和女等。由于阴阳的对立及交感作用，引起了万物的产生、变化和发展。所谓"刚柔相对，变在其中"（《易经·系辞》），既讲对立，又重和谐统一，认为任何事物的统一体内部对立因素的均衡与和谐，是保持统一体稳定的根本条件。

　　到了春秋战国时代，道家、名家、阴阳家都纷纷著书立说，使辩证相对主义的哲学思想逐步理论化、系统化，对后代的哲学思想发展影响深远,成为中国传统哲学思想的主导。南北朝时代文学理论家刘勰(? —520)在《文心雕龙·丽辞》中说:"造化赋形,支体必双;神理为用,事不孤立。"他讲到文辞对偶时主张"反对为优,正对为劣",强调事必成双,文辞对偶。北宋思想家张载(1020—1077)认为"一物两体"(《正蒙·参两》),"两不立则一不可见"(《正蒙·太和》)。政治家王安石(1021—1086)也认为"五行之为物……皆各有耦"(《洪范传》),"皆不免有所对"(《老子》第二章注)。南宋思想家朱熹(1130—1200)则说:"大抵天下事物之理……无无对者。"(《答胡广仲》)这些哲学思想都含有一分为二、对立统一的辩证观念。这种辩证观念孕育了汉民族凡事讲究成双成对,重视均衡和谐的心理特点,并对汉语的构词特点产生了极大影响。

汉民族的辩证相对观念,8世纪的日本弘法大师有精辟的论述。他在《文镜秘府论·论对属》中指出:

> 凡为文章,皆须对属,诚以事不孤立,必有配匹而成。至若上与下、尊与卑、有与无、同与异、去与来、虚与实、出与入、是与非、贤与愚、悲与乐、明与暗、浊与清、存与亡、进与退:如此等状,名为反对者也。除此之外,并须以类对之:一二三四,数之类也;东西南北,方之类也;唐虞夏商,世之类也;王侯公卿,位之类也。及于偶语重言,双声叠韵,事类甚众,不可备叙。

这里所说的"以类对之"的对属现象,就是对客观事物对称存在的全面概括;其中"反对者",是对立统一、相反相成的辩证思想的反映。从此可以说,宇宙万物,生而有序,而皆"对立有偶"。汉语的对偶性的形成,尤其汉语词汇的对称结构和音节的偶化,与这一思想不无关系。

第一节 词语表达的辩证对立思想

传统的辩证哲学和相对主义思想,反映在汉语词汇中,就出现了大批意义相反或相对结构的词语,这便是反义词和对立词。

一、反义词语

1. 反义词　反义词就是意义相反或相对立的一组词。这一组反义词之间的矛盾、对立的关系总是互相关联、互相依存、相辅相成、统一在共同的语义范围之内的。例如：

大—小　有—无　生—死　高—低　长—短　真—假
黑—白　上—下　左—右　里—外　深—浅　厚—薄
宽—窄　胖—瘦　美—丑　明亮—黑暗　优点—缺点
聪明—愚笨　美丽—丑陋　诚实—虚伪　善良—恶毒
赞成—反对　安全—危险　战争—和平　节约—浪费
节俭—奢侈　收入—支出　悲哀—喜悦　陈旧—新颖
勇敢—怯懦　反动—进步　坚强—懦弱　肯定—否定
成功—失败　富裕—贫穷　进攻—退却　运动—静止
高尚—卑鄙　君子—小人　敌人—朋友　高雅—粗俗
喜悦—忧愁　朝日—夕阳　内忧—外患　开放—关闭
加重—减轻　冷淡—热情　奖励—惩罚　诚实—虚伪

2. 以反义词构成的成语。以反义词构成的成语可分三种：

(1) 由一对复合反义词构成的成语。例如：破旧立新，"破—立"相对，"旧—新"相对；出生入死，"出—入"相对，"生—死"相对。再如：

阳奉阴违　口是心非　好逸恶劳　此起彼伏　去伪存真
古往今来　深入浅出　有始无终　虎头蛇尾　推陈出新
避重就轻　扬善弃恶　翻天覆地　除暴安良

(2) 由一对反义词和一对同义词组成的成语。例如：生离死别，"生—死"义反，"离—别"义同。再如：

冷嘲热讽　南腔北调　东张西望　新仇旧恨　天长地久
上蹿下跳　左奔右突　异口同声　出尔反尔　同甘共苦

(3) 由反义词组成的成语。从结构形式可分：

A×B×式：

山高水长　同床异梦　水深火热　大题小作　男盗女娼
天高地厚　上行下效

×A×B式：
　　花天酒地　因祸得福　以逸待劳　眼高手低　以怨报德
　　欲扬先抑　欲擒故纵　大智若愚

A××B式：
　　无中生有　得不偿失　公而忘私　朝不保夕　名不副实
　　名副其实　缓不济急

AB××式：
　　新陈代谢　悲喜交集　赏罚分明　日月如梭　生死攸关
　　言行不一　轻重倒置　雅俗共赏

××AB式：
　　权衡利弊　颠倒黑白　明辨是非　无足轻重　人心向背
　　不知好歹　自相矛盾　不分皂白

数字构成的XAYB式：
　　一暴十寒　九死一生　七上八下
　　七手八脚　一来二去　三长两短

数字构成的AXBY式：
　　朝三暮四　横三竖四

二、对立词

所谓对立词是指由意义相对或者相反的两个语素构成的词语。它不同于反义词。反义词往往是指一对意义相反或相对立的词，而对立词则是一个词。例如：

始终	呼吸	出纳	矛盾	东西	多少	善恶	公私
贵贱	反正	甘苦	虚实	轻重	缓急	阴阳	吉凶
疾徐	快慢	详略	繁简	主次	远近	休戚	厚薄
利弊	浓淡	朝暮	早晚	迟早	出入	优劣	刚柔
敌友	动静	胜负	胜败	大小	来回	往返	来往
深浅	高低	左右	彼此	旦夕	黑白	存亡	好歹
好坏	开关	是非	长短	死活	进出	首尾	始末
本末	先后	前后	恩怨	成败	利害	上下	收支

得失　离合　聚散　悲欢　赏罚　老少　中外　男女
日夜　昼夜　古今　褒贬　内外　老幼　输赢　损益
进退　盈虚　屈伸　粗细　巨细　软硬　荣辱　婚丧
功过　真假　盛衰　然否　真伪　公婆　夫妻　乾坤
强弱　宽窄

三、反映对立统一辩证观念的成语、俗语、谚语、格言

1. 反映对立统一思想的成语：

　　否极泰来　乐极生悲　因祸得福　物极必反　相反相成
　　多难兴邦　苦尽甘来　刚柔相济　阴阳互补　塞翁失马
　　化敌为友

2. 反映辩证思想的谚语、俗语：

　　失败是成功之母。
　　胜败乃兵家常事。
　　早知今日，何必当初。
　　话说天下大势，分久必合，合久必分。
　　吃亏是福。
　　难得糊涂。
　　欲速则不达。

3. 反映辩证观念的格言：

　　一阴一阳谓之道。
　　谦受益，满招损。
　　文武之道，一张一弛。
　　生于忧患，死于安乐。
　　欲将取之，必先与之。
　　祸兮福所倚，福兮祸所伏。
　　知己知彼，百战不殆。
　　智者千虑，必有一失。
　　愚者千虑，必有一得。
　　避敌之长，攻敌之短。

第二节　词语的对偶性

一、双音节词语的产生和发展

汉民族崇尚对称和谐。汉语造词用词喜欢成双成对的格式,词语的运用即由单音节逐渐向双音节发展。到近代、现代,产生了大量双音节词语。汉语发展双音节词的方法有以下几种:

把一些单音节词配上助音词(或称"词缀"),变为双音节词。例如"桌、椅、石、木、虎、鼠"等,在后边或前边加上"子、头、老"等,就变成了双音节词"桌子、椅子、石头、木头、老虎、老鼠"等。

原单音节词变为双音节词。例如:古代人名多为单音节的,但一般人都有双音节的字(如曹操字孟德,杜甫字子美),别人称呼时大多用字。再如中国的县名,称说时,原来是单音节的往往在后面加个"县"字。如北京市附近的蓟县、涿县、霸县、雄县、易县等,一般不单说"蓟、涿、霸、雄、易"。而双音节的县名则常常不加"县"字,这样也是双音节的。如北京市附近的香河(县)、怀来(县)、固安(县)、玉田(县)、密云(县)、延庆(县)。

随着社会和语言的不断发展,汉语的词汇出现了由单音节向双音节发展的趋势。现代汉语词汇中,双音节词已占绝对优势,大约占70%左右。

二、四字格词汇

四字格词汇包括四字成语和四字习用词。

四字格成语。现代成语,绝大部分是四字格,非四字格成语极少。以常晓帆编《实用成语词典》为例,收入成语共8300多条,四字格成语约占95%。倪宝元著《成语例示》所收成语共1000余条,全都是四字格。汉语成语的形式基本上向四字格看齐。作为成语,少于四个字的扩展为四字,多于四字的紧缩为四个字。例如"弹冠相庆"的语源是"弹冠","如鸟兽散"的语源是"鸟兽散",后来都扩展为四个字。"乘风破浪"的语源是"乘长风破万里浪","青出于蓝"的语源是"青取之于蓝而青于蓝","茹毛饮血"的语源是"饮其血,茹其毛",最后都压缩为四字格。

有人说,四字格不一定是成语,但成语必定是四字。这话虽有些绝对,但大致不差。对成语来说,四字格是强有力的规范形式。

四字格成语往往是两两相对的。其中由对立成分组成的很多。例如:

朝秦暮楚	朝三暮四	晨钟暮鼓	天涯海角	山高月小
水落石出	山穷水尽	同床异梦	除暴安良	内忧外患
色厉内荏	取长补短	借古讽今	舍己为人	跋山涉水
南腔北调	深居简出	古为今用	名存实亡	深入浅出
南辕北辙	千山万水	阳奉阴违	智小谋大	大材小用
拨乱反正	同甘共苦			

有很多四字成语是由同义成对的成分构成。例如:

车水马龙	山清水秀	风和日丽	离乡背井	仁人志士
古色古香	良师益友	五湖四海	远走高飞	心慈面软
节衣缩食	心明眼亮	口快心直	旁敲侧击	铜墙铁壁
大公无私	破釜沉舟	开天辟地	日新月异	扬眉吐气
灵丹妙药	金科玉律	审时度势	清规戒律	幸灾乐祸
歪门邪道	花言巧语	勾心斗角	孤云野鹤	镜花水月
沉鱼落雁	闭月羞花	赤手空拳	大包大揽	同心同德
毕恭毕敬	烟消云散	争奇斗妍	忠肝义胆	忠君爱国
通情达理	争名逐利	争强好胜	吐气扬眉	忐忑不安
奔波劳顿	云消雾散	云山雾罩		

四字格的习用语。四字习用语虽是自由词组,但一经形成,便具有凝固性。四字习用语为广大群众喜闻乐用。《常用词语汇释》(湖南师范学院中文系编,湖南教育出版社,1982)收录常用词语3900多条,其中四字格习用语就有2000余条。例如:

春暖花开	桃红柳绿	春风送暖	万物复苏	绿叶红花
春回大地	百花盛开	百花吐艳	波澜壮阔	气吞山河
风平浪静	气壮河山	旭日东升	夕阳西下	雨过天晴

风停云散	国富民强	兵强马壮	勤俭持家	游山玩水
吃喝玩乐	妻离子散	家破人亡	酒足饭饱	花天酒地
天寒地冻	冰消雪化	精打细算	外柔内刚	外松内紧
吃喝嫖赌	胡作非为	七嘴八舌	三言两语	东奔西跑
东跑西颠	东藏西躲	七上八下	三长两短	说长道短
说东道西	说三道四	乱七八糟	凶多吉少	问寒问暖
独来独往	一看就懂	一学就会	一过就忘	连说带哭
连吃带拿	连踢带打	连打带骂	边吃边说	边走边谈
彻头彻尾	半藏半露	左邻右舍	房前屋后	飞沙走石
得过且过	多嘴多舌	鸟语花香	大地回春	秋风送爽

有些四字格习用语是四个同类成分并列。例如：

悲欢离合	春夏秋冬	喜怒哀乐	是非曲直	男女老少
东西南北	上下左右	张王李赵	轻重缓急	亲疏远近
江河湖海	甲乙丙丁	风花雪月	山水花鸟	牛鬼蛇神
柴米油盐	风雷雨电	花草虫鱼	鸡鸭鱼肉	琴棋书画

三、对偶词语

对偶结构是汉语的一个特点，如前所述，它反映了汉民族对立统一的思维习惯和对称和谐的文化心理，也体现出汉民族喜欢成双成对的审美情趣。

"对"指相对或成对，"偶"是成双，"对偶"就是用结构对称，字数相等词性相同，平仄相对的一对词组或短句，表达相似、相关、相对、相反的意思的一种修辞格式。常见的各类对联如春联、喜联、寿联、挽联、寺联、商联、堂联、乔迁联、节日联等语言形式，都是对偶句式。

常见的成语及谚语，往往用对偶的格式。

1. 对偶格式的成语。

表示并列关系的对偶式成语：

无源之水，无本之木

仁者见仁，智者见智

十年树木，百年树人

不塞不流,不止不行
流水不腐,户枢不蠹
千部一腔,千人一面
日月经天,江河行地
同声相应,同气相求
以眼还眼,以牙还牙
四体不勤,五谷不分

表示转折关系的对偶式成语:
江山易改,秉性难移
下笔千言,离题万里
成事不足,败事有余
落花有意,流水无情
当局者迷,旁观者清
来者不善,善者不来
窃钩者诛,窃国者侯
道高一尺,魔高一丈
兼听则明,偏信则暗

2. 对偶格式的俗语、谚语,例如:
种瓜得瓜,种豆得豆。
头疼医头,脚疼医脚。
衣来伸手,饭来张口。
不经一事,不长一智。
吃一堑,长一智。
世上无难事,就怕有心人。
前怕狼,后怕虎。
冬练三九,夏练三伏。
有话则长,无话则短。
挂羊头,卖狗肉。
看菜吃饭,量体裁衣。
没做亏心事,不怕鬼叫门。
人往高处走,水往低处流。

路遥知马力,日久见人心。
疾风知劲草,国乱识忠臣。
春送千担肥,秋收万斤粮。
早看东南,晚看西北。

3. 对联。对联是传统的语用形式,由律诗的对偶句发展而来。它讲究对仗,事对事,人对人,物对物,数对数甚至平仄相对等。例如传统春联"天增岁月人增寿,春满乾坤福满门",新春联"万方捷报送旧岁,一派胜景迎新春","山明水秀处处皆春色,年丰岁余人人尽笑颜";婚联"花好月圆欣喜日,春风琴瑟幸福时","情深意重花并蒂,志同道合燕双飞";挽联"斗豺狼虎豹出入河湖港汊,抓衣食住行往来岗崖岭岩"(悼念一位抗日战争时期在水乡打游击,胜利后在山区从事供销工作的干部);装饰联"四面湖山归眼底,万家忧乐到心头"(湖南岳阳楼楹联),旧店铺联"生意兴隆通四海,财源茂盛达三江"。有的是集古人诗句成对联,如"春秋多佳日,林园无俗情"(均陶渊明诗句)。

元明以来文学作品也采取对偶形式作为标题,以概括作品主旨。如元代马致远杂剧《汉宫秋》,全名为"沉黑江明妃青冢恨,破幽梦孤雁汉宫秋",《三国演义》第一回回目为"宴桃园豪杰三结义,斩黄巾英雄首立功",《水浒传》第一百二十回回目为"宋公明神聚蓼儿洼,徽宗帝梦游梁山泊"。

有时候,对联形式还用于游艺。如"碧野田间牛得草,金山林里马识途"(牛得草为豫剧演员,金山为话剧导演,碧野、田间、林里、马识途四人为作家),"王府井井井无水,玉泉山山山有桃"(王府井,北京街名,玉泉山在北京西郊为燕京八景之一)。

日常生活中,无处不见对偶。如报纸标题"抓住主旋律,开拓新思路","整旧如新再回首,继往开来更达观"。

不论是古代还是现代,不管是书面语还是口语,不论是散文还是韵文,都把对偶格式作为重要的修辞手段。历史学家陈寅恪先生在《与刘叔雅论国文试题书》中,曾建议将中国大学入学考试国文试题改为用"对对子(对联)"的方法。他说:"对偶确为中国语文特性之所在,而欲研究此特性者,不得不研究由此特性所产生之'对子'。"[1]据说在30年代初清华大学招考新生时,国文试题中有一题为"对对子":上联是"孙行者",让考生对下联。结果只有一位高材生(即后来的著名语言学家周祖谟教授)用"胡适之"来对。虽然此题的原答案是历史人物数学家"祖冲之"。"祖""孙"相对,动词"冲""行"相对,虚词"之""者"相对。而"胡适之"与"孙行者"也是相对的,"胡""孙"相对(与"猢狲"相谐),动词"适""行"相对,虚词"之""者"相对,所以这样对也很妙。总之,汉语的对偶特点已为学者所重视。

第三节　双声叠韵的联绵词语

汉语讲究声韵配合匀整和谐,尤其是双声词和叠韵词,是汉民族对称和谐心理在声韵方面的表现。

人们往往利用声韵联系,构成双声词和叠韵词。双声词、叠韵词合称联绵词。

国学大师王国维的《联绵字谱》,仅从《诗经》、《尚书》、《易经》、《周礼》、《左传》、《说文解字》、《尔雅》、《楚辞》等典籍中,就选出二千多个双声词和叠韵词。符定一所编《联绵字典》,从元代以前的经、史、子、集中搜集的联绵词,共有二万七千余条,其中包括了相当数量的双声词和叠韵词。

一、双声联绵词

所谓双声联绵词,是指在双音节的单纯词中,两个音节的声母相同的联绵词。例如:

琉璃	蜘蛛	琵琶	仿佛	尴尬	崎岖	吩咐	秋千
踌躇	参差	慷慨	坎坷	玲珑	惆怅	辗转	淋漓
琳琅	鸳鸯	伶俐	蟾蜍	拮据	唐突	仓促	游弋

---

[1] 《金明馆丛稿二编》(陈寅恪文集之三),上海古籍出版社。

二、叠韵联绵词

所谓叠韵联绵词,是指两个音节的韵母相同的联绵词。例如:

盘桓　馄饨　喇叭　伶仃　徘徊　窈窕　叮咛　朦胧
蜻蜓　玫瑰　彷徨　蹁跹　蹉跎　蒺藜　徜徉　蓓蕾
怂恿　葡萄　肮脏　妖娆　哆嗦　逍遥　翡翠　葫芦
霹雳　迷离　徜徉　汹涌　怂恿　荡漾　浪荡　阑干
苗条　蹒跚　婵娟

三、由双声叠韵词组成的成语

琳琅满目　斑驳陆离　参差不齐　淋漓尽致　踌躇满志
慷慨激昂　孤苦伶仃　逍遥自在

从上面这些成双成对的词语格式,可以看出汉民族的心理习惯和审美情趣。无论在对称和谐方面,还是在音韵配字方面,有的凭借音高的变化和音节的对称,使词语音韵平仄和谐,从而显示了汉语词汇系统中这些对称或对立及四字格词语特有的均衡美、回环美、音乐美、富于节奏感的特色,并且读起来顺口,听起来好听,容易记忆。这些特点是其他语言所少见的。

第二章　汉语词语表达的伦理观念

伦理观念是汉民族传统心理文化的重要组成部分。

中国经历了长期的封建社会,形成了传统的封建伦理观念。其中包括尊卑有序、男尊女卑、官本位、重等级、重血统、重亲疏、重乡土等传统的观念意识。这种传统的伦理观念包含在汉民族的传统文化之中。

传统的伦理观念认为,每个人在社会中的地位、权力和身份、利益等,都是先天命定的,伦理纲常也是神圣的,社会上的等级差别是永恒不变的。否则,就被视为"乱纲反常"、"大逆不道"。

封建伦理观念还认为,社会的纲常有序,等级有别,可以保证人们各得其位,各安其业,这样社会才能安定和谐。"安定和谐"是汉民族理想的社会境界。人们按和谐有序的社会行为准则约束自己的言语行为,共同维护社会的安定和谐。这样,伦理观念就形成了汉民族传统的文化心理和素质。

第一节　尊卑观念在词语中的反映

汉民族由于长期受封建伦理观念和皇权至上思想的影响,词汇中相应出现了大量区分尊卑的词语。

一、封建时代的尊称词语

封建社会中,人们在伦理纲常观念的影响下,皇权至上,臣对君、民对官以及子女对父母、妻子对丈夫等各种关系中,都要用尊称词语。面对皇帝,一切臣民自称时都必须用卑称词语。

1. 皇帝的自称词语

皇帝专用的自称词语,臣民百姓是不能用的。上古时代,帝王的自称词语有"予一人"、"予小子"、"冲人"、"冲子"、"小子"等。例如:

凡自称,天子曰"予一人"。(《礼记·玉藻》)

天子未除丧,曰"予小子"。(《礼记·曲礼下》)

肆予冲人。(《书·盘庚下》)

春秋时代以后,帝王自称"朕、寡、寡人、孤、孤家、不穀"等。

朕——意思是"我"、"我的"。晋代郭璞注《尔雅·释诂》曰:"古者,贵贱皆自称朕。"自秦始皇开始自称"朕",从此他人不可再用。

寡、寡人——春秋时,本是诸侯及诸侯的夫人的自称词,后来成为帝王的自称词,一般用于谦称。

孤、孤家——也是帝王的自称词或自谦词。

不穀——即不善,是帝王的谦词。

2. 臣民对皇帝的面称词语

皇上、上、皇天——天最高,高高在上,用"皇上、上、皇天"表示至高无上。因为皇帝是人间至高无上的统治者,所以以此称之。

圣上、圣主、圣皇、圣明、圣驾——"圣"字的繁体"聖"下边是一个挺直腰板的大王,上边突出耳、口。耳听八方,口出金言。称皇帝为"圣上、圣主、圣皇、圣驾",都有崇高颖达的意思。

陛下——"陛"指宫殿的台阶。皇帝为安全起见,戒备森严,群臣站在台阶下,由于"呼在陛下者而告之",称谓"因卑达尊",所以称皇帝为"陛下"。

万岁、万岁爷——这是用祝寿词来称呼皇帝,祝皇帝万寿无疆,群臣对皇帝高呼"万岁"。

天颜、龙颜、龙体——皇帝被看作"真龙天子",是龙的化身。用"天颜""龙颜"指皇帝的面容,用"龙体"指皇帝的身体。

对皇帝的别称还有天子、朝廷、君王、至尊、明圣等。

3. 对皇帝的命令、指示的尊称词

对皇帝的命令称圣旨、御旨、诏书、敕令。对皇帝的指示也称"圣意"。

4. 对皇室、皇族的尊称词语

对皇室、皇族的人多冠以"皇"字或"王"字。如称皇帝的父亲为太上皇,称皇帝的母亲为皇太后,称皇帝的正妻为皇后,其他妻子称妃、嫔。又可按不同的地位等级、品貌、德性称为皇贵妃、贵妃、淑妃、德妃、贤妃、敬妃、惠妃、顺妃、康妃、宁妃、昭妃等。

皇帝儿子当中确定为接皇位的称太子,又称皇太子,皇帝的女儿称公主。皇帝的女婿称驸马。

皇帝的兄弟称王爷、郡王,他们的妻子称王妃。此外还有千岁爷、千岁娘娘等尊称。

5. 民对官的尊称词语有:恩相、恩府、恩台、大人、大老爷、县老爷、父母官、老大人、官老爷等。

此外还有:

官称＋大人——如:巡抚大人、知府大人。

官称＋老爷——如:知府老爷、廷尉老爷。

6. 子女对父母亲的尊称词语

子女对父亲的尊称词语:父亲大人。

子女对母亲的尊称词语:母亲大人。

7. 妻子对丈夫的尊称词语:夫君、老爷、先生、老公。

8. 丈夫对妻子的尊称词语:卿、夫人、娘子。

二、封建时代的卑称词语

卑称一般都是臣对君、下级对上级或民对官的自称词语或谦称词语。卑称词又分以下几种:

1. 官员的卑称。例如:

  臣　卑臣　微臣　愚臣　臣下　卑官　卑职　下官
  小官　在下　小吏　微官

2. 百姓的卑称。例如:

  小民　草民　山民　小人　奴婢　奴才

女性则自称:

  小女　村女　民女　小婢　奴婢　婢子　妾　贱妾
  贱婢　妾身　奴家

3. 其他卑称

老夫、老朽、老汉——男性老人自称。

老身、老妇、贫妇——女性老人自称。

小子、小生、某——年轻男性自称。

贫僧、贫道——和尚或道士的自称。

老道、老僧、老衲——年长德高的道士或僧人自称。

三、受伦理等级观念影响的词序结构

封建伦理等级观念,在汉语的词序结构上也有反映,双音节并列合成词的词素序列是表示尊义的词素在前,卑义的在后;表示长者的词素在前,幼者在后;表示男性的在前,女性在后;表示褒义的在前,贬义在后;表示重要的语素在前,次要的在后;表示大者在前,小者在后;表示积极的语素在前,消极的在后等等。这种表示尊卑等级观念的并列合成词的语素序列,形成了一条约定俗成的构词规律。例如:

1. 反映社会人际关系的合成词:

君臣	后妃	臣民	官民	将士	士庶	士卒	官吏
长幼	师生	师徒	国家	男女	老少	父母	公婆
祖孙	父子	母子	母女	夫妻	婆媳	翁婿	伯侄
叔侄	子女	兄弟	姐妹	兄妹	姐弟	妻妾	尊卑
婚丧	爱憎	亲疏	恩怨	恩仇			

2. 表示事物关系的并列合成词:

胜负	胜败	兴亡	文武	贵贱	安危	升降	日月
天地	雅俗	好坏	好歹	高低	上下	东西	南北
左右	前后	长短	深浅	大小	内外	明暗	吉凶
甘苦	岁月	年月	早晚	往来	褒贬	盈亏	厚薄
江河	山河	湖泊	尺寸	斤两	花草	鞋袜	快慢
桌椅							

近几十年来出现的新词语的词序结构也是如此。例如:

官兵　干警　师生　教职工　指战员　老中青　左中右　党政军民

有少数双音节对立词的词素序列相反。例如：

  阴阳 黑白 雌雄 缓急 迟早 贫富 输赢 将帅
  轻重 敌友 祸福

第二节 词语反映的男尊女卑观念

  封建伦理观念中，男尊女卑、重男轻女的思想在词汇中也有反映。如在有关男女的词语中，在词素结构顺序上总是男在前面，女在后面。例如：夫妻、夫妇、男女、父母、公婆、叔婶、兄嫂、弟妹等。成语的结构也是男前女后。如：

  夫贵妻荣 夫唱妇随 男耕女织 善男信女 痴男怨女
  男婚女嫁 男盗女娼 男尊女卑 男女有别 男婚女嫁
  男欢女爱 男媒女妁

  在封建伦理观念的影响下，妇女的地位低下，男的可以三妻四妾，妻妾便似丈夫的女奴一样。在一般家庭里，丈夫是家长，是主人，是家里的权威。封建伦理道德要求妇女要"三从四德"，所谓"三从"即"未嫁从父，出嫁从夫，夫死从子"。所以妇女在家庭中是没有任何地位的，在社会上更是最底层。因此，古代妇女常自称"奴家、贱妾、卑妾"等。对别人丈夫称自己的妻子则有很多卑称，如"贱内、贱人、拙荆、糟糠、妻室、内人、内子、内助、内主、贱妾"等。在农村，一般男人称呼自己的妻子则有"老婆、媳妇、婆娘、家里的、屋里的、做饭的、烧火的、我那口子、孩儿他娘、俺媳妇儿、家主婆、内当家"等。

  封建社会对妇女的压迫和歧视，在词汇中也有所反映。很多含有贬义的词或词素都带"女"字旁，例如：奸、娼、妓、婊、嫖、姘、奴、婢、妨、嫉、妒、嫌、妖、婪、妄、嬖等。奸邪、奸淫的"奸"写作"姦"。

  这种男尊女卑的思想在汉语的谚语、俗语中也有反映。例如：

   嫁出去的女，泼出去的水。
   嫁鸡随鸡，嫁狗随狗。
   女子无才便是德。
   唯女子和小人难养。

养男不养女,养女要受苦。
女人舌头上没骨头。
女人头发长见识短。
好女不嫁二夫。

第三节 称谓词语

一、亲属关系称谓词语

中国几千年的封建社会,也是一个宗法等级社会。封建的宗法、宗族、伦理观念具体反映在汉民族的家庭、亲戚的称谓关系上,因此汉语有丰富的称谓词语。《尔雅·释亲》是对中国封建家庭亲属称谓较为完备的记录,不仅记载了以本人为中心的高祖父母、曾祖父母、祖父母、父母、兄弟、姊妹、子孙、曾孙、玄孙九代直系亲属关系,以及玄孙以下的来孙、仍孙、云孙等,而且列举了父族、母族旁系亲属的种种称谓。封建社会非常重视这种宗族亲属关系,因此有严格区分亲属关系的称谓词语。无论哪一方面的社会交际,都必须严格按照亲属称谓的规定,不论是婚礼丧礼,还是分家继承遗产,以至一人犯罪连及九族,都要严格按这亲属的等级关系办理。

现在,封建社会虽然早已解体了,亲属的称谓也简化了,但亲属称谓系统却仍维持着。

要了解汉语的亲属称谓关系,首先应该了解汉民族的亲属关系。汉族的亲属关系可分为血亲和姻亲两大类。血亲指与自己有血缘关系的亲属关系。血亲又分为宗亲和外亲。宗亲是指与自己同姓的亲属关系,其中又包括直系宗亲和旁系宗亲。直系宗亲包括曾祖父母、祖父母、父母、兄弟、姐妹、儿女、孙子孙女等。旁系宗亲包括伯父、叔父、堂兄弟、堂姐妹、侄儿、侄女、侄孙、侄孙女等。

外亲是指与自己虽有血缘关系,但不同姓,如外祖父母、母亲的兄弟姐妹(舅、姨)、自己的姐妹及表兄弟姐妹的子女(外甥)、自己女儿的子女(外孙)等等。

姑父	姑夫	姑母的丈夫
姨父	姨夫	姨母的丈夫
表兄	表哥	舅父、姨母、姑母的儿子,比自己年长者
表弟		舅父、姨母、姑母的儿子,比自己年幼者
表姊	表姐	舅父、姨母、姑母的女儿,比自己年长者
表妹		舅父、姨母、姑母的女儿,比自己年幼者
外甥	称名	姐妹的儿子
外甥女	称名	姐妹的女儿
外孙	称名	女儿的儿子
外孙女	称名	女儿的女儿

三、姻亲

伯母	大妈(大娘)	伯父的妻子
婶母	婶子	叔父的妻子
嫂子	大嫂	哥哥的妻子
弟媳	弟妹	弟弟的妻子
姐夫	姐丈	姐姐的丈夫
妹夫	称名	妹妹的丈夫
大伯子	哥哥	丈夫的哥哥
小叔子	弟弟(称名)	丈夫的弟弟
内兄(大舅子)	哥哥	妻子的哥哥
内弟(小舅子)	小弟(称名)	妻子的弟弟
大姨子	姐姐	妻子的姐姐
小姨子	小妹(称名)	妻子的妹妹
儿媳	称名	儿子的妻子
女婿	称名	女儿的丈夫
侄媳	称名	侄子的妻子
侄婿	称名	侄女的丈夫
孙媳	称名	孙子的妻子
孙婿	称名	孙女的丈夫

汉语的称谓系统是在汉族的社会文化背景下产生的。汉族非常

重视亲疏长幼之分。这种观念与西方文化观念不同,在西方现代语言中亲属关系的称谓比较笼统,并不注重亲疏长幼的细致区别。例如现代英语中的亲属称谓,用 uncles 统称伯父、叔父、姑父、舅父和姨父,用 aunts 统称伯母、婶母、姑母、舅母和姨母,用 brothers 称谓汉语中的哥哥和弟弟,用 sisters 称谓汉语中的姐姐和妹妹等。

二、社会交际称谓词语

汉语的社会交际称谓又分礼俗性亲属称谓、职衔称谓、职业称谓及其他称谓。

1. 礼俗性亲属称谓语

礼俗性亲属称谓是一种广泛的非亲属的亲属称谓。为了表示礼节和亲切,人们常借用亲属的称谓来称呼对方。例如邻里乡亲之间,虽然没有亲属或亲戚关系,但人们总是按性别和年龄,分别称呼对方为王大爷、李大叔、赵大伯、王奶奶、李大婶、赵大妈、刘大哥、张姐等。小孩子称不认识的妇女为姨、阿姨,问路人称陌生的老人为老大爷、大娘、大婶、大叔、大哥等。有些地方在称呼对方时往往在对方的名字后加上一个亲属的称谓,如大山叔、贵哥、梅姐、玲妹等,这样更显得亲切。礼俗性亲属称谓常用的如下:

老大爷　老爷爷　老奶奶　老太太
大爷　大伯　大叔　老伯　大妈　大娘　大婶　阿姨
大哥　老兄　老大哥　大嫂　大姐　老弟　小妹妹　大妹子

2. 现代社交称谓语

(1)对有名望地位老者的称谓语

姓+老:

　　董老　吴老　徐老　郭老　谢老　朱老

有时(或为了区分同姓者)指称、面称时加取名字或字、号中的头一个字,如教育家黄炎培,字任之,有时就称黄任老;对实业家陈叔通称陈叔老等。

姓+公:

　　廖公　王公　陈公　吕公　茅公　苏公

姓＋先生：
　　张先生　王先生　李先生　林先生　刘先生
(2)对社会长者的称谓语
姓＋亲属称谓：
　　王大爷　李大伯　孙奶奶　吴老伯　徐大妈
　　何大婶　陈大哥　郑大嫂　黄阿姨
(3)一般社会交际的称谓语
姓＋先生(男性、女性知识分子)：
　　王先生　郭先生　梅先生
姓＋太太,姓＋小姐,姓＋女士：
　　黄太太　朱太太　杨小姐　刘女士
姓＋职务或职称：
　　何部长　赵局长　李处长　孙科长　朱院长　王师长
　　李团长　郑厂长　常经理　白大夫　陈教授　刘会计师
　　刘工程师(刘工)　郑总工程师(郑总)　张研究员
姓＋老师(学校教师或艺术家)：
　　姜老师　苏老师　周老师
姓＋师傅(用于工厂、厨师)：
　　白师傅　许师傅　梁师傅
老＋姓＋同志,大/小＋姓＋同志(同事)：
　　老刘同志　老王同志　大刘同志　小吴同志
职务＋同志：
　　司机同志　会计同志　警察同志　售货员同志
职务(面称有时不加姓)：
　　局长　处长　团长　厂长　科长　老师　大夫
通称(在不知对方姓名的情况下打招呼)：
　　同志　师傅　先生　阿姨　叔叔　小姐　大娘　大伯
　　大哥　大姐　小弟弟　老弟
特称(对熟人的特称有亲昵感)：
　　小妞儿　小胖子　大个子　大胡子　小猴子
面称或书面称呼,有时还有些讲究。如一老者向一年轻人问路,称呼女的为"大姐",男的为"大兄弟",对方比较乐意回答,在老者心中似是以自己子女的身份问话。谈论问题,明知对方与自己年龄相仿或者较小,而常以"张兄"、"李兄"称之;对方亦如此。书信字札,明知对方年轻,称某兄,或示亲切,或示尊重,甚至有以"兄"称女性者,如鲁迅致许广平(笔名景宋)的信中,就有不少称"景宋兄"。

一个年轻人,对与父亲同辈的朋友,一般称伯伯,对与母亲同辈的朋友、同事,一般称阿姨。同样不大计较年龄。一个男青年到女朋友家中,对女方父母则称伯父伯母。

有些称谓反映了宗法社会家庭关系,每一个称谓都代表一种社会名分。有些新的称谓则是促进社会团结和谐的有利因素,使社会成为一个团结和睦的大家庭,使人际关系友好和谐。

第四节　词语表达的官本位观念

二千多年来,汉民族长期受儒家思想和封建意识的影响,产生了官本位的传统观念。孔子曾说过"学而优则仕"。意思是说,学习优秀的学生将来要做官。鼓励学生努力学习,目的是为了做官。孟子也说过:"劳心者治人,劳力者治于人。""劳心者"、"治人者"都是指做官的人,"劳力者"、"治于人"都是指平民百姓。长期以来,这种"官治民"的思想一直被认为是天经地义,不可改变的。作为官吏阶层,历来有一套官文化标志,这包括官称谓、官服饰、官仪礼、官府厅等,并且反映到词汇中来。作为官身份的文化符号,仅以"官"作语素的合成词语,便组成了庞大的官文化词群。

以"官"为中心词的词语:

  朝官　京官　文官　武官　谏官　廉官　考官　将官
  清官　判官　教官　贪官　府官　州官　县官　地方官
  赃官　税官　警官　法官　校官　尉官　门官　粮官
  长官　副官　先行官　司令官　外交官　书记官
  文书官　父母官　芝麻官

以"官"为修饰成分的偏正词语:

官吏　官僚　官员　官老爷　官人　官家　官爵　官称
官方　官职　官兵　官厅　官邸　官府　官署　官衔
官场　官阶　官司　官印　官差　官商　官迷　官话
官腔　官气　官瘾　官运　官服　官帽　官轿　官佐
官礼　官位　官房　官俸　官派　官宦　官衙　官价
官爵　官契　官刑　官书　官舍　官亲　官本位
官架子　官太太

以"官"为"主"的主谓词语：
官办　官倒　官养　官管　官派　官报私仇

以"官"为宾词的动宾合成词语：
做官　为官　封官　升官　当官　选官　考官　买官
罢官　免官　贬官　辞官　卖官　当官做老爷
卖官鬻爵

反映"官本位"观念的成语、俗语：

1. 成语：
官运亨通　官迷心窍　官僚主义　官气十足　官复原职
官报私仇　官场如戏　官官相护　官官相卫　官虎吏狼
官情纸薄　官样文章　一官半职　高官厚禄　加官晋爵
加官进禄　官逼民反　长官意志　官大气粗　官商勾结

2. 俗语：
官字两个口。
官大学问大，官大脾气长，官大不受爹娘管。
县官不如现管。
千里做官为了吃穿。
有官万事足，无债一身轻。
一人当官，鸡犬升天。
官不打送礼的。
官大了表准（办事往往以相关场合职务高者所说时间为准）。

第五节　反映方位观念的词语

东、西、南、北、中是定四方的基本方位词。上、下、左、右则与尊卑有关。

东、西、南、北这四个词都是来自古代象形文字。

东,甲骨文象两头开口的布筒装物后两头扎束之形。

西,古文字象鸟巢之形,意思是鸟类栖息之时。

南,古文字象乐器形。《诗经》十五国风中的周南、召南的"南"就是周、召这两地的"民歌"的意思。

北,古文字象两人以背相对,就是意见不一致。后来分别借表四方。

汉民族的传统方位观念中,认为东方为尊(东方日出),西方为卑(西方日落),南方为尊(南为阳),北方为卑(北为阴)。

这是因为,东方是太阳升起的地方,每日东方先亮。而西方则是太阳下落的地方。所谓旭日东升、朝露灿烂,日薄西山、日暮途穷。南北则以山定界。山之南向,阳光充足,南属阳。山之北则属阴。水向东流,地势西高东低,以东为上,则取其万川所向生机勃发之义。古代以坐北向南为尊位,帝王见群臣,上司会下属,都是面向南方,所以有"面北称臣"之说。皇帝宫室中,以东宫为上,为皇后或太子所居,贵妃之属则居西宫或别宫。和平时期重文轻武,朝会时是文站东武列西。

中国古代的宫殿、王府、官衙、庙堂等建筑,也大都是坐北朝南。民间有"向阳门第"之说。向阳门第,指坐北朝南的宅第。

由于汉民族传统的方位观念,东西南北这四个方位所含的社会文化含义,一直延续至今。如"东风"自古诗人用它指"春风",象征新生的力量。以"西风"象征衰败、没落、腐朽的势力。

中国地形是西北高,东南低。所以往往依山水走向定上下高低,比如只说北上、南下。自然的上下和权位的上下矛盾时,那就要权衡定夺了。如北宋建都汴梁(开封),元明清时代的都城在北京。宋太祖下南唐(今江苏南部至福建、江西一带)、乾隆下江南,官位与自然是一致的。而地方官不论在哪里,自古至今都只说上京城、上中央。百姓到各级政府告状,一律叫上告、上访。同样,中国现在的铁路交通系统也以北京为交通中心。全国各地通向北京的铁路线,均称"上行线"。反之,从北京通往全国各地的铁路线,均称"下行线"。

其他方位观念也分上下尊卑。例如以左、右来说,不同时代,或以左为上,或以右为上,但多数以左为尊,右为下。如《史记·魏公子列传》中写信陵君去迎接侯嬴时"虚左位","左位"就是上位或尊位。古代的官制也是以"左"为上,以"右"为下,匈奴的左贤王大于右贤王。如隋唐时代,左仆射(yè)大于右仆射,左丞相大于右丞相,左将军大于右将军,通常说"无出其右者",则以右为上。现代又以左右区分进步或反动,如左派、右派。西汉初年,吕氏专政,太尉周勃诛灭吕氏,号令军中:拥护吕氏的把右胳膊伸出来,拥护刘氏的把左胳膊伸出来,"全军皆左袒"。后沿用为以左表示正确。左、右也表示过或不及。如近代政治生活中以"左倾"表示超越客观历史条件的主张与行动,"右倾"表示条件成熟而不为,也表示思想保守或妥协投降。

第六节　表示亲疏观念的词语

汉民族自古重视亲疏观念。在人际关系中讲内外有别,亲疏有别。由语素"同"和"外"组合的词语很能表达这种关系。带"同"字语素组合的词语,表示"内部"、"自己人"、"一家人"等亲密关系:

同族	同宗	同姓	同乡	同村	同学	同窗	同屋
同事	同志	同伴	同伙	同门	同谋	同党	同堂
同年	同道	同行	同仁	同居	同岁	同龄	同盟
同业	同辈	同僚	同路	同种	同胞	同乡	同村
同席	同心	同感	同性	同等	同命	同父	同母
同列	同气	同调	同病	同班	同院		

在社会交际中使用这些词语,显得亲切、热情,有信任感。

用"外"字语素组成的词语常表示"自家人"以外的人,或用"外"表示嫡系、直系血缘关系以外的亲属、亲戚关系。

1. 表示国际、人际关系：
   外国　外宾　外商　外侨　外族　外敌　外籍　外国人
   外交　老外　外行　外乡　外人　外围　外遇　外交官
   外省　外县　外省人　外县人　外土　外官　外姓

"老外"本指外行，最近一些年又用以诙谐地指称外国人。

2. 表示嫡系亲属以外的亲戚关系：
   外戚　外亲　外氏　外祖父　外祖母　外公　外婆
   外甥　外甥女　外翁　外孙　外孙女　外舅（妻之父）

用"亲"、"爱"表示人际关系亲近的词语。

1. 用"亲"语素组成的词语：
   亲人　亲戚　亲(qìng)家（姻亲）　亲朋　亲友　亲情
   亲信　表亲　嫡亲　干亲　内亲　双亲　乡亲　近亲
   远亲　血亲　招亲　外亲

2. 用"爱"组成的词语：
   爱人　爱妻　爱子　爱女　爱孙　关爱　垂爱　怜爱
   爱情　爱卿　爱婿　爱侄　溺爱　恋爱　宠爱

第七节　反映正统排异观念的词语

中国古代有"非我族类，其心必异"的观念。汉族人对异国、异族人往往采取歧视、排斥的态度。秦汉以前，对华夏以外的民族称为"夷、戎、蛮、狄"等。秦汉以后，由于儒家的正统本位思想观念占统治地位，而对其他非正统思想视为"邪门异端"，同时对异族也更加以排斥，如对域外的少数民族称为"胡人"、"番邦"，以表示对这些少数民族的歧视，反映了大汉族主义意识。这种意识也反映到汉语的词汇中来。

一、以"胡"为语素的词语

在古代，汉民族对来自西域、北方的少数民族地区的人、事物，往往加"胡"字以命名。

1. 以"胡"组成的名词类：

　　胡人　胡马　胡琴　胡服　胡床　胡茄　胡麻　胡瓜
　　胡椒　胡桃　胡杨　胡粉　胡萝卜　胡豆　胡蜂　胡麻
　　胡蝶　胡葱　胡饼　胡蔓　胡梯　胡旋舞　胡荽

2. 西晋末年，中国北方的几个少数民族侵入中原一带，并灭掉西晋，世称为"五胡乱华"。此后"胡"字多含贬义，几乎和"乱"字是同义词了。因此，以"胡"字语素组成的词语（除上举的少数名词之外），多含有贬义。如：

　　胡说　胡言　胡话　胡扯　胡诌　胡编　胡造　胡写
　　胡吃　胡乱　胡闹　胡来　胡搅　胡搞　胡缠　胡吹
　　胡砍（侃）　胡聊　胡抓　胡挠　胡打　胡织　胡唱
　　胡匪　胡呲　胡想

含"胡"语素的成语：

　　胡说八道　胡言乱语　胡思乱想　胡编乱造　胡作非为
　　胡搅蛮缠　胡穿乱戴　胡喊瞎唱　胡跳乱舞　胡抓乱挠
　　胡诌乱扯　胡吃海塞　胡拼乱凑　胡吹瞎说　胡吃闷睡
　　胡喊乱叫　胡蹦乱跳　胡拉硬扯

二、以"西"、"番"为语素的词语

秦汉时代，用"西"指西域各国（今青海、新疆等及其以西地区）。近代则用"西"泛指西方国家（欧美国家）。"番"在唐代指西藏、青海一带，也指域外国家。来自这些国家、地区、民族的事物，取名时往往在前边加一"西"字或"番"字。

1. 以"西"为语素组成的词语：

　　西崽　西瓜　西葫芦　西红柿　西番莲　西番葵　西米
　　西洋　西乐　西医　西药　西点　西化　西服　西装
　　西餐　西洋参　西音　西曲　西洋景　西洋画　西学

2. 以"番"为语素组成的词语（有的不限地域）：

　　番人　番王　番将　番兵　番奴　番商　番邦　番茄

番薯　番菜　番瓜　番红花　番石榴　番木瓜　番菠萝
番鬼婆　番鬼妹　番鬼佬

三、以"蛮"为语素的词语

中国古代称南方少数民族(今两广、云贵一带)为"蛮",含有不讲文明、未开化的意思。所以多含贬义。例如:

蛮子　蛮将　蛮横　蛮干　蛮缠　野蛮　蛮婆　南蛮子
蛮不讲理　蛮打横冲　胡搅蛮缠　蛮烟瘴雨

四、以"洋"为语素组成的词语

自17世纪以来,中国人称日本为"东洋",称欧美各国为"西洋",因为从中国到欧美及日本各国都要经过大西洋、太平洋、印度洋。至晚清,对来自这些国家的人或物的名称,统统冠以"洋"字,出现了一批以"洋"字为语素组成的词语。

1. 带"洋"字的名词:

洋人　洋大人　东洋人　西洋人　洋鬼子　洋兵　洋女人
洋奴　洋博士　洋学生　洋学堂　洋货　洋楼　洋蜡
洋务　洋文　洋行　洋枪　洋炮　洋车　洋船　洋布
洋油(汽油、煤油统称)　洋火(火柴,又叫洋取灯)
洋钱(世称大洋、洋元、银元)　洋灰(水泥)　洋线
洋面(富强面粉)　洋葱　洋白菜(甘蓝)　洋芋　西洋参
洋服　洋房　洋相　洋铁　西洋景　洋烟(鸦片)　西洋画

2. 其他带"洋"字的其他词语:

留洋　出洋相　受洋罪　开洋荤　装洋蒜　磨洋工
看西洋景　戳穿西洋镜

由于历史原因,对朝鲜半岛、中南半岛、中亚各国等不称"洋"。一则是这些地方与中国关系密切,二则是风俗人情与中国相近,即并未"洋"化。也就是说,并非凡外国的都称"洋"。

五、对外国人的其他鄙称词语

近代以来，列强的欺凌和侵略，激起中国人的仇视或鄙视的思想情绪。从前称东西方外国人为"鬼"、"佬"、"毛"等贬义称号。例如：

东洋鬼子　日本鬼子　洋鬼子　黄毛鬼　卷毛鬼　红毛鬼
美国鬼子　美国佬　俄国佬　老毛子（旧称白俄）

现在，大城市有些青年人喜欢用"老外"称欧美人，但已不含鄙视的贬义，而是中性词了。

六、带"异"、"非"字语素的词语

在跟社会政治或宗教有关的事物中，带"异"字语素的词语，往往表示排斥，甚至仇视、歧视的态度。例如：

异教　异教徒　异己　异己分子　异族　异客　异姓
异国　异国人　异端　异类　异军

现代还用一个"非"字表示有别于同类。"非"的意思为"不是"。"非卖品"即不供出售的商品（供展览，也可以赠送）；"非法"即不合法。其他例如：

非党员　非金属　非晶体　非导体　非条件反射
非对抗性矛盾　非生产部门　非主流派　非电解质
非交战国　非致命伤　非正规教育　非直接生产人员
非离子型表面活性剂　非正式出版物　非政府行为
非婚生子女　非正式结婚

第三章　反映中庸和谐委婉意识的词语

第一节　反映中庸和谐观念的词语

一、关于"中庸"观念及其词语

汉民族的另一个传统观念,是儒家的中庸和谐思想,也称中庸之道,提倡中和、和谐的思想。所谓中庸之道,就是主张为人处世要采取不偏不倚、公正和谐的公允态度,反对"过犹不及"或固执一端而失之于偏激、片面的思想和作法。

儒家的经典文献《中庸》,把"中和"思想视为人的本体观念。《中庸》解释中庸之道的主要含义说:

喜怒哀乐之未发,谓之中;发而皆中节,谓之和。中也者,天下之大本也;和也者,天下之达道也。致中和,天地位焉。

人的喜怒哀乐的各种感情不表现在外,这就是所谓"中";而人的喜怒哀乐种种感情即使要表露出来,也要加以适当的节制,不要出现感情冲动或没有节制,这就是所谓"和"。保持"中",才是天下为人处世最根本、最重要的;保持"和",才能达到高尚道德的标准。

中庸之道的观念反映在社会人际关系方面,则主要表现在:对人要有雍容恭顺的态度、和平温良的风度和谦和忍让的性格;反对待人处事感情冲动,主张对任何事不走极端,提倡一切要"公允和谐"。对自己则主张"克己自足",认为人性本身可以自足而完善,可以自我净化,强调"克己复礼"。总之,要事事克制自己的欲望和感情,通过心灵的净化,从主观上可以消弭各种矛盾,这就是中华民族的传统的"中庸"处世哲学。

这种中庸思想把人的"七情六欲"①看成是破坏人的自然之性的祸根,认为人们的情欲如果放纵发泄,就会引起严重后果,甚至会引导人们产生邪念,破坏了内心的宁静和平衡,因此中庸之道提倡"克己忍耐"、"安分守己"等。这样就造就了汉民族的"内向"、"内在"、"委婉"、"含蓄"等民族心态特点,甚至影响到委婉、含蓄的表达特点和浑厚含蓄的审美情趣,强调和谐美和内在美。

汉民族认为中庸和谐、克己忍耐、克己让人等思想意识,可以促进民族和社会统一体内部的各种对立因素的均衡与和谐,它是保证社会、民族统一体内部稳定生存的根本条件,是民族和国家统一团结的基础。因此,汉民族自古推崇"中庸之道"、"克己奉公"等思想。这种中庸和谐的观念同样反映到词汇特别是熟语中。

1. 成语

知足常乐:满足于已经得到的而保持乐观。

随遇而安:能适应各种环境并感到满足而安心。

克己让人:克制自己的私心,忍让别人。

克己奉公:克制自己的私心,奉行公事。

克己忍耐:克制自己的愤怒、痛苦,不使表现出来。

和衷共济:指同心协力。

适可而止:到了适当的程度就停止,不要过分。

过犹不及:指事情办得过头了,跟做得不够一样,都不好。

安分守己:规矩老实,守本分,不做违法乱纪的事。

忍辱负重:为了完成艰巨的任务,忍受屈辱,承担重任。

息事宁人:在纠纷中自行让步,使争端平息,彼此相安。

吃亏让人:宁肯自己受损失,也不能让别人受损失。

吃亏是福:清代郑板桥语。自己吃亏而有利别人,感到心安理得,
　　是一种福分。舍己为人而感到幸福。

---

① 七情,儒家认为是喜、怒、哀、惧、爱、恶、欲七种感情或心理作用;中医认为是喜、怒、忧、思、悲、恐、惊七种情感;佛教则认为是喜、怒、忧、思、惧、爱、憎七种情感。六欲,《吕氏春秋·贵生》说:"所谓全生者,六欲皆得其宜也。"高诱注,"六欲"为"生、死、耳、目、口、鼻"。佛教则认为是色欲、形貌欲、威仪姿态欲、言语音声欲、细滑欲、人想欲(见《大智度论》卷二一)。

大智若愚：指有智慧有才能的人不露锋芒，表面看来好像很愚笨。
能忍自安：能忍耐克制自己，自然平安无事。

2. 俗语、谚语

  比上不足，比下有余。
  万事和为贵。
  多一事不如少一事。
  出头的椽子先烂。
  枪打出头鸟。
  人怕出名猪怕壮。
  人比人，气死人。
  议是非者必是非。
  是非只为多开口，烦恼皆因强出头。
  与世无争。
  难得糊涂。
  言多语失。

3. 古词语

  擒贼先擒王。
  己所不欲，勿施于人。

二、重和谐的价值观及其词语

  由于受中庸思想的影响，汉民族自古以来很重视"和谐"的价值。中国是一个多民族的大国，只有强调和谐，民族才能团结，国家才能统一，家庭才能和睦。所以不论古代还是现代，人们始终把"和谐"当做安国治家的社会准则。孔子曾说："礼之用，和为贵。"（《论语·学而》）。这里"和"是恰当、适合的意思。后来常用以表示和平、和谐。孟子也说过："天时不如地利，地利不如人和。"（《孟子·公孙丑下》）这里是强调社会和谐的精神。在这天、地、人三者的关系中，天时、地利都不如人和重要。"人和"是指人际关系的和谐，只有全国上下一心，团结一致，众志成城，国家才能稳固久安，家庭才能和睦幸福。自古至今把人际关系的和谐当做治国理家的价值观。

汉语中有大量的词语反映汉民族重视和谐的价值观。例如：

和谐　和睦　和美　和平　和好　和洽　和畅　和顺
谦和　和蔼　和悦　和善　和婉　和谈　劝和　温和
和议　和气　和乐　和解　言和　谋和　宽和　平和
亲和　柔和　融和　随和　温和　协和　和气　和为贵
和气生财　和风细雨　心平气和　风和日丽　和和美美
和和气气　和谐美满　和衷共济　和颜悦色　和平共处
和蔼可亲　家和万事兴　万事和为贵

第二节　委婉词语

人们在言语交际时，为了符合中庸和谐的要求，便产生了语言的禁忌和避讳，即当语言中的某些词语不便直说出来，便避开这类词语或用别的词语来代替，这种代替词语便成为委婉词语。

在封建社会，规定要为帝王讳，为尊者讳，为长者讳，为亲者讳①。人们不能直呼帝王、君主、尊亲的名字，当必须称名时，就用另外的词语代替，这种现象称作"避讳"。后代子孙直呼祖先的名字，那是大不敬的，于是便用其他字词来代替，以示对祖先的敬意。这种习惯到了秦汉时代便成为社会的规则，以后历代相沿。这不仅受中庸思想的影响，同时也是封建宗法制度的产物。下面仅就社会上常见常用的委婉词语，分类举例说明。

一、关于"死"的委婉词语

1. 汉族人自古忌讳"死"。人的生老病死，本来是人生的自然现象。但是人们自古却怕死，并且忌说"死"，而祈望长寿或长生不老。在古代，人们想象有一种神秘的力量（神）主宰着人生命运，认为只要不说"死"字，似乎"死神"就不会降临到自己身上。因此，自古至今，人

---

① 讳，指对某些事情避不提及，也指被隐避的事。这里只讲对名字的避讳。

们把人的死亡看作是不吉利的事情,忌讳"死"字,把死人的事叫做"丧事"。

关于"死"的委婉词语,有人统计,古代表示"死"的委婉词竟有二百多个。中国古代就产生了,如用"沈"、"终"、"没(殁)"来指代"死"。《礼记·曲礼》说:"天子死曰崩,诸侯死曰薨(hōng),大夫死曰卒,士死曰不禄,庶人曰死。"皇帝"死"的委婉词语还有"驾崩"、"山陵崩"、"弃群臣"、"宫车晏驾"、"千秋万岁后"等。皇太后、皇后死也称"晏驾"。

丧父的委婉语为"失怙",丧母的委婉语为"失恃",父母双亡说"弃养"、"丧考妣"。对老者长者死说"寿终"。

丧妻说"失俪",丧幼子说"夭折"或"殇"。古代一般把少壮而死称"夭",未满二十岁而死称"殇"。

2. 出自古典文献的"死"的委婉语,仅就常见的略举几例:

殪 殒 殇 夭折 卒 没 沈 终 逝 厌代
作古 蚤世 不讳 不禄 长殇 长逝 幽沦 无命
没世 寿终 正寝 考终 逝世 谢世 溢谢 百年
即世 亡故 已故 夭亡 夭折 不幸 辞世 瞑目
长眠 亡化 没世 下世 见背 命终 不可讳
捐馆舍 千秋后 百年后 寿终正寝

出自明清以来小说中的一些"死"的委婉词语:

薨世 命绝 升天 归天 过世 去世 不在 故人
断气 短命 就木 停床 去了 老了 没了 出事
自尽 悬梁 投井 谢宾客 泉下人 翘辫子 倒了头
命归黄泉 天年不测 身归泉路 溘然长辞 一命呜呼
呜呼哀哉 与世长辞

3. 宗教有关"死"的委婉语。

道教有关"死"的委婉语:

羽化 化鹤 仙逝 仙游 登仙 成仙 上仙 归天
归道山 驾鹤归西 驾返瑶池

佛教有关"死"的委婉语:

坐化 寂灭 入寂 圆寂 物化 升天 归西 入灭
涅槃 归真 灭度 迁化 顺世 归寂 示寂 往生

4. 现代有关"死"的委婉语。
用于名人的委婉语：
　　逝世　谢世
用于革命者的委婉语：
　　牺牲　就义　献身　捐躯　殉职　阵亡　壮烈牺牲
　　慷慨就义
用于一般亲友的委婉语：
　　去世　故世　过世　下世　谢世　永眠　长眠　走了
　　安息　过去　病故　没了　老了　过去了　上路了
　　不在了　不行了　倒下了　撒手了　离世了
用于一般人的委婉语：
　　死了　完了　断气了　咽气了　闭眼了　寻了短见
　　撂倒了　翘辫子　上八宝山了　下户口了　去火葬场了
　　去见上帝了
用于敌人或反面人物：
　　完蛋了　吹灯了　见鬼去了　玩完了　仰天了　拔蜡了
　　嗝屁了　吃枪子儿了　见阎王了
用于褒义或自己：
　　去见马克思　早晚有这一天　心脏停止了跳动
　　流尽最后一滴血　献出了宝贵的生命　永远离开了我们
　　停止了呼吸　离开了人世

5. 与"死"有关事物的委婉语。人们不仅忌讳说"死"，与"死"有关的事物也同样忌讳，而以相应的委婉语来代替。例如：人们称棺材为"寿木"、"寿材"、"长生木"等，称死人穿的衣服为"寿衣"、"长生衣"等。医院里，把停放尸体的房间称作"太平间"等。

二、有关男女间的委婉语

在几千年的封建社会里，由于宣扬封建伦理道德观念，男女之间的关系及行为视为大忌，如"发乎情、止乎礼"、"男女有别"、"男女授受不亲"等古训成为人们对待男女关系的准则和礼法。所以男女之间的一些事被认为有伤风雅，多用委婉语来表达。例如称男女的生殖器为"阴部"、"下身"，用"胸部"代指女子的乳房。把妇女的月经来潮称作"来红"、"例假"、"不适"、"倒霉"等。把男女间的性行为称作"云雨"、"房事"、"入港"、"做爱"、"同房"、"同床"、"上床"、"睡觉"，文学作品中称作"巫山洛水"、"巫山云雨"、"颠倒鸳鸯"等。现代社会把不正当的男女通奸称作"发生关系"、"生活作风问题"等。古代把男女情欲称作"春心、春情、怀春、春意、思春"等，把有关色情的画称作"春画"，把妓女出卖肉体称作"卖春"，把爱情诗称作"春诗"，把壮阳补阴的药品称作"春药"等，这里用"春"来作男女情欲的委婉语。

结婚之后，把妇女怀孕称作"有喜了"、"有了"、"怀上了"、"快当妈妈了"、"行动不方便"，生育后叫"坐月子"、"卸包袱"等。

社会上，把因男女关系引起的事件称作"桃色事件"，把男子的嫖妓行为说成"寻花问柳"、"拈花惹草"、"追欢买笑"、"寻欢作乐"等。过去把妓院称作"青楼"、"春楼"、"勾栏"、"平康"（唐代长安有平康里，为妓女居住区）。现代称"红灯区"（指妓院集中的地方）。旧社会把男女的性病称作"花柳病"，把男女不正当的私通称作"碧桃花下"；"红杏出墙"则偏指女方。

三、其他委婉词语

在日常生活中，人们往往把不愿说或不便说出口的事用别的词语来代称，这样就产生了生活方面的委婉语。例如：

人们忌讳有病，当人们真的患病时也不愿直说有病，而常说"身体不舒服"、"身体有些不适"、"身体欠安"、"身体欠佳"、"身体不太好"等说法。古代称"有恙"。

人们把去厕所拉屎、撒尿说成"大便"、"小便"或"方便一下"，或说"解手"、"去洗手间"等。古代人则说"更衣"、"宽衣"等。

汉民族自古把"钱"、"酒"称作"俗物"。古代把没钱说成"手里紧"、"囊涩"、"腰包软"，把嗜酒称作"好杯中物"等。把考试落榜称作"名落孙山"。

把身体发胖说成"发福"、"衣瘦了"。

古代把卖文章、字画的钱称作"润笔"。

赌博的人忌说"书",因"书"与"输"同音。

戏班忌说"伞",因"伞"与"散"谐音,把"雨伞"说成"雨遮"。

北京人忌说"蛋",把"鸡蛋"说成"鸡子儿"、"白果儿",炒鸡蛋叫做"炒黄菜",把肉炒鸡蛋叫"木樨肉",鸡蛋汤叫"甩果汤"或"木樨汤",去壳整煮鸡蛋叫"沃(卧)果儿"。

有的人忌讳说自己"耳聋",而说"耳背"、"失聪"、"耳朵有点不太好"、"耳朵不灵"。把"眼瞎"说成"失明"。把身体不健全或生理缺欠的人称作"残疾人"。

古代寡妇对亡夫自称"未亡人"。

当代也出现了新的社会委婉词语。例如:把犯罪青少年称作"失足青年",把"失业"说成"待业"、"下岗",把涨价说成"调价",在物资短缺时期把高出平价称为"议价"。

四、人名的避讳

汉语的委婉词语还表现在对人名的避讳上。

封建时代,人名的避讳是封建伦理道德观念的重要部分。避讳的方法很多,常见的把人名用字改写、空字和缺笔。"改写"包括改写姓名,改写官名,改写地名或物名等。例如:

晋代为避讳司马昭的"昭"字,把汉代的"王昭君"改为"王明君"。

宋代的名臣文彦博,他原姓敬,后因为宋太祖赵匡胤的祖父叫赵敬,于是他便改姓"敬"为姓"文"了。

隋代设有"中书"、"侍中"等官职,因隋文帝杨坚的父亲叫杨忠,"忠"与"中"谐音,为讳"忠"字,便把"中书"改为"内史",把"侍中"改为"纳言"。

天津市河北区原来有条街名叫"玄纬路",在清代康熙年间改为"元纬路"。因为康熙皇帝的名字为玄烨,为避"玄"字,把"玄"改为"元"字。把东汉经学家郑玄也写(刻)作"郑元"。

避讳的另一种方法是空字。"空字"就是把要避讳的字空着不写。例如唐代为了避讳唐太宗的名字李世民的"世"字,便把隋朝末年的起义领袖王世充写成"王 充",后人印书,把"王""充"两个字连起来,印成了"王充"了。

还有一种名讳,就是用写字缺笔画的方法,即把要避讳的字少写一个笔画。例如,古代统治阶级把孔子奉为"大成至圣",后人为避讳他的名字"丘"字,便故意把"丘"字写成缺笔字"㘴"(而且不论是否缺笔,"丘"要念 mǒu)字,《康熙字典》上"烨"的繁体"燁"少最后一竖。

《说文解字》编于东汉章帝时代。汉章帝名刘炟(dá)。此书"炟"字下只注"上讳"。《说文解字》字头不收"刘"字,有人认为是因为皇家姓氏,不敢解释。

至于"陛下"、"阁下"之类,则是借相关事物敬称皇帝或大臣。

第四章 反映汉民族心态特征的词语

第一节 有关"心"和"意"的词语

一、有关"心"的词语

中国人常说:"我心里总在想这件事"、"我心里很难过"、"我心里很高兴"、"我心里很激动"等。外国朋友听了会感到莫名其妙:人的"想、难过、高兴、激动"等思想感情及精神活动不是跟人的大脑有关吗?怎么中国人却跟心脏联系起来了呢?

在古代,汉民族认为心脏是人体的五脏之首,"心主神",就是"心"能主管控制人的思想及精神活动。如《孟子·告子上》所说的:"心之官则思。"这说明,古代的汉民族常把"心"当做人的思维器官。另外,因为人的思想活动和感情的变化往往密不可分,而感情的变化又与心脏的跳动有关,而心理和感情是一致的,所以认为"心"的概念中还蕴含着人的感情成分。这种心、神、情合一的传统观念,形成汉民族的共同心态。因此汉语里凡是和人的思想、精神、感情等思维活动有关的字、词语,都含有"心"(包括忄、㣺)的字素。例如:

思 念 志 忠 怨 怒 忍 恐 想 愁 恋 恶
感 恩 慈 悲 意 慰 虑 忆 忧 怀 悦 怕
怅 怡 惧 悟 恨 憎 悔 惶 情 悖 愧 惭
惦 怜 悯 恭 慕 忝

以"心"为语素组成的词语。在汉语词汇系统中,凡是和思想感情有关的词语,都含有"心"的语素。例如:

一心 小心 无心 开心 忍心 专心 用心 决心
亏心 动心 在心 存心 居心 有心 狠心 多心

苦心　灰心　良心　忠心　成心　红心　信心　虚心
黑心　热心　诚心　寒心　爱心　耐心　善心　人心
同情心　责任心　事业心　怜悯心　爱国心　救国心
唯心论　心力　心气　心术　心里　心头　心切　心目
心血　心计　心机　心志　心中　心灵　心怀　心坎
心田　心态　心思　心意　心理　心绪　心情　心神
心肠　心眼儿　心病　心得　心境　心路　心愿　心扉
心底　心腹　心潮　心爱　心照　心醉　心迹　心窍
心盛　心声　心软　心硬　心狠　心宽　心窄　心烦
心寒　心冷　心焦　心静　心酸　心秀　心虚　心算
心痛　心疼　心善　心服　心事　心劲儿

以"心"为语素组成的成语：

心心相印　心口如一　心不在焉　心广体胖　心花怒放
心地善良　心怀不满　心无二用　心余力绌　心悦诚服
心中有数　心中无数　心有余悸　心安理得　心狠手辣
心直口快　心领神会　心血来潮　心惊胆战　心惊肉跳
心慌意乱　心照不宣　心驰神往　心猿意马　心诚则灵
心劳日拙　心旷神怡　心平气和　心明眼亮　心满意足
心烦意乱　有口无心　口是心非　问心无愧　赤胆忠心
赤子之心　独具匠心　刻骨铭心　苦口婆心　大快人心
狼子野心　利欲熏心　戮力同心　漠不关心　人面兽心
十指连心　万箭穿心　万众一心　一见倾心　掉以轻心
木人石心　触目惊心　独出心裁

以"心"组成的俗语：

心有余而力不足。
善心有善报。
刀子嘴,豆腐心。
眉头一皱,计上心来。
心有灵犀一点通。
世上无难事,只怕有心人。
心不正则行不正。

第四章　反映汉民族心态特征的词语

正其行先正其心。
心术不正行不端。

以"心"组成的歇后语：
红线串灯草——心连心
芭蕉剥了皮——见了心
蜜蜂叮镜中花——白费心机
对着影子使力——疑心重
大路上设陷阱——叫人心不安
黄鼠狼给鸡拜年——没安好心
老太太喝牛奶——一百个放心
癞蛤蟆想吃天鹅肉——心高妄想
圣人遭雷击——好心没好报
光棍爱串寡妇门——存心不良

二、有关"意"的词语

"心"和"意"有密切关系，"意"是心所活动的产物。汉语词汇中"意"的组词能力很强。例如：

意表	意会	意合	意见	意匠	意境	意料	意念
意气	意趣	意识	意思	意图	意外	意味	意想
意向	意象	意兴	意义	意译	意愿	意旨	意志
意中人	意在言外	本意	笔意	鄙意	不意	诚意
春意	措意	达意	大意	得意	敌意	恶意	故意
好意	合意	厚意	会意	加意	假意	介意	经意
敬意	酒意	决意	可意	刻意	快意	来意	乐意
立意	留意	满意	美意	民意	命意	起意	歉意
惬意	情意	任意	如意	锐意	善意	深意	生意
盛意	诗意	失意	适意	示意	授意	肆意	随意
遂意	天意	特意	同意	玩意儿	无意	写意	谢意
心意	蓄意	雅意	用意	有意	雨意	寓意	原意
愿意	在意	着意	执意	旨意	致意	中意	主意

注意　属意　恣意　醉意　尊意　意味着　不过意
拿主意　不得意　出其不意　三心二意　一心一意
全心全意　虚情假意　真心实意　差强人意　强奸民意
回心转意　诚心诚意　意气风发　意气用事　意识形态
心猿意马　言外之意　一意孤行

含"意"的词语,大多数是名词,也有部分是动词,例如:

会意　合意　经意　介意　注意　失意　不经意

也有的是形容词,例如:

得意

第二节　有关"天"的词语

汉字"天"是指事字:上面一横表示人的头部,下面是个"大"字,像一个正面站立、手脚朝两边伸展的人形,所以"天"的最初义是指人的头顶。《说文解字》解为"天,颠也。至高无上。从一、大"。"颠"就是指人的头顶。以人体部位的最高处引申指自然位置最高的天体,所以用"天"表示"天空"、"天宇"、"天地"、"天色"、"苍天"、"天气"、"九重天"等。这里所指称的"天"是自然界的天。

汉民族自古认为"天"是至高无上、神圣的,崇天为神。中国古代一向崇天尊神,认为"天神合一","天道生万物,万物得天乃后成";认为"天"是主宰自然界和人类世界的神圣力量,"上天"和"上帝"同义。从以"天"为语素组成的词语中,可以看出"天"的含义。

1. 表示天主宰世界观念的词语

天意:上天的旨意。

天道:上天意志的表现。

天威:上天神圣的威严。

天祚:上天赐福保佑人类。

天戒:上天的禁戒。

天皇:指玉皇大帝;日本则指日本的皇帝。

天尊:上天至高无上的尊严。

天怒：上天大怒，降灾难于人间。
天数：把一切灾难都归于上天安排的命运。
天条：上天所定的律条。
天幸：上天给的好命运，可幸免于灾祸。
天假：天所借予的。
天子：天的儿子，多指皇帝。
天灾：认为人间的灾难都是天意所成。
天火：天降大火而成火灾。
天疾：天降疾病于人间，如"天花"之类。
天授：上天所授予的。
天伦：上天规定的自然家庭关系。
天理：上天所定的道德法则等。
天年：上天所定的自然寿数。
天步：指国运及时运受上天的控制。
天网恢恢：天道像一个广阔的大网，作恶者逃不脱这个大网，逃不脱天道的惩罚。
天才：上天给人的才能。
天资：上天给人的资质。
天分：上天给人的素质和智力。
天赋：上天给予的才智。
天民：上天给予的先知先觉的人。
天命：上天给人的命运。
天性：上天给人的品性或性情。
天良：上天给人的良心。
天禀：上天给人的品性。
天真：儿童先天的纯洁性格。
天作之合：上天给人的美满婚姻，语出《诗经·大雅·大明》。

2. 表示天人合一观念的词语

早在殷商时代就有了"天人合一"的观念。《诗经·商颂·长发》说"帝立子生商"。这是说(上天)使有娀氏生契而有商。战国时代孟子进一步提出"道德之天"，天由"浩然之气"聚合而成(《孟子·公孙丑上》)。"天人合一",天具有人格精神,人也具有天的品性,即汉代董仲舒在《春秋繁露》中提出的"天人感应"、"天人相通"的观念。封建时代皇帝自称天子,于是便有以下词语:

天王:君王是天神的代理人。

天序:帝王的世系。

天颜:帝王的容貌。

天族:皇族。

天章:帝王的文章。

天邑:帝王的都邑。

天戈:帝王的军队。

天讨:帝王出兵征讨。

从"天人合一"、"天人感应"的观念讲,人和天的关系是相通的,是相辅相成的。没有人,整个宇宙就是混沌一片。《列子·黄帝》说:"有七尺之骸,手足之异,戴发含齿,倚而趣者,谓之人。"指明了手脚分工,直立行走,即与其他动物的区别。事实上,人是天地之间的核心,是构成社会的主体。《尚书·舜典》说:"诗言志,歌永(咏)言,声依永,律和声。八音克谐,无相夺伦,神人以和。"很明显,这里说的是人的作用。唐初欧阳询编《艺文类聚》共一百卷,人部占二十一部,还不包括帝王部、后妃部、职官部、封爵部等。不仅与人有关的词为数甚多,单就含"人"字的词就是一个很大的词族。《辞海》(1999年版)"人"字头下收词376条,当然还应当包括"步人后尘"、"事在人为"、"推己及人"这类"人"字在当中或末尾的词语。以"人"字为语素的词族是开放的,难以尽列。

第三节 有关"气"的词语

汉民族自古就非常崇尚"气",可以说,"气"的概念是汉民族传统思想的重要组成部分。"气"的文化内涵非常丰富。

汉民族的先哲认为"天人合一,气为先",气是"万物之本",用"气"来表达宇宙是物质存在的基本原理。如《易经·系辞》:"精气为物。"

唐代孔颖达疏：“阴阳精灵之氤氲积聚而为万物也。”这是一种朴素的唯物主义思想。《左传·昭公元年》提到"天有六气"，即阴、阳、风、雨、晦、明。

汉代学者提出"元气说"。儒学家董仲舒开始提出"元气"的观念。他在《春秋繁露》一书中说：“王正，则元气和顺，风雨时，景星见(xiàn)，黄龙下。”他把元气看作构成天气风雨及天人感应的重要物质。东汉思想家王充在《论衡·自然》中说：“天地合气，万物自生""万物之生，皆禀天气""人之生，在元气之中；既死，复归元气。”到了晋代，道家葛洪在《抱朴子内篇·至理》中也说：“夫人在气中，气在人中，自天地至于万物，无不须气以生者也。”

魏晋以来，儒家的这种"元气说"渐渐为道家、佛家所认同。道教的《太平经》认为"天物，始于元气"。佛家也认为"元气陶化，则群象禀形"。儒、道、佛三家都把天地万物的生成归之于"气"或"元气"，形成一种宇宙观，虽然各家具体解说不一，但异曲同工。

自古至今的太极拳、中华气功、中华医学，都主张"养气、运气"为健身根本，认为"生化之道，以气为本。人之有生，全赖此气"。明代医学家李中梓在《内经知要》中说：“人生所赖，惟气而已，气聚则生，气散则亡。”人体的气是由先天之精气和后天的水谷之精气及自然界之清气，通过肺、脾、胃、肾等脏腑而生成的。

汉语词汇系统中，以"气"为语素的词语构成了"气"的词族。例如：

说明天体、大地之气：

  天气　气候　地气　大气　空气　气体　气团　气压
  气温　气象

说明人体机能的原动力：

  元气　精气　灵气　血气　力气　养气

医学上说明人体生理、病理现象：

  气色　气虚　火气　气血　肝气　腹气　胎气　湿气
  气旺　痰气　神气

说明气功的原理：

  真气　元气　养气　布气　行气　练气　运气　采气
  宗气　营气　卫气　补气　贯气　藏气　内气　外气

用气　丹田气　理气

说明人的精神状态：

志气　士气　勇气　胆气　神气　朝气　丧气　死气

说明人的气节、品德、胸怀：

正气　英气　浩气　气宇　气节　气度　气量　气魄　气派　气质

表示人的性格、情绪：

气概　脾气　和气　生气　怒气　负气　杀气　赌气　闹气　气愤　气冲冲　气昂昂　气呼呼　气吁吁　气汹汹　气鼓鼓

说明人的作风、气质：

骄气　娇气　官气　洋气　流气　土气　大气　小气　神气　贫气　阔气　穷气　傲气　风气　豪气　锐气　傻气　稚气

以"气"组成的成语和俗语：

一鼓作气

一气呵成

沆瀣一气

理直气壮

颐使气指

内练一口气,外练筋骨皮

一鼻孔出气

小家子气

阴阳怪气

低声下气

瓮声瓮气

第四节　有关"理"的词语

汉民族的先哲认为"理"是永恒的,是先于世界而存在的精神实体,也是生成宇宙万物的本体,又是各种事物的发展规律,即大道理,并成为汉民族的传统观念。

理,最早本指加工玉石。《说文解字》说:"理,治玉也。"后来指道理、法则。《易经·系辞》:"易简而天下之理得矣。"进而引申转义为哲学观念,成为反映客观事物规律的观念。

"理"是儒家哲学思想的重要组成部分。三国魏儒学家王弼认为"物物有理"(《周易略例》卷三)。魏晋时代儒学家刘劭把理看作天地自然、社会人情的规律。他在《人物志》中指出:"若夫天地气化,盈虚损益,道之理也;法制正事,事之理也;礼教宜适,义之理也;人情枢机,情之理也。"隋唐时期,佛学把"理"看成是"佛性","佛因",认为"从理故成佛果,理为佛因"(《广弘明集》卷二)。宋代儒学家更是大讲"理"的重要性,并把儒家哲学思想发展成为理学。宋代理学的代表人物有周敦颐、张载、程颢、程颐、朱熹等,后来成为程朱理学。张载认为"万物皆有理","若不知理,如梦过一生"(《正蒙》)。朱熹则认为"天地之间,一理而已",认为天下的所有事物都是由"理"生成,并且事事物物都有"理",他认为"理""无形迹"、"无情意、无计度、无造作"(《朱子语类》卷一)。总之,理学家认为"理"是生成宇宙万物的本体,又是各种事物的规律,包括人的精神活动(心)的规律,"理"在宇宙间无所不在。

在传统的儒家思想及理学文化观念影响下,"理"便成为一个有深刻内涵的词,具有很强的构词能力,形成以"理"为词根的庞大词族。如由"理"构成的许多词可用来表明事物产生的本源,事物运动的规律、事理,以及物质组成的次序等。至于有关"管理"方面的词汇,则属于治理意义的现代广泛应用,包括处理管理事物的规律等。下面分类说明以"理"为词根的词族。

1. 表明事物产生的本源或原因的词语:

天理 道理 真理 义理 哲理 物理 定理 伦理
医理 生理 病理 药理 心理 乐理 法理 有理
无理 事理

2. 表明事物运动的规律或事理的词语:

理由 理据 理论 理当 理应 理屈 公理 合理
情理

在理　有理　论理　讲理　评理　说理　按理　据理
 正理
 歪理　理想　理亏　推理　理合　理直气壮　合情合理
 理当如此　理所当然　理屈词穷　以理服人　晓之以理
 喻之以理　理亏心虚　不可理喻

3. 表明对事物的领会、认识的词语：
 理解　理会　理喻　理性　明理　理智　理睬

4. 表明物质的组织次序的词语：
 条理　纹理　文理　肌理　循理　节理　顺理成章
 文通理顺

5. 由事物的组织次序对事物的认识而引申出管理治理等义的词语：
 理事　理财　理家　理政　治理　管理　办理
 处理　受理　清理　整理　理顺　理疗　理发
 调理　总理　经理　襄理　助理　协理

第五章　典籍文化词语

现代汉语词汇中有一大批书面语词语是直接或间接地来源于古代典籍及神话传说。我们称这类词语为典籍文化词语。

一、一般常用典籍文化词语

所谓一般常用文化词语，是指那些虽然来源于古代文献，却常出现在现代汉语书面语的词汇。例如：

1. 名词类

矛盾——源于《韩非子·难势》，比喻言语或行为自相抵触。

东道——源于《左传·僖公三十年》，原指东路上的主人，后称主人为"东道主"，又简称"东道"。

红娘——源出元代王实甫的《西厢记》，红娘为崔莺莺的侍女，她促成了莺莺小姐与张生的结合。后来民间把"红娘"作为帮助别人完成美满婚姻者的代称。有时也用于其他方面，如人才红娘。

月老——源于唐代李复言的《续幽怪录》，后来人们称主管人间婚姻之神为"月下老人"，简称"月老"。

汗青——古时在竹简上书写文章，竹简是先用火烤青竹使它出水（如汗），这样竹子才容易书写，并可防虫，因此称这种烤过的竹子为"汗青"，后来特指史册。

青史——源同"汗青"，因古人在竹简上记事，称史书为青史。

黄泉——源出《左传·隐公元年》，原指人死后埋葬的地穴，后比喻人死后的阴间。

鸡肋——源出《三国志·魏书·武帝纪》裴松之注，比喻无多大意味，又舍不得丢弃之物。

秋波——李白诗"秋波落泪水",指秋天的水波。苏东坡《百步洪》诗"佳人未肯回秋波",指美目如清水。古代男女之间往往用目光传情,称作"送秋波"。后来用"秋波"比喻美女的眼睛,说她的眼睛像秋水一样清澈。

扶桑——原指神木,源于楚辞《离骚》。《南史·东夷传》传说中东方海中古国名用以指日本,现代诗文中也用以指日本。

沧桑——源于《神仙传·麻姑》,后来用"沧海桑田"比喻世事变迁很大。"沧桑"是"沧海桑田"的简称。

桑梓——源于《诗经·小雅·小弁》,古代桑树和梓树是家宅旁边常栽种的树木,见到桑与梓容易引起对父母和家乡的怀念。后把"桑梓"作为故乡的代称。

桑榆——本指日落,源于《淮南子》。三国曹植《赠白马王彪》诗用以比喻人的老年。

泰山——原指东岳名山,唐代段成式《酉阳杂俎》用以比喻妻父。又因泰山为东岳,遂称妻父为"岳父"或"岳翁",俗称"老泰山"。

巾帼——古指妇女的头巾或发饰,《三国志》注引《魏氏春秋》用作妇女的代称。

金瓯——本指黄金之瓯。《南史·朱异传》用以比喻疆土完整牢固,也指国土。

金乌——源于古代神话,传说太阳中有三足乌,后作太阳的别称。

七夕——源出古代神话,每年农历七月初七晚牛郎与织女在天河相会。《荆楚岁时记》也有记载。后人把农历七月七日作为"七夕"节。

鹊桥——唐代韩鄂《岁华纪丽》卷三注引《风俗通》,原指七夕牛郎在天河相会,好心的一群喜鹊用翅膀搭成桥让牛郎渡天河与织女相会。后比喻为婚姻搭桥。

玉兔——神话传说中月亮上有玉兔为王母捣药,南朝陈诗人江总诗中用作月亮的别称。

青睐——源于《晋书·阮籍传》,又称"青眼"、"垂青",对别人喜爱或器重称"青睐"。

婵娟——源于宋苏轼《水调歌头》词,指明月。

东床——源于《晋书·王羲之传》,写王羲之被选婿的故事。后来称女婿为"东床"。

桃李——源于《韩诗外传》,后用以比喻所栽培的后辈或所教的学生。

席卷——源出《战国策·楚策》,后比喻包括无遗,全部占有。

西席——源于《大戴礼记》,古时主位在东,宾位在西。后称家中请的教师为"西席"。

入门——源出《论语·子张》,后称学习已得到门路或能得到老师的传授为"入门"。

鸿沟——源于《史记·项羽本纪》,古代渠名,在今河南省荥阳一带,楚汉相争时为两军的临时分界。后比喻明显的界线。

知音——源出《吕氏春秋》,传说俞伯牙善弹琴,钟子期善听琴,能从伯牙的琴声中听出他的心意,伯牙称子期为自己的知音。后称知己为"知音"。

萧墙——源于《论语·季氏》,原指宫门内的照壁。后用来比喻内部。如祸起萧墙。

云雨——源于宋玉《高唐赋》序。原说楚王梦与神女相会。后称男女欢合为"云雨"。

殷鉴——源出《诗经·大雅·荡》,原指殷商的子孙应以夏亡作为鉴戒。后来以"殷鉴"泛指借鉴的往事,而且偏重于接受教训。

瓦全——源于《北齐书·元景安传》,指大丈夫宁愿作为玉而粉碎,不愿像完整的瓦那样只顾保全自己。比喻不顾名誉气节,只顾眼前苟且活着。

烽火——在高台上烧柴报警,称为烽火。后来以烽火比喻战火或战争。

狼烟——唐代段成式《酉阳杂俎》说狼粪烟可直上,因此古代烽火常用狼粪烧火成烟,后以此比喻战火。

状元——古代称科举考取进士的第一名,现比喻某行业成绩最好者。

说客——语出《史记·郦生陆贾列传》,原指古代的游说之士。后来称善用言语说服对方的人。"说"应读"shuì"音。

2. 动词类

推敲——五代何光远《鉴戒录》,说贾岛对诗句"僧敲月下门"用"推"用"敲"犹豫不决,路遇韩愈,贾岛便请教之,韩愈认为用"敲"字好。后用"推敲"比喻做事反复琢磨思考。

借光——原指汉代匡衡家贫夜里凿壁借邻居灯光读书。清代郑板桥家书序则用以指分沾他人利益。现用作向人询问或请人给自己方便时的客套语。

劳驾——古代贵宾或有地位的人出门多乘马车,因此敬称对方为"驾"或"大驾""尊驾"。后用于请别人提供方便时称"劳驾",现成为客套语。

乔迁——源出《诗经·小雅·伐木》,原意是迁居到高大的乔木之下。后来以"乔迁"祝贺亲朋迁居到好的地方或官职高升。

负荆——源出《史记·廉颇蔺相如列传》,原指廉颇脱了上衣背负荆条向蔺相如请罪。后世用"负荆"表示向人认错赔礼。

识荆——李白《与韩荆州书》中说,不想让皇帝封万户侯,只愿和韩荆州(韩朝宗,当时任荆州长史)见一面。后用作和朋友初次相识或见面时的敬辞。

染指——源出《左传·宣公四年》,郑灵公请大臣吃甲鱼而故意不给子公吃,子公很生气,伸指蘸点汤尝尝滋味就走了。后比喻分取不应得的利益。

发指——源出《庄子·盗跖》,盗跖听说孔丘来访,气得"发上指冠",也即"怒发冲冠"之意。后来用"发指"形容愤怒到极点。

问鼎——源出《左传·宣公三年》。鼎是国家的重器,是政权的象征。楚庄王问周鼎,说明他想取代周王。后来就用"问鼎"指图谋夺取政权。

问津——语出《论语·微子》,指询问渡口。后世用以表示探问途径,请求指示学问。

逐鹿——源出《史记·淮阴侯列传》:"秦失其鹿,天下共逐之。"后来以逐鹿比喻争夺天下或争夺政权的战争。

第五章　典籍文化词语

渔利——语出《战国策·燕策》，指"鹬蚌相争，渔人得利"。后用"渔利"比喻趁机用不正当的手段谋取利益。

鱼肉——语出《史记·项羽本纪》，原指受宰割者，后比喻暴力欺凌。

代庖——为成语"越俎代庖"的缩语。语出《庄子·逍遥游》，"庖"指厨人。原指掌握祭祀的人不能代替厨人办席做菜。后用以指越权办事或包办代替。

涂鸦——语出唐代卢仝《示添丁》诗，原指小孩子把诗书胡乱涂抹得像乌鸦一样。后以此比喻书法拙劣或胡乱写作，也作写作者的谦语。

续貂——语出《晋书·赵王伦传》。古代近侍官员以貂尾为冠帽的装饰，时人讽刺任官太滥，"貂不足，狗尾续"即"狗尾续貂"。后来泛指以坏续好，前后不相称，或比喻续加的不如原有的好。

弄璋——语出《诗经·小雅·斯干》，"璋"是一种宝玉，可佩戴在身上。弄璋是希望儿子长大成为王侯，佩戴圭璧。后人称生男孩子为"弄璋之喜"。

弄瓦——语源同上。"瓦"为古代纺锤。给幼女玩弄瓦，希望她将来能做女红(gōng)，谨遵女德。后称生女孩为"弄瓦之喜"。

管窥——语出《庄子·秋水》，意为从管中看天，比喻所见狭小短浅。

观止——语出《左传·襄公二十九年》，春秋时吴国季札在鲁国观看舜时代的乐舞后，十分称赞地说："看到这里的乐舞就够了，再有别的乐舞我也不必看了。"后世以"观止"称赞所见事物尽善尽美，好到极点，也称"叹为观止"。

韬晦——源出《梁书·张充传》，指暗昧。《旧唐书·宣宗纪》用"韬晦"指隐藏才能，不使外露。也是"韬光养晦"的简称。

折桂——语出《晋书·郤诜传》。有一次晋武帝问郤诜："你自以为怎么样？"郤诜回答说："我在举贤良对策中，为天下第一，就如桂林的一枝，昆山的一片玉。"后来用"折桂"比喻科举考中。

割席——语出《世说新语·德行》。古代席地而坐。管宁和华歆同席读书,有官人作乐从门口经过,管宁依然读书,华歆却到门口去看。管宁与华歆割席分坐,说:"你不是我的朋友。"后称与朋友绝交为"割席"。

说项——语出《旧唐书·项斯传》。唐代项斯曾受到杨敬之的尊重,所赠诗有"平生不解藏人善,到处逢人说项斯"的句子。后人称替人说好话或讲情为"说项"。

结发——本指男子年轻时束发。见于《史记·李将军列传》。汉碑有"夫人结发"句。后称元配夫妻为"结发"。

化鹤——语出《搜神后记》,辽东人丁令威在灵虚山学道成仙,千年后,化鹤归辽。后人常用为死亡的代称。

临池——语出晋代卫恒《四体书势》,相传东汉书法家张芝学书勤苦,常临池学书,池水变黑。后人称学习书法为"临池"。

折柳——语出《三辅黄图·桥》,长安东有灞桥,汉人送客到此桥,桥边有柳,折柳枝赠别。因"柳"与"留"谐音,借"柳"表达"挽留"之意。后用为赠别或送别的代称。

笔耕——南朝梁任昉《为萧扬州作荐士表》有"既笔耕为养"句,即依靠写诗或抄写维持生活。后人用"笔耕"表示写作。

哄堂——原作"烘堂",语出唐代赵璘《因话录》,后人用"哄堂"形容满屋子的人同时发笑。即"哄堂大笑"。

3. 历史、小说、神话人物的泛化词

姜太公——殷商末西周初政治家、军事家。传说他能镇妖驱邪,后人称姜为有智谋有法术的人。

西施——春秋时代越国的美女,曾为灭吴复越起过重要作用。后人以"西施"为美女的代称。

诸葛亮——三国时蜀汉丞相,著名政治家、军事家。因其谋略卓群,才智过人,后人指称智谋过人者为"诸葛亮"。

曹操——东汉献帝时丞相。《三国演义》写他奸诈多疑。后人称奸诈多疑者为"曹操"。

张飞——三国蜀汉大将,性格粗鲁勇猛,后称粗鲁的人为"张飞"。

阿斗——三国蜀汉后主刘禅的小名,《三国演义》写他为人庸碌无

第五章 典籍文化词语

能,后人用"阿斗"代表昏庸无能或作傀儡的人。

包公——原指包拯,宋代任监察御史、龙图阁直学士,为政清明廉正,铁面无私。后人用"包公"指代公正无私的官员。

穆桂英——传说穆为宋代杨家将中的女将,武艺高强,曾挂帅征辽。后人用"穆桂英"代称女英雄。

武松——《水浒》中的力大刚勇之将。后人用以代称力大勇敢之人。

武大郎——武松之兄,身材矮小,为人懦弱,后以为矮小懦弱之人的代称。

岳飞——宋代抗金爱国名将,为权奸秦桧所害。后世用他为爱国英雄的代称。

秦桧——宋代奸相,卖国求荣的代表,后人以秦桧为汉奸的代称。

海瑞——明代著名清官,公正廉洁著称于世,被称为"海青天"。后世以他为公正廉洁的代表。

嫦娥——上古传说中英雄后羿之妃,她因偷吃长生不老药后升上月宫,有"嫦娥奔月"之说。后人把她作为仙女的代称。

王母娘娘——即西王母,传说是仙女织女之母,为分离织女和牛郎而划天河将他们夫妻隔开。后人把她称作破坏美满婚姻的代表。

牛郎——神话传说中的牛郎星(也称牵牛星)。最初为主人放牛,和下凡的仙女织女结婚,生一男一女。后来王母知道此事后强迫织女回天宫,牛郎便担着儿女追赶,被王母划一天河把二人相隔,只许每年(农历)七月七日相见。后人把牛郎当做忠于爱情的劳动男子的代表。

织女——神话传说中的织女星。原为天宫王母的仙女,下凡和牛郎结婚,男耕女织,过着美满的生活,后被王母强迫回天宫,只许她每年(农历)七月七日晚上和牛郎隔天河相见。后人把织女当做忠于爱情的劳动妇女的代表。

孙悟空——《西游记》中的主要人物,以聪明、勇敢、诙谐的性格著称。后世以他为聪明、勇敢的代表。

猪八戒——《西游记》中的主要人物,以好吃贪睡、好色、憨直著称。后人以他为好吃贪睡、好色的代表。

二、来源于历史文献的熟语

1. 成语

过犹不及——语出《论语·先进》。孔子主张言语要适度,认为言行过头和做得不够同样不好。只有适度才恰到好处。

一毛不拔——语出《孟子·尽心上》。孟子批判杨朱所谓"拔一毛利天下而不为"的极端利己主义。后以此语形容极其自私自利。

毕恭毕敬——源于《诗经·小弁》。古代习俗:在家室墙下种桑树、梓树留给子孙,后代为了敬父母也恭敬对待桑、梓。后表示以十分恭敬的态度来敬重别人。

白驹过隙——语出《庄子·知北游》,说人生如奔腾的白马在小缝隙前一闪而过,非常之快。后人以此语形容时光过得很快。

投笔从戎——语出《后汉书·班超传》,说大丈夫应该立功边疆,不能总是读书。于是他放弃读书而参军,为国立功。后人指放弃读书或写作,参加军队报效国家。

投鼠忌器——语出《汉书·贾谊传》。当时的谚语说,想用东西投掷老鼠,又怕打坏旁边的器物。后以此语比喻想干某事又不敢干,有顾虑。

卧薪尝胆——语出《史记·越王勾践世家》。越国被吴国打败后,越王为复越灭吴,每天睡在稻草上尝苦胆以自励。后以此形容刻苦自励或发愤图强的精神。

唇亡齿寒——语出《左传·僖公五年》,比喻两国或双方利害相关。

完璧归赵——语出《史记·廉颇蔺相如列传》,比喻把原物完好无损地归还原主。

助纣为虐——语出《晋书·武帝纪论》,比喻帮助恶人干坏事。

朝三暮四——语出《庄子·齐物论》,比喻反复无常。

毛遂自荐——语出《史记·平原君列传》,比喻自告奋勇或自我推荐。

脱颖而出——语出《史记·平原君列传》，"脱颖"指锥子从口袋里露出尖儿来，比喻人的才能本事全部显示出来。

秦晋之好——原指春秋时代秦晋两国世为婚姻。《世说新语》有"秦晋之匹"，唐代白行简《李娃传》有"秦晋之偶"，元代乔孟符《两世姻缘》作"秦晋之好"，表示两姓联姻的关系。

秦楼楚馆——语出张国宾《薛仁贵》。后人称歌楼妓院的场所。

纸上谈兵——语出《史记·廉颇蔺相如列传》附赵奢传，赵奢之子赵括只有兵书知识，没有实战经验。他率赵军与秦国交战，全军覆灭。后人以此语比喻不合实际的空谈。

图穷匕见——语出《战国策·燕策二》荆轲刺秦主的故事。比喻事情发展到最后，终于显露出真相。

指鹿为马——语出《史记·秦始皇本纪》，比喻公然歪曲事实，颠倒是非。

破釜沉舟——语出《史记·项羽本纪》，比喻下定最大的决心。

鸟尽弓藏——语出《淮南子·说林训》，比喻事情成功之后，抛弃或杀死出过力的人。

兔死狗烹——语出《史记·越王勾践世家》，比喻成功之后，杀死立功的人。

众叛亲离——语出《左传·隐公四年》，比喻遭到众人反对，亲信背离，形容处境极其孤立。

众望所归——语出《晋书·贾定传》，形容得到群众的信任。

四面楚歌——源于《史记·项羽本纪》，比喻处于四面受敌、危急孤立的境地。

众志成城——语出《国语·周语》，比喻众人一心，力量坚固如城。

重于泰山——语出司马迁《报任少卿书》，比喻意义重大，和泰山一样重。

望梅止渴——语出《世说新语》，比喻借空想来宽慰自己或激励别人。

望尘莫及——语出《后汉书·赵咨传》，比喻远远落在他人或其他事情之后。

举足轻重——语出《后汉书·窦融传》，比喻实力强大，地位十分重要，足以左右局势。

举案齐眉——语出《后汉书·梁鸿传》，形容夫妻相互敬爱。

初出茅庐——事见《三国志·诸葛亮传》，《三国演义》有"初出茅庐第一功"语。后比喻刚出来做事缺乏经验。

得陇望蜀——语出《后汉书·岑彭传》，比喻得寸进尺，贪心不足。

一衣带水——语出《南史·陈后主传》，比喻两地或两国仅隔一水，极其邻近。

草木皆兵——语出《晋书·苻坚载记》，形容人极度惊恐时，神经过敏、疑神疑鬼的心态。

草菅人命——语出《汉书·贾谊传》，比喻把人命视作野草，随意残害。

风声鹤唳——语出《晋书·谢玄传》，形容人极度惊慌，神经过敏或自相惊扰。

东山再起——语出《世说新语·排调》，比喻失败后再次得势或做官。

风马牛不相及——语出《左传·僖公四年》，比喻事物之间毫不相干。

东施效颦——语出《庄子·天运》，比喻胡乱模仿，效果适得其反。

衣锦还乡——语出《旧唐书·姜谟传》，指做官后返乡或向亲友夸耀。

衣冠禽兽——语出明代陈汝元《金莲记·构衅》，比喻品德败坏，行为如同禽兽的人。

世外桃源——源于陶渊明《桃花源记》，比喻不受外界影响的地方或理想中美好的地方。

家徒四壁——语出《史记·司马相如列传》，家里只有四面墙，形容十分贫穷，一无所有。

班门弄斧——春秋鲁班是著名工匠。在鲁班门前舞弄斧头。柳宗元《王氏伯仲唱和诗序》比喻在行家面前卖弄本领，不自量力。

空中楼阁——语出《二程全书·遗书》，比喻虚幻的事物或空想。

第五章 典籍文化词语

胸有成竹——源于苏轼《文与可画筼筜谷偃竹记》:"故画竹,必先得成竹于胸中。"比喻处理事情之前已有完整的谋划打算。

程门立雪——语出《宋史·杨时传》,用此语表示尊师重道。

夜郎自大——语出《史记·西南夷列传》,比喻人妄自尊大。

同仇敌忾——语出《诗经·秦风·无衣》,表示共同愤恨,一致对敌。

同室操戈——语出《后汉书·郑玄传》,自家人动刀枪,指兄弟争斗,也泛指内部相争。

黄粱美梦——语出唐代沈既济《枕中记》,比喻虚幻不实的事或欲望的破灭,犹如一梦。

瓜田李下——语出《乐府诗集·相和歌辞七》,比喻招惹是非的地方。

破镜重圆——语出于唐代孟棨《本事诗·情感》,比喻夫妻离散或决裂后又重新团聚或和好。

逼上梁山——源于《水浒传》,比喻被迫反抗或不得已而做某件事。

闻鸡起舞——语出《晋书·祖逖传》,早晨听到鸡叫就起床舞剑。比喻有志者及时奋发,苦练本领。

枕戈达旦——语出《晋书·刘琨传》,枕着兵器等待天明,比喻为抗敌而时刻警惕敌人,准备战斗。

文质彬彬——语出《论语·雍也》,形容人的举止文雅,态度端庄从容。

梦笔生花——见于五代王仁裕《开元天宝遗事·梦笔头生花》。李白小时候做梦,见毛笔笔头长出花来,后来诗文闻名天下。后以比喻才情横溢,文思丰富。

一鼓作气——语出《左传·庄公十年》,比喻趁劲头大的时候一下子把事情做完。

请君入瓮——语出《资治通鉴·唐纪则天皇后天授二年》,后比喻以他的方法还治他本人。

塞翁失马——源于《淮南子·人间》,比喻坏事有时可变成好事。

亡羊补牢——语出《战国策·楚策四》,比喻出了差错赶紧设法补救，免得再受损失。

守株待兔——源于《韩非子·五蠹》，比喻死守经验，不知变通。

画蛇添足——源于《战国策·齐策》，比喻做事多此一举，弄巧成拙。

揠苗助长——源于《孟子·公孙丑上》，比喻不顾客观规律，强求速成，结果反而将事情弄糟。

滥竽充数——源于《韩非子·内储说上》，比喻没有真才实学的人混在行家里面充数。

杯弓蛇影——源于汉代应劭《风俗通义》，比喻因疑虑不解而自相惊扰。

叶公好龙——源于汉代刘向《新序·杂事五》，比喻表面上似乎喜爱某种事物，实际上并不喜爱，甚至害怕。

杞人忧天——源于《列子·天瑞》，比喻缺乏根据和不必要的忧虑。

狐假虎威——源于《战国策·楚策》，比喻借别人的威势欺压他人。

螳臂当车——源于《庄子·人间世》，比喻自不量力。

愚公移山——源于《列子·汤问》，比喻抱定某一宗旨，坚定不移地做下去，也赞颂顽强战斗的精神。

对牛弹琴——语出汉代牟融《理惑论》，比喻对不懂道理的人说道理，也用之讥笑有的人讲话不看对象。

黔驴技穷——源于唐代柳宗元《三戒》，比喻有限的一点本领已经用完。

郑人买履——源于《韩非子·外储说左上》，讽刺不顾实际状况，只相信教条的人。

削足适履——源于《淮南子·说林训》，比喻不合理的迁就或生搬硬套。

杯水车薪——源于《孟子·告子上》，比喻力量微小，无济于事。

望洋兴叹——语出《庄子·秋水》，比喻力量不足或缺少条件办法，面对某事而感到无可奈何。

庖丁解牛——源于《庄子·养生主》，比喻技艺熟练神奇。

南辕北辙——源于《战国策·魏策四》,比喻行动与目的相反。
乘龙快婿——语出《艺文类聚》卷四十引《楚国先贤传》,此语是对别人女婿的赞词。
画龙点睛——源于唐代张彦远《历代名画记》卷七,比喻艺术创作在紧要之处,用上关键一笔,内容更加生动传神。
画饼充饥——源于《三国志·卢毓传》,比喻徒有虚名而无实惠。
刻舟求剑——源于《吕氏春秋·察今》,比喻保守教条,不知变通。
鹏程万里——源于《庄子·逍遥游》,比喻前程远大。
买椟还珠——源于《韩非子·外储说左上》,因没有眼光而退还珍珠,只买下装珍珠的木匣,后比喻舍本逐末,取舍不当。
天衣无缝——源于五代牛峤《灵怪录·郭翰》,比喻事物完美自然,浑然天成,没有破绽。
狼狈为奸——源于唐代段成式《酉阳杂俎》,比喻相互勾结干坏事。
含沙射影——源于晋代干宝《搜神记》卷十二,比喻暗中诽谤中伤别人。

2. 惯用语

破天荒——语出宋代孙光宪《北梦琐言》,喻指从未有过的事。
逐客令——语出《史记·李斯列传》,后泛指赶走客人为"下逐客令"。
家天下——语出《汉书·盖宽饶传》,后喻指一般有权势的人,在他所把持的部门任用亲人,排斥异己,实行家长式的统治。
伪君子——语出《宋季三朝政要》,后泛指冒充正派,欺世盗名的人。
千里马——语出《史记·赵世家》,后喻指杰出的人才。
不成器——语出《礼记·学记》,后喻指不能成为人材,没有出息。
胯下辱——语出《史记·淮阴侯列传》,后喻指受到最大的耻辱。
五里雾——语出《后汉书·张楷传》,比喻使人迷离恍惚,不明真相。
鸿门宴——源于《史记·项羽本纪》,后指运用计谋进行斗争的宴会。

闭门羹——源于唐代冯贽《云仙杂记》卷一,后泛指拒绝客人进门,不与其相见。

煞风景——语出李商隐《杂纂》,损坏美好的景色。比喻在兴高采烈的场合使人扫兴。

一家言——语出司马迁《报任少卿书》,后指有独特的见解,自成体系的学术论著。

惊弓鸟——语出《晋书·王鉴传》,后喻指受过惊怕,遇到一点动静就非常惶恐不安的人。

眼中钉——语出《新五代史·赵在礼传》,后比喻心目中最痛恨、最讨厌的人。常与"肉中刺"连用。

千里眼——语出《魏书·杨播传》,后比喻眼光敏锐,看得远。

莫须有——语出《宋史·岳飞传》,后指捏造诬陷好人的罪名。

顺风耳——语出《封神演义》,后指能听到很远声音的人,泛指消息灵通的人。

解语花——语出王仁裕《开元天宝遗事》,后喻指聪明的美人。

君子国——语出《山海经·海外东经》,后指人人都有很高道德品质的地方。

九尾狐——语出郭璞《山海经·图赞》,喻指阴险奸诈之人。

比翼鸟——语出《尔雅·释地》,传说此鸟雌雄老在一起,翅膀挨着翅膀一起飞,后人常用来比喻恩爱的夫妻。

连理枝——语出白居易《长恨歌》诗,原指两树的枝条连在一起。后喻指一心相爱的夫妻。

安乐窝——语出《宋史·邵雍传》,邵雍自号安乐先生,把他的居室称为"安乐窝",后专指舒服、快乐的生活环境。

傲霜枝——语出苏轼《赠刘景文》诗中"残菊犹有傲霜枝"诗句,后比喻坚贞不屈的人。

八阵图——语出唐代杜甫的《八阵图》诗,后喻指恍惚迷离的做法。

乌纱帽——语出李白《答友人赠乌纱帽》诗,原指古代官员戴的一种帽子,后泛指官职。

长舌妇——语出《诗经·大雅·瞻卬》,后比喻搬弄是非的女人。

耳边风——语出《吴越春秋》卷二,比喻听过后认为无足轻重,不放在心上的话。也称"耳旁风"。

儿皇帝——语出《五代史·石敬瑭传》,泛指投靠外国取得统治地位者。

敲门砖——语出明代田艺蘅《留青日札摘抄·非文事》,比喻借以求得名利或为了达到某种目的的初步手段。

苦肉计——源于《三国演义》周瑜打黄盖的故事,后指故意伤害自己,骗取敌人的信任,以便借机行事的计谋。

美人计——源于《吴越春秋》,即用美女来诱使敌人上当的计谋。

借东风——源出《三国演义》诸葛亮借东风助吴破曹的故事。后喻指凭借或利用大好时机。

群英会——源于《三国演义》,后指英雄或模范先进人物的集会。

紧箍咒——语出《西游记》,为控制孙悟空,让他头戴一金箍,唐僧念紧箍咒时,孙悟空就头痛难忍。后喻指束缚人的东西。

镜中花——语出《红楼梦》第五回,比喻虚幻的美好景象。

白骨精——语出《西游记》,后比喻乔装打扮,诡计多端,专门兴妖作怪,残害百姓的人。

不旋踵——语出汉代司马相如《喻巴蜀檄》,原指不向后转,不退却,后引申为来不及转身,时间极短。

狐狸精——源出《聊斋志异》,也称"狐媚子",比喻诡计多端,非常狡猾的人;也喻指勾引、迷惑男子的女人。

剥画皮——源出《聊斋志异》,后指剥掉掩饰狰狞面目或凶恶本质的美丽外衣。

半瓶醋——源于《红楼梦》第六十四回。原是"一瓶子不满,半瓶子晃荡"的缩写。后指对某种知识和技术只知道皮毛的人。

3. 俗语

宰相肚里能撑船——宰相是古代政府的重臣,官大心胸宽广的意思。

一朝天子一朝臣——原指新皇帝上台掌权,往往要换上一班新的朝臣或任用自己的亲信为臣。后用于一般新上台任职者。

情人眼里出西施——西施是春秋时代越国的美女。指只要是感情深、心爱的人,就感到是美人,即使别人觉得不美的情人,自己也会感到美如西施。

拿着鸡毛当令箭——"令箭"指古代军队中发布命令时用作凭据的东西,形状似箭。此语讽刺那些把无关紧要的东西当成重要的指令。

成也萧何败也萧何——语出宋代洪迈《容斋续笔》。原意是汉初大将韩信最初是由萧何推荐给刘邦而作大将军的,最后韩信被杀也是由萧何定的计谋。后人喻指事情的成败或好或坏,都由于同一个人。

身在曹营心在汉——源于《三国演义》,原指关羽虽然被迫在曹操军营里生活了几年,但他仍忠于刘备,终于回到刘备那里。后来比喻虽然身在这边,而心想的是那边。

三个臭皮匠赛过诸葛亮——诸葛亮是三国蜀汉的丞相,足智多谋,妙算如神。这个俗语的意思是群众出智慧,群众才是真正的英雄。

不为五斗米折腰——源于《晋书·陶潜传》。陶潜曾任彭泽县令,不愿为五斗米俸禄而去逢迎上司,便辞去县令归田。后以此语喻指耿直清高。

杀鸡焉用宰牛刀——语出《论语·阳货》,后喻指小题不必大作。

过五关斩六将——源于《三国演义》,关羽从曹营出来去找刘备,在途中曾闯过五道关口,斩了六员大将。后以此语比喻勇不可挡。

孙猴子跳不出如来佛的手掌——源于《西游记》,后喻指无论怎样也逃不脱别人的控制。

倒打一耙——源于《西游记》中猪八戒的故事,后指不仅拒绝对方的指摘,反而指摘对方。

山外青山楼外楼——语出宋代林昇《题临安邸》诗,比喻一种境界之外还有更新的境界。

山雨欲来风满楼——语出唐代许浑《咸阳城东楼》诗,后喻指重大事件即将发生前的紧张气氛。

小不忍则乱大谋——语出《论语·卫灵公》,后喻指计较小事,势必影响大局。

三十六计,走为上计——语出《南史·王敬则传》,后指事情已到了无可奈何的地步,别无良策,只能逃走。

没有过不去的火焰山——源于《西游记》的故事,后比喻没有克服不了的困难。

男女授受不亲——语出《孟子·离娄上》,旧时指男女有别,不能直接交接物品。

说曹操曹操就到——语出《孽海花》二十九回:"无巧不成书,说曹操曹操就到。"后指凑巧的意思。

赔了夫人又折兵——语出《三国演义》。周瑜以招亲诓刘备到东吴,以讨还荆州。结果弄假成真。刘备带夫人回荆州,周瑜率兵追来,被杀得大败,岸上刘备的兵士大叫:"周郎妙计安天下,赔了夫人又折兵。"比喻算计别人,反遭更大损失。

4. 谚语

万事俱备,只欠东风——源于《三国演义》,指一切都准备好了,只缺少一种关键条件。

大意失荆州,骄傲失街亭——源于《三国演义》,关羽由于疏忽大意把荆州丢失;马谡因骄傲,指挥错误,而失去战略要地街亭。后以此两例戒疏忽大意,骄傲自满的人。

人中有吕布,马中有赤兔——《三国演义》吕布以勇武著称,赤兔为关羽的赤兔马,以跑快著称。后以此称杰出之人。

曹操诸葛亮,脾气不一样——源于《三国演义》,曹操机警有权术,为人奸诈,诸葛亮则为人忠厚、谨慎。后以此指人的性格作风不同。

鲁班面前弄斧,关公面前耍刀——鲁班是春秋时有名的木匠,关公是三国时有名的大将,使青龙偃月刀。此语指在行家面前卖弄本领。

洞房花烛夜,金榜题名时——"洞房花烛夜"即新婚之夜,"金榜题名时"指旧时科举考试金榜有名,这是人生最快乐最荣耀的两件大事。

熟读王叔和,不如临证多——王叔和是魏晋时的著名医学家,曾编辑张仲景的《金匮要略》和《伤寒论》等医书,还著有《脉经》等。此语指即使读了很多医学理论,不如临床实践接触病例多。

只要功夫深,铁杵磨成针——源于宋代祝穆《方舆胜览》卷五十,说李白少年时期受启发而刻苦读书的故事。后指只要肯下功夫,持之以恒,再难的事情也能成功。

知己知彼,百战百胜——源于《孙子·谋攻》。后指了解对方,也了解自己,才能连打胜仗。

人为财死,鸟为食亡——语出明代无名氏《华筵趣乐谈笑酒令》。后指人为谋取钱财而拼死,就像鸟为寻取食物而丧生一样。

要想人不知,除非己莫为——语出《清平山堂话本·错认尸》。指要想不让人知道,除非不去做。做什么事,说什么话是瞒不住人的。

男大当婚,女大当嫁——语出宋代普济《五灯会元》卷一六。指男子长大了就要适时娶妻,女子大了就要出嫁。

他山之石,可以攻玉——语出《诗经·小雅·鹤鸣》,原意是别的山上的石头,也可用来雕琢玉器。后比喻外来的东西可以为我所用或借用外力完成自己的事业。

要学武松打虎,不学东郭怜狼——《水浒传》写武松打虎为民除害,《中山狼传》中的东郭先生可怜狼反被狼吃掉。指人要善恶分明,除恶扬善,利民利己。

逢人只说三分话,莫可全抛一片心——语出《清平山堂话本·戒指儿记》,后指对人要存戒心,说话要有保留。

酒逢知己千杯少,话不投机半句多——语出明代高则诚《琵琶记》。指喝酒时遇上了知心朋友,喝得再多也不够;跟说不到一起的人交谈,说半句也嫌多。后指与知己朋友能长久谈下去,碰到谈不拢的人就无话可说。

世上无难事,只怕有心人——语出《西游记》,后指世间再难办的事,只要下决心认真去做,总会办成的。

八仙过海,各显其能——古代神话中有八位神仙,就是汉钟离、张果老、吕洞宾、李铁拐、韩湘子、曹国舅、蓝采和和何仙姑。传说八仙每人都有独特本领。用此谚语比喻各自有一套办法，或各自显示本领，互相竞赛。

5. 歇后语

孔夫子搬家，尽是书（输）——孔夫子家里书多，搬家时都是书籍。"书"与"输"谐音，此语指"输"，即失败的意思。

姜太公钓鱼，愿者上钩——传说殷商末年，姜太公隐于渭水滨，作钓鱼状而等待贤明君主。但他的鱼钩是直的。后用此语来喻指自愿做某事的人。

项庄舞剑，意在沛公——语出《史记·项羽本纪》。在鸿门宴上，项羽的谋士范增想借机害死沛公刘邦，让项庄借舞剑助兴，真意是想杀死刘邦。后来指做某事而另有图谋。

徐庶进曹营，一言不发——源于《三国演义》，徐庶原是刘备的谋士，被迫去曹营后，没有为曹操出一个主意。后指在某种场合不说话或保持沉默。

韩信将兵，多多益善——源于《史记·淮阴侯列传》，有一次刘邦问韩信：你能指挥多少军队？韩信说，越多越好。后世以此语指人或事物越多越好。

刘备摔孩子，邀买人心——源于《三国演义》，赵云在长坂坡怀揣阿斗杀出重围，终于找到刘备。赵云把阿斗交给刘备时，阿斗仍在熟睡，刘备假装生气当场把阿斗摔在地上。此举动是做给赵云看的，摔自己的孩子并不是真心。后世以此语来指虚情假意的人。

周瑜打黄盖，一个愿打，一个愿挨——源于《三国演义》。为了火烧曹营，周瑜和黄盖定了苦肉计，假降曹操。曹操信以为真，结果黄盖引火烧了曹营战船，使曹军大败。后以此语指为达到某一目的，情愿吃亏挨打。

司马昭之心，路人皆知——语出《三国演义》，指司马昭想篡位夺取魏国皇权的心，人人都知道。后喻指某些人的用心，别人心里明白，或人人都知道。

钝刀切肉，不快——语出唐代李商隐《杂纂》，喻指做事不干脆不利落，令人着急。

屠家念佛，不相称——屠家以屠宰牲畜为业，与佛教戒杀生相抵触。屠家念佛是不相称或假慈悲的。此语喻指两件事相抵触或指人办事不合身份。

狗咬吕洞宾，不识好歹人——语出《九命奇冤》二十回，后喻指不辨好人坏人，错把别人的好意当做歹意。

梁山上的军师，吴（无）用——源于《水浒传》，吴用是梁山泊众将中善用计谋的军师。"吴"和"无"同音，常喻指"无用"。

猪八戒上阵，倒搭一耙——源于《西游记》的故事，猪八戒常用的武器是铁耙。他常用倒打一耙的战术打败敌人。以此比喻做事未成，反过来把责任推在对方；或犯了错误，拒绝别人的批评，反把错误推到对方身上。

猪八戒照镜子，里外不是人——源于《西游记》的故事，猪八戒外貌丑陋。此语喻指做事两方面都不落好。

猪八戒吃人参果，全不知滋味——源于《西游记》的故事，猪八戒吃人参果，囫囵吞下，而不知是什么滋味。喻指贪食而不知内里，也比喻糊里糊涂地接受，不知其中奥妙。

张飞穿针，大眼瞪小眼儿——源于《三国演义》，描写张飞眼大如环。如果让张飞穿针时必须睁大眼睛对准小针眼儿。比喻人在气愤或受惊发愣时目瞪口呆状。

土地爷接城隍，慌了神——城隍是大神，土地是小神。土地爷迎接城隍神时心情惶恐紧张。土地神的"神"与神态的"神"是同一字。比喻人们神态恐慌紧张。

正月十五贴门神，晚了半月——按汉族风俗贴门神应在除夕，正月十五日才贴门神正好晚了半个月。以此语比喻办事办晚了或迟到了很长时间。

三、历史性文化词语

历史性文化词语，只在一定范围内使用，或出现在反映历史的文学作品及历史文献或专题研究论文中。这类历史性文化词汇多为名词。例如：

第五章 典籍文化词语

朕 孤 妃 嫔 鼎 笏 辇 辇 孤家 寡人 皇帝
皇上 皇后 太后 皇妃 太监 宫女 圣旨 懿旨
贵妃 金殿 奏章 奏本 朝廷 天子 丞相 宰相
仆射 尚书 御史 太师 太傅 太保 太尉 司空
司马 司徒 司寇 大理寺 卿 大夫 谏议大夫
光禄大夫 枢密使 宣抚使 给事中 郎中令 中郎将
大将军 节度使 锦衣卫 侍郎 侍读 大学士 中尉
宗正 祭酒 翰林 娘娘 太子 王爷 封禅 巡按
巡抚 道台 知府 知州 知县 府衙 县衙 诰命
太守 廷尉 县丞 主簿 公主 驸马 状元 进士
探花 榜眼 科举 孝廉 举人 秀才 拔贡 贡生
监生 虎符 虎贲 如意 鸾驾 可汗 奉常 供奉
刺史 王府 华表 翁仲 公 侯 伯 子 男 太上皇
中书 侍中 内史 御旨 御医 诏书 敕令 君王
大王 郡主 千岁 皇戚

第六章 宗教文化词语

宗教与汉文化有重要关系,尤其是对汉民族心态的影响很大,并且直接影响着汉语的发展,其中道教和佛教对汉语词汇的发展影响最大。

第一节 来自道教的文化词语

道教是产生于中国的古老宗教,它来源于汉族古代的占卜、医术,到秦汉时期发展为神仙方术。东汉时期张道陵所倡导的五斗米道,奉老子为教主,并以老子《道德经》作为基本教义。道教从此逐渐形成。道教对中国的文化及汉语词汇有深远的影响。

一、来源于道教的一般词语

道教　道观　道院　道场　道长　道士　道人　道术
道姑　道童　道藏　道门　道观　天神　天君　天师
天仙　天书　天宫　元君　元气　元神　三清　三元
三玄　三才　三魂　三尸　三一　方士　方术　太清
上清　玉清　真人　真气　行气　运气　采气　放气
发气　气功　功法　八卦　太极　八难　八石　炼丹
仙丹　灵丹　神丹　丹田　内丹　外丹　上丹田
中丹田　下丹田　命门　七伤　七魄　五圣　五通
五行　六甲　八门　九宫　九天　百会　玄妙　玄武
青龙　白虎　太岁　龙王　龙宫　龙虎　土地　修行
斋戒　斋法　戒律　符咒　咒诀　神咒　神通　入静

仙人　仙境　仙宫　仙洞　洞府　雷公　圣母　玉皇
王母　财神　灶神　仙逝　羽化　飞升　城隍　老君
点化　关帝　三神仙　八仙　麻姑　八仙过海
八仙庆寿　东岳大帝　文昌帝君　元始天尊　太上老君
九天玄女　蓬莱仙境　洞天福地　蟠桃仙宴　心诚则灵
天人合一　腾云驾雾

二、来源于道教的熟语

1. 成语

修身养性　浩然正气　拨乱反正　清静无为　返本归原
邪不压正　意马心猿　六神无主　无中生有　口授心传
呼风唤雨　拨云见日　移花接木　金口玉言　聚精会神
神通广大　神机妙算　神通悟机　金童玉女　金丹妙方
神丹妙药　仙丹妙药　心平气和　心领神会　丹书墨篆
琼浆玉液　精神饱满　旁门左道　歪门邪道　回光返照
恍如隔世　驱妖降魔

2. 惯用语

鬼门关　鬼打墙　催命鬼　活见鬼　活阎王　替死鬼
定身法　夜游神　母夜叉

3. 谚语

道高一尺，魔高一丈——"道"指道家修行的功夫，"魔"指破坏修行的恶魔。比喻修行要警惕外界诱惑。转指总有压倒、胜过对方的一着。

道高龙虎伏，德重鬼神尊——道行高能使龙虎降伏；德高望重鬼神都尊敬。

一人得道，鸡犬升天——比喻一个人得势做官，跟他关系密切的人也随着高升。

八仙过海，各显神通——八仙指道教传说中的汉钟离、张果老、吕洞宾、铁拐李、韩湘子、曹国舅、蓝采和和何仙姑等八位神仙，在过东海时每人都显示出一套神妙奇特的本领。后用来比喻各自施展本领，互相比赛，或各有各的一套办法。

阴阳不随人情——阴阳是道家语，指星相占卜依据天命，不顺人情世故。

姻缘姻缘，事非偶然——按道家命运说，男女姻缘并非巧合，而是前生命里注定的，是五百年前由上天决定的。

八字没生正，莫想有好命——"八字"指旧时道家用天干地支表示人出生的年、月、日、时，合起来是八个字。认为根据人的生辰八字可以算出一个人的命运好坏。比喻遇不到好时机，就不会有好命运，命运不好，就没有好机遇。

4. 歇后语

狗咬吕洞宾，不识好歹人——吕洞宾是八仙之一，当然是好人。狗咬吕洞宾，把好人当坏人咬了。比喻把好人当成坏人。

土地爷打呵欠，神气——土地爷是管土地的神，他打呵欠吐出气是"神气"。"神气"和自以为优越而表现出得意或傲慢的"神气"谐音，借指后者。

灶王爷的横批，一家之主——灶王爷即灶神。旧时农家供在锅灶附近的神像，认为他掌管一家的祸福财气，也称灶君。贴在灶王爷神像上方的对联横批往往是"一家之主"四字。后人以"一家之主"比喻家庭或部门的主管人。

王母娘娘的裹脚布，又臭又长——王母娘娘即神话传说中的西王母。旧时妇女自幼裹脚，用的布条很长。比喻讲话或文章很长但没有充实的内容，或内容不受欢迎的长文章。

三、与道教有关的庙宇

道教在各地的庙宇一般称观或宫，也有的称殿、庙、堂。道教的庙宇和佛教的寺一样，多分布在名胜、名城、名山等地。例如：

北京市的白云观、九天玄女娘娘庙、马神庙、玄妙观。

天津市的吕祖堂、娘娘宫、玉皇阁。

山西省太原市的纯阳宫，晋祠的圣母殿，芮城的永乐宫，长治的玉皇观。

辽宁省沈阳市的太清宫,锦州的三清阁,鞍山市千山的无量观,营口市的西大庙、上帝庙。

山东省崂山的明道观、太和观、太清宫、上清宫、太平宫、神清宫、通真宫、华楼宫,泰山上的玉皇顶、斗母宫,蓬莱县的三清殿,烟台市的小蓬莱阁。

河南省开封市的延庆观,鹿邑县的太清宫,洛阳市邙山的吕祖庙。

陕西省西安市的八仙宫、东岳庙,长安县的太乙宫。

湖北省武当山的金殿、紫霄宫、乙真庆宫、遇真宫、五龙宫、元和观、太和宫、南岩宫,江陵市的玄妙观。

四川省成都市的青羊宫、武侯祠,灌县青城山的上清宫、建福宫、天师洞。

安徽省九华山的百岁宫。

江苏省苏州市的玄妙观。

江西省德兴县的三清阁,新建县的万寿宫。

福建省泉州市清凉山的老君石雕像,莆田县的元妙观。

广西壮族自治区容县的真武阁。

广东省广州市的三元宫、五仙观,佛山市的祖庙。

湖南省衡阳市的南岳庙、九仙观、黄庭观。

云南省昆明市西山的三清阁,鸣凤山的金殿。

台湾省台北市的保安宫,基隆市的庆安宫马祖宫,桃园县的五福宫,高雄的马祖宫等。

第二节　来自佛教的文化词语

佛教起源于古印度,相传公元前六世纪至公元前五世纪间为释迦牟尼创立。西汉元寿元年(公元前二年)佛教开始传入中国,至魏晋南北朝时得到发展,隋唐时代达到佛教的鼎盛时期。两千年来,佛教对中国的文化和民族心理产生了深远的影响。自东汉以来,汉语从佛经中汲取了大量的词语,丰富了汉语的词汇。一批来自佛教佛经的词语,已成为汉民族社会生活中的一般常用词语。

一、来自佛教的一般常用词语

汉字本来没有"魔"字。梵语 mara 的对译,初作"魔罗",后来作"魔"。这个外来户真有"魔力",带"魔"字的词就有:

魔王　魔兵　魔军　魔子　魔女　魔民　魔国　魔气
魔爪　魔难　魔教　魔界　魔宫　魔障　魔道　魔事
魔戒　魔缘　魔网　魔缚　魔系　魔怨　魔病　魔境
魔乡　魔鬼　魔力　魔掌　魔法　魔术　魔窟　魔方
魔头　魔棍　魔棒　魔杖　魔怪　魔芋　魔母　魔焐
魔浆　魔怔　魔火　阴魔　死魔　蕴魔　业魔　心魔
诗魔　书魔　病魔　妖魔　着魔　降魔　情魔　入魔
疯魔　恶魔　睡魔　邪魔　群魔乱舞　事魔食菜
邪魔外道　妖魔鬼怪　走火入魔　自在天魔

"僧"是"僧伽"的省称,梵语 sangha 的音译,带"僧"字的词有:

僧人　僧王　僧户　僧史　僧主　僧兵　僧宝　僧寺
僧行　僧衣　僧宇　僧戒　僧坊　僧言　僧俗　僧首
僧纳　僧格　僧普　僧塔　僧门　僧统　僧社　僧供
僧林　僧舍　僧制　僧房　僧院　僧律　僧徒　僧众
僧堂　僧帐　僧阁　僧庵　僧廊　僧道　僧窗　僧厨
僧楼　僧斋　僧尘　僧讲　僧录　僧馆　僧察　僧庐
僧会　僧牒　僧榻　僧裘　僧鞋　僧磬　僧正　僧单
僧夏　僧腊　僧纲　僧残

其他词语有:

佛　塔　寺　僧尼　钟　磬　钵　禅　和尚　尼姑
菩萨　观音　罗汉　浮屠　舍利　袈裟　因缘　因果
世界　报应　现在　现实　现世　尘世　红尘　觉悟
智慧　智能　方便　境界　忏悔　悲观　慈悲　布施
施舍　庄严　顿悟　真相　解脱　超脱　观喜　平等
圆满　无量　结果　堕落　功德　信心　体会　体验
变化　执著　真谛　三昧　三世　轮回　弹指　实际

第六章 宗教文化词语

佛经 法宝 法器 涅槃 坐禅 禅悟 谈禅 禅语
斋戒 伽蓝 地狱 小鬼 阎王 沙门 取经 刹那
三藏 三宝 观世音 门外汉 活菩萨 活阎王
当头棒 烧高香 水中月 归西天 上西天 如来佛
弥勒佛 千手佛 释迦牟尼 文殊菩萨 普贤菩萨
四大天王 十八罗汉 济公 活佛 主观 客观 超升
超生 四大金刚 大士

二、来自佛教的熟语

1. 成语

三头六臂	三生有幸	见风使舵	叶落归根	四大皆空
借花献佛	昙花一现	本来面目	现身说法	大慈大悲
清规戒律	不可思议	想入非非	慈悲为怀	大彻大悟
大千世界	五体投地	天女散花	天花乱坠	唯我独尊
顶礼膜拜	功德无量	极乐世界	一弹指间	芸芸众生
普度众生	心领神会	西方乐土	善男信女	在劫难逃
枯木逢春	逢场作戏	超凡入圣	功德圆满	镜花水月
当头棒喝	感天动地	超凡脱俗	解铃系铃	面壁功深
不可思议	不即不离	不二法门	六根清净	自由自在
光明正大	水中捞月	味同嚼蜡	传经送宝	弃暗投明
佛口蛇心	看风使舵	无风起浪	鹦鹉学舌	火烧眉毛
水乳交融	水涨船高	泥牛入海	白璧无瑕	一尘不染
一丝不挂	生老病死	人生如梦	菩萨心肠	弃恶扬善
清心寡欲	因果报应	善恶有报	聚沙成塔	一针见血
伤风败俗	不生不灭	万劫不复	劫后余生	丈六金身
恒河沙数	牛头马面	牛鬼蛇神	隔靴搔痒	拖泥带水
邪魔歪道	心猿意马	因果报应	笑面夜叉	泥船渡河
宝山空回	盲人摸象	冷暖自知	快马加鞭	僧多粥少
皆大欢喜	神通广大	衣钵相传	醍醐灌顶	梦幻泡影
对牛弹琴	香花供养	电光石火	千家万户	万事大吉

2. 俗语、谚语

无事不登三宝殿——"三宝"即佛、法、僧,三宝殿泛指佛殿。指若有事祈求于佛,则佛殿举行法会;无事时佛殿静穆,如忽而登佛殿则存不敬之心,所以无事不登佛殿。后来这个俗语比喻没事不上门相求。

不看僧面看佛面——指不看和尚的情面也要看佛、菩萨的情面。后比喻不顾某个人的情面,也要照顾他的主人或长辈、亲友的情面。

僧来看佛面——指来了和尚,看在佛爷面上也得款待他。后比喻接待来人,应看在他的上级或其他人的情面上给予礼遇。

不受磨练不成佛——佛家修炼圆满成佛都是经过百般磨练的。后比喻不经过艰苦锻炼就成不了材。

和尚无儿孝子多——和尚不结婚没有儿子,但却有许多善男信女像孝子一样孝敬供养他们。后来比喻只要有钱有势,就会有人当孝子养老送终。

和尚在,钵盂在——钵盂是和尚吃饭化缘的器皿,一种底平、口小的碗。指和尚和钵盂不分离。后比喻人与物不能分离,只要有这个,就会有那个。

一个和尚挑水吃,两个和尚抬水吃,三个和尚没水吃——比喻人少,责任明确,事情好办;人多了,责任不明,互相依赖,事情反办不成。

做一天和尚撞一天钟——原指撞钟是当和尚每天应做的事。后来用此语比喻对工作消极应付,干一天算一天,得过且过。

远来的和尚会(好)念经——指远来的和尚比本地和尚懂得念经。后比喻外来的人比本地人容易受人尊敬。

歪嘴和尚念经——比喻水平低或存心不良,歪曲了原意。

跑了和尚跑不了庙——比喻总归逃不脱,躲不过。

丈二和尚,摸不着头脑——身高丈二的和尚的头,自然摸不着。后来比喻不知究竟,弄不清底细或缘由。

打入十八层地狱——按佛教说法地狱有十八层,一层比一层罪大。比喻给以最严厉的惩罚,使其永世不得翻身。

僧尼是一家——和尚和尼姑都是佛家信徒。指和尚和尼姑常混在一起。

佛面刮金——原指从佛面上刮取金粉，比喻搜刮钱财不择手段。

僧多粥少——也说僧多粥薄。比喻人多东西少，不够分配。

阎王催命不催食——指即使是阎王派鬼来索命，也得让人把饭吃饱。后比喻不论做事情多紧迫，也要让人吃饱饭。

放下屠刀，立地成佛——"佛"指修行圆满的人。放下手中的屠刀，马上就能成佛。这是劝人改恶从善的佛教语。后来比喻坏人停止作恶，也会变成好人。

苦海无边，回头是岸——指苦难像大海一样无边无际，但只要皈依佛教，彻底醒悟，就能脱离苦难。后比喻罪恶虽大，只要悔改，便有出路；也有劝人改邪归正的意思。

善有善报，恶有恶报；不是不报，时辰未到——比喻做好事有好的报应，做坏事有恶报应。不是不报应，而是时机没有到。

人争一口气，佛争一炉香——比喻人人都要争气，就像佛争一炉香一样。

平时不烧香，临时抱佛脚——也作"闲时不烧香，急时抢佛脚"。指平时不行善，到有急难时才向佛求救。比喻平时不积极准备，事到临头才急忙应付。

佛在心头坐，酒肉穿肠过——指修行在于善心，只要心里有佛，有关酒肉的清规戒律可以不管。

佛要金装，人要衣装——原指佛像靠金粉来修饰，人要靠衣服来装扮。后比喻人的衣饰打扮对人的仪表美作用很大。

一人吃斋，十人念佛——"吃斋"指佛教的信徒吃素食，戒吃荤食；"十"是泛指，形容多，指一个人虔诚地信教，能带动许多人信教。

做一世和尚，吃坏一餐狗肉——做了一世的和尚却被一顿狗肉破了戒。后比喻由于偶然做了一件错事或坏事，损害了一个人一生的名誉。

金刚厮打，佛也理不下——金刚是佛的侍从力士。比喻内部闹纠纷，有权威的人也排解不了。

阎王好见,小鬼难当(缠)——比喻当官的或为首的倒好对付,他手下的人却很难对付。

阎王面前,没放回的鬼——在阎王面前,鬼魂是逃不脱的。比喻贪婪的人,不可能放弃到手的财物。

观音菩萨,年年十八——观音也称观世音,是佛教菩萨之一。观世音本为男性,南北朝时出现女相,绘画或雕塑都作年轻的女相,唐代以后盛行。比喻保持青春年华,永远年轻。

雷声大,雨点小——语出《传灯录》,比喻只说不做或说得好,做得却很少。

3. 歇后语

屠夫念经,假慈悲——屠夫杀生,念经是慈善行为,二者是对立的。屠夫念经文必是假慈善。

和尚打伞,无发(法)无天——和尚没有头发,打伞又把天遮住。头发的"发"和法律的"法"谐音,用以指目无法律,胡作非为。

老和尚念经,句句真言——老和尚能解经文真义,态度认真,所以句句都是心领神会的真言。用佛教的真言喻指句句都是真话、实话。

小和尚念经,有口无心——小和尚往往只是应付着念经,并不理解经义,不是出自内心。用"有口无心"指嘴上爱说,心里可没那样想。

泥菩萨过江,自身难保——泥菩萨是指用泥塑的菩萨像,过江时容易被江水冲刷溶化,自身难以保全。比喻自己保不住自己,无法照顾别人。

大佛殿的罗汉,一肚子泥——寺庙大佛殿中的罗汉都是用泥雕塑成的。比喻没有学问,肚子空虚,没有知识。

尼姑头上难插花,无发(法)——尼姑没有头发。"无发"谐"无法",喻指没有办法。

尼姑思凡,心野了——尼姑是出家人,不能再思念人间,思念凡间就是越过清规戒律了。喻指收不住心,思想冲破陈规。

和尚打架,都抓不住辫子——和尚都没头发,打架时都抓不住对方的辫子。喻指双方都找不到对方的缺点、把柄。

阎王贴告示，鬼话连篇——阎王是管地狱的神，是小鬼的上司，所以阎王贴告示是让小鬼们看的，告示的内容便是鬼话。喻指说一些不真实的话，骗人的谎言。

三、与佛教有关的地名及寺名

中国的佛教圣地有千余处。佛教的四大名山是山西省的五台山、四川省的峨眉山、安徽省的九华山、浙江省的普陀山。佛教的五大石窟有：山西省大同市的云冈石窟、河南省洛阳市的龙门石窟、甘肃省敦煌的莫高窟以及麦积山石窟、炳寻寺石窟等。

全国各地的佛寺、佛教遗迹更是无数，比较著名的就有数百处。例如(北京例见第十八章第四节)：

上海市的静安寺、玉佛寺、龙华寺、真如寺等。

天津市的大悲阁、海光寺、蓟县的独乐寺等。

山西省大同市的华严寺、善化寺，浑源县的悬空寺，太原市的崇善寺、白云寺、双塔寺、芳林寺、多福寺，五台山的金阁寺、广济寺、文殊院、显通寺、罗喉寺、清凉寺、普济寺、演教寺、佛光寺、碧山寺、望海寺、法雷寺、天平兴国寺，洪洞县的广胜寺，天镇县的慈云寺，临汾市的火云寺，长子县的法兴寺，交城县的天宁寺、玄中寺，平遥县的双林寺、镇国寺，定襄县的白佛堂，繁峙县的吉祥寺、秘密寺，永济县的普救寺等。

河北省正定县的隆兴寺、广惠寺，井陉县福庆寺，新城县的开善寺，定州市的开元寺，涞源县的阁院寺，承德市的普宁寺、普乐寺、殊像寺，丰润县的寿丰寺等。

内蒙古自治区呼和浩特市内的五塔寺、庆缘寺、长寿寺、法禧寺、广寿寺、罗汉寺，包头市的五当召寺，赤峰市的洞山石窟寺，阿拉善盟的延福寺等。

甘肃省兰州市的白塔寺、崇庆寺、嘛尼寺，武威县的海藏寺，天水市的南部寺，张掖县的大佛寺，夏河县的拉卜楞寺，武威县的罗什寺等。

青海省湟中县的塔尔寺、乐都县的瞿昙寺等。

安徽省全椒县的神山寺，凤阳县的龙兴寺，(青阳县)九华山的百岁宫、祇园寺、化城寺，桐城县的照明寺等。

江西省南昌市的普贤寺、庐山上的黄龙寺、东林寺、西林寺，波阳县的永福寺等。

福建省福州市的开元寺、西禅寺、白塔寺、涌泉寺、金山寺，闽侯县雪峰寺，厦门市的南普陀寺，莆田县的广化寺，福清县的石竹寺，泉州市的开元寺、清净寺、清源寺、龙山寺，晋江县的南天寺，漳州市的南山寺，平和县的三平寺等。

河南省开封市的北大寺、相国寺，洛阳市的白马寺、奉先寺，登封县少林寺、会善寺，巩县的石窟寺，安阳市的高阁寺，临汝县的凤穴寺等。

湖北省武汉市的归元禅寺、宝通寺，黄梅县的五祖寺，钟祥市的报恩寺，当阳县玉泉寺，来凤土家族自治县的仙佛寺，襄阳县的广德寺等。

西藏自治区拉萨市的布达拉宫、大昭寺、哲蚌寺、罗布林寺、色拉寺、噶丹寺，乃东县的则错巴寺、赞塘寺，扎囊县的敏珠林寺、桑鸢寺，日喀则县的拉当寺、扎什伦布寺、夏鲁寺，萨迦县的萨迦寺，江孜县的白居寺等。

辽宁省大连市金县的清泉寺，鞍山市千山龙泉寺、大安寺、香岩寺，本溪市的慈航寺、铁刹寺，锦州市的奉国寺、崇兴寺，阜新市瑞应寺，营口市的楞严寺，铁岭县的慈清寺，朝阳市的佑顺寺，义县的奉国寺等。

陕西省西安市的大雁塔慈恩寺、荐福寺、卧龙寺、罔极寺、广仁寺、敦煌寺、大兴善寺，长安县的华严寺、牛头寺、香积寺、兴教寺，麟游县的慈善寺，延安市的万佛洞，富县石泓寺，户县的草堂寺，彬县的大佛寺石窟，扶风县的法门寺等。

山东省济南市南的千佛崖，长清县的灵岩寺，崂山上的法海寺、华严寺，泰山上的普照寺等。

江苏省南京市的鸡鸣寺、报恩寺、栖霞寺、灵谷寺、普觉寺、古林寺，苏州虎丘山上的云岩寺、双塔寺、开元寺、寒山寺、南禅寺，扬州的法海寺、大明寺、观音寺，镇江市的定慧寺、竹林寺、鹤林寺、招隐寺、超岸寺，高淳县的保圣寺，吴县的金庵寺、保圣寺、灵岩寺、圣恩寺，常熟市的兴福寺等。

浙江省杭州市的灵隐寺、韬光寺、飞来峰佛洞、灵峰寺、清涟寺、净慈寺、理安寺、法相寺,宁波市的保国寺、阿育王寺、天童寺,普陀县的普济寺、法雨寺,新昌县的大佛寺,天台县的国清寺等。

湖南省长沙市的开福寺、麓山寺,衡山县衡山上的广济寺、祝圣寺、南台寺、方广寺、福严寺藏经殿,沅陵县的龙兴寺,石门县的夹山寺等。

广东省广州市的怀圣寺、光孝寺、华林寺、六榕寺,韶关市南华寺,清远县的飞来寺,湛江市的楞严寺等。

广西壮族自治区桂林市的普陀山有观音洞。

四川省成都市的文殊院,新都县的宝光寺,新津县的观音寺,江油县的云岩寺,平武县的报恩寺,广元县的皇泽寺、千佛崖石窟,乐山县的乌龙寺、乐山大佛,夹江县的千佛岩,峨眉县峨眉山上的报国寺、万年寺、洪椿坪寺、普贤寺,潼南县的大佛寺,石柱县的万寿寺,梁平县的双桂堂,松潘县的黄龙寺等。

重庆市的罗汉寺等。

云南省昆明市的圆通寺、金蝉寺、华亭寺、太华寺、龙门、筇竹寺、海源寺,安宁县的曹溪寺,陆良县的大觉寺等。

黑龙江省哈尔滨市的极乐寺等。

台湾省台北市的龙山寺、西云岩寺,基隆市的灵泉寺,桃园县的石观音寺,新竹县的竹莲寺,彰化县的龙山寺,嘉义市的弥陀寺,台南市的开元寺、清水寺、法华寺、竹溪寺、弥陀寺,台南县的火仙寺、碧云寺,高雄县的清水岩寺、翠屏岩寺、紫竹寺等。

此外,与佛教有关的山名、地名也很多。如:北京市的喇嘛沟、石经山,河北省邯郸市的响堂山,广东省的佛山,山东省济南市的千佛山,南京的栖霞山,贵州省的梵净山,厦门市的南普陀山,安徽省的佛子岭水库,甘肃省的须弥山,杭州市的天竺路等。这些地方或山名都与佛教的教义或佛教的活动有关系。

第七章 民俗文化词语

第一节 谐音文化词语

谐音取义是汉语的一种修辞方式,也是汉族民俗文化的一个重要特点。

所谓谐音,就是指利用汉语词语的音同或音近的特点,由一个词语联想到另外一个词语,是一种同音借代的关系。"谐音取义"就是由一个词语联想到与其音同或音近的另外一个词语的语义,而且后者的语义是主要的交际义。

汉语同音词多,为谐音取义提供了有利的条件。

谐音取义也称谐音双关,常出现在文学作品中。例如唐代诗人刘禹锡的《竹枝词》:"杨柳青青江水平,闻郎江上唱歌声。东边日出西边雨,道是无晴却有晴。"再如唐代诗人李商隐的《无题》中诗句:"春蚕到死丝方尽,蜡炬成灰泪始干。""晴"是天气阴晴,与"感情、爱情"的"情"音同而构成谐音取义。"丝"和蜡"泪"谐指相思的"思"和眼泪的"泪"。

谐音取义不仅常出现在言语交际或文艺作品中,也经常出现在非言语交际中;不仅出现在日常生活中,也经常出现在各种民俗民间艺术中。这种谐音取义的语音形式,反映了汉民族的求吉利、避凶邪,重含蓄,忌直言的文化心态。

一、有关祈福的谐音词语

祈求幸福、吉祥,希求平安、顺利,是人们的愿望,所以便出现了大量祈福的谐音词语。祈福谐音也叫"口彩",在民间最盛行。

北方过春节时,故意把红"福"字倒着贴在大门上,取"福到了"的口彩,以"倒"与"到"同音,而构成谐音。

农村结婚时,贺喜者常把红枣、花生、桂圆、莲子、栗子、核桃、百合等干果作为贺礼献给新婚夫妇,或把这些干果放在新婚洞房的被褥下面。以红枣、花生、桂圆、莲子谐"早生贵子"。莲子和花生也谐"连生子",红枣和栗子谐"早立子","花生"谐"花着生",既要生男,也要生女。桂圆谐"祥贵团圆",核桃的"核"谐"和美",百合谐"百年和好"。安徽省合肥地区的民俗:结婚时新娘子入洞房前必须把自己的鞋子脱掉,穿上新郎的鞋子,叫做"夫妻同鞋","鞋"与"偕"同音,取"夫妻同偕"的意思。天津地区结婚时,要新婚夫妇同吃用一个猪心做的菜,取其"同心偕老"的意思。

喜鹊因为有个"喜"字,俗称报喜鸟或吉祥鸟。民间有"喜鹊叫,喜事到"或"喜鹊叫,贵客到"的俗语。所以过年或结婚时,常画两只喜鹊,取"双喜临门"之意。红窗花和被褥枕头上的绣花图案中往往有"喜鹊登梅枝",取其谐音"喜上眉(梅)梢"之意。有时画一枝梧桐与一只喜鹊,"桐"与"同"谐音,取"同喜"之意,即"皆大欢喜"。有的画一只豹和一只喜鹊,"豹"与"报"同音,称"报喜图"。有的画一只鹳和一只喜鹊,"鹳"与"欢"音近,取谐"欢喜"之意。还有的画一枚铜钱和两只喜鹊,因"钱"与"前"同音,并且铜钱中心有一方孔眼,取谐音"喜在眼前"或"眼前见喜"。

蝙蝠是一种夜间活动的动物,由于"蝠"字与"福"字同音,也居然被人们当做会给人们带来幸福的天使。因此民间绘画或衣着图案中常出现蝙蝠。如有的画五个蝙蝠,飞入大门,取"五福临门"的谐音;有的画蝙蝠从天上飞来,取"福从天降"的谐音;有的为庆寿而画五只蝙蝠围绕着一个"寿"字,取"五福献寿"之谐音。

在民间风俗画或年画中,"鱼"是绘画的热门题材。如画"鲇鱼戏水",因"鲇"与"年"同音,"鱼"和"余"同音,取"年年有余";画鱼和莲花,因"莲"与"连"同音,取"连年有余";有的画鲫鱼戏水,因"鲫"与"吉"同音,取"吉庆有余"的意思;画鲤鱼跳龙门,因"鲤"与"利"音近,龙门是高升之意,取其"有利有余,步步高升"的意思。有的画一缸金鱼,因"鱼"与"玉"谐音,取"金玉满堂"或"金余满堂"的谐音义。北方人喜欢在家里养金鱼,大概除了生活上的乐趣之外,也许还祈求"金玉满堂"或"金余满堂"的吉利吧。

民间日常的食品或水果中,也非常注意谐音,尤其在佳节或送礼时,最注意送与"吉祥幸福"谐音的食品水果,如"橘子"与"吉利"谐音,"福橘"与"幸福吉利"谐音;"汤圆"与"团圆"谐音;"年糕"与"年高"谐音,取"年年高升"的意思;"发糕"与"发高"谐音,取"发家高升"义;等等。

还有用实物谐音祈福的,例如清王朝皇帝常把金或玉镶嵌如"如意"赏赐给贵妃、亲王、大臣,祝"万事如意"的意思。

京剧表演艺术家梅兰芳在他居宅院子里植有两棵柿子树和一棵苹果树,寓意是"事事平安",因为"柿"与"事"谐音,"苹"与"平"谐音。

神话故事"和合二仙"的画像和雕塑的形成过程,也同样充满了谐音文化特点。"和合二仙"又称"和合二圣"。明代田汝成《西湖游览志余》卷二十三说:"宋时,杭城以腊月祀万回哥哥,其像蓬头笑面,身着绿衣,左手擎鼓,右手执棒,云是和合之神,祀之可使人万里之外亦能回来,故曰万回。今其祀绝矣。"清代翟灏的《通俗篇》卷十九说,万回仅一人,和合是两个神仙,所以雍正十一年封天台的寒山僧为和圣,拾得大士为合圣。老百姓以谐音的手法塑造和合二圣的形象大概是从这一时期开始的。清代陶瓷塑像的和合二圣,一手执荷花,另一手捧圆盒,身子紧紧挨在一起。荷花的"荷"字谐"和"字,圆盒的"盒"谐"合",取"和谐合好"之意。后来"和合二仙"的寓意由家人的和合之神逐渐演变成婚姻和合之神。因此,民间婚礼时洞房中陈列或悬挂"和合二仙"的塑像或画像以寓新婚夫妇和美之意。

古代有许多谐音吉祥图。图画中的事物多与表示福瑞、喜庆、长寿、诸事如意等吉祥语谐音。例如:

《福禄寿图》图画中以蝙蝠、鹿、寿桃或松鹤组成图案。因为其中的"蝠"与"福"、"鹿"与"禄"(指古代官吏的奉给,相当现代的工资)谐音,寿桃、松、鹤都象征长寿。图画的含义是福、钱、寿都具有。

《五蝠捧寿图》图画中以五只蝙蝠环绕一个大寿桃,或者以四只蝙蝠环绕一个寿字。其中的"蝠"与"福"谐音。意为多福多寿。

《三羊开泰图》图画中以三只羊为图案。其中的"羊"与"阳"谐音。暗指"三阳开泰",取意于《周易》。十月为坤卦,纯阴;十一月为复卦,一阳生;十二月为临卦,二阳生;正月为泰卦,三阳生。因此说三阳始于泰卦,意味着阳占绝对优势,说明冬去春来。图画的含义是冬去春来,阴消阳长,有吉祥的象征,多作岁首称颂之意。

《喜上眉梢图》图画中以喜鹊落在梅花枝头为内容,其中的"梅"与"眉"谐音。"喜上眉梢"是形容人因喜事而眉开眼笑。

《同喜图》图画中以梧桐、喜鹊构成一幅图案,其中的"桐"与"同"谐音,意为大家同喜。

《报喜图》图画中以豹和喜鹊组成图案,其中的"豹"与"报"谐音,意为报告喜讯。

《一路连科图》图画中以莲花、荷叶和一只鹭鸶为图案,其中的"鹭"与"路"谐音,"莲"与"连"谐音,"荷"与"科"谐音。意为一路接连升官。

《一路荣华图》图画中以一只鹭鸶与芙蓉花组成图案,其中"鹭"与"路"谐音,"荣"与"蓉"谐音。意为一路获得荣耀。

《一路富贵图》图画中以一只鹭鸶和牡丹花组成图案。其中"鹭"与"路"谐音,牡丹花是象征富贵的。

《金玉满堂图》图画中以金鱼缸放在庭堂为图案,其中的"金鱼"与"金、玉"谐音,"庭堂"喻"满堂"。

《平升三级图》图画以瓶、笙、三戟为图案,因为这三物的名称连起来与"平升三级"谐音,用来表达对官运亨通的祝颂。

二、忌讳的谐音词语

汉民族既有祈求吉利、避凶驱邪的心愿,又有含蓄委婉、忌直言的文化心态特征。因此,一些从感情上或习惯上不便直接道出的事情,就采取回避遮掩的方式,甚至与此事谐音的词语也要避讳。这种谐音忌讳现象不论古代还是现今都广泛存在。在社会交际中必须随乡入俗,尽量回避令人不愉快的忌讳谐音词语。

1. 生活中的忌讳谐音词语。日常生活中经常遇到忌讳的谐音词语。如在亲友结婚之日,忌讳说"死、光、输、完、离、散、休"等不吉利的字词。送结婚礼物时忌讳送"伞"、"钟"等物,因为"伞"与"散"谐音,

"送钟"与"送终"谐音。在结婚时,新娘上门禁吃瓜类,因为"瓜"与"寡"谐音,以免将来做寡妇。和亲友一起吃梨时不能分吃一个梨,因为"分梨"与"分离"谐音。

给病人送食品时也有谐音的禁忌。旧时上海去看望病人时,忌送苹果,因为上海话中"苹果"的发音与"病故"谐音。

沿海渔民或船家忌说"沉"、"箸"等字。因为"沉"和"沉船"的"沉"同音同字,因此人们把"沉"字改说"重"字。吃饭用的"箸"与"住"谐音,即停住抛锚之意,对行船来说是不吉利的。因此人们把吃饭时用的"箸"改称"筷子",取"快"的音义而加"竹"字头,即"快行"、"一帆风顺"之意。

在广州一带,人们把"猪舌"称作"猪月利",由于广东话中"舌"与"蚀"同音,经商者忌讳蚀本,改称"猪月利"则含"月月盈利"的意思。北京话"舌"与"折(shé)"同音,也有"折本"不吉利之嫌,因此北京、天津等地把"猪舌"称作"口条"。广州人把丝瓜称作"胜瓜",因为广州话"丝"与"输"谐音。广东潮汕一带把"药"称作"利市"或"甘茶",而忌说"药"字,因为"药"与"病"相关,所以把有病"服药"叫做"服利市"或"服甘茶"。

2.地名的谐音改俗为雅。由于汉民族的求新求雅的心理,往往利用谐音,把原来一些俗陋不雅的地名改得比较文雅。例如北京市从前有个狗尾巴胡同,因"狗尾巴"不雅,后改为高义伯胡同。gǒuyǐba与gāoyìbó语音相近相谐。再如北京的护国寺附近有个小羊圈胡同,是老舍出生的地方,后改名为小杨家胡同。"小羊圈(juàn)"与"小杨家"音近相谐。北京还有个大墙缝胡同,后改名为大翔凤胡同,"大墙缝"与"大翔凤"也谐音。母猪胡同改为墨竹胡同,"母猪"与"墨竹"也基本谐音。

3.人名的谐音忌讳。中国自古就非常重视名讳。名讳主要是为帝王和长辈的名字避讳。对帝王名字的避讳从秦代开始,通常臣民都不可以直呼皇帝的姓名,在文字中尤其要避讳,不可直书,否则犯禁受罚甚至杀头。这种避讳又称"国讳"。例如:

秦始皇名嬴政,唐司马贞著《史记索隐》,于《秦楚际月表》"端月"下注明:"秦讳正,故云端月也。"即把"正月"改称"端月"。

晋代陈寿著《三国志》，为避讳晋宣帝司马懿，书中提到并州刺史张懿，均改作"张壹"。

清朝雍正年间，有个叫徐骏的官员给皇帝上书时，把"陛下"误写成"狴下"，立即被革职，后来又在他的诗集中发现"清风不识字，何事乱翻书"的诗句，便以"清风"侮辱清朝的罪名被处死。传说有一年考试，考官从《诗经·商颂·玄鸟》中摘取"维民所止"作为作文题。连同前句"邦畿千里"和后句"肇域彼四海"，意思是千里之内，百姓均得安居。可是有人检举说"维"是去掉"雍"字的头，"止"是去掉"正"字的头，于是命题人犯了死罪，并且株连九族。

民国初年，袁世凯称帝时，帝下令把"元宵"改名为"汤圆"，因为"元宵"与"袁消"谐音，对袁世凯称帝不利。

除了帝王讳，还有官讳，地方官的名字也要避讳。宋代有一州官名叫田登，为避"登"的同音字"灯"，元宵节时下令"本州依例放火三日"。于是便流传下"只许州官放火，不许百姓点灯"的谚语。

在封建时代，对宗族长辈的名字也要避讳，这种避讳称作"私讳"或"家讳"。例如：

司马迁《报任安书》中有"同子参乘，爰丝变色"的句子，"同子"指赵谈，由于司马迁的父名谈与赵谈同名，为避父讳，故称赵谈为"同子"。此外《史记·赵世家》中，把张孟谈讳称为"张孟同"，都是因讳父名。

唐代大诗人李贺因父名晋肃，"晋"与"进"同音，为避讳"晋"而不去考进士。韩愈为此写了《讳辩》劝李贺去考进士，结果受到士人的攻击。

宋代文学家苏轼，因其祖父名"序"，为了讳祖父名，在写文章的"序"时，改"序"为"引"。

三、其他谐音词语

在汉语交际中，除以上祈福谐音词语和忌讳谐音词语外，还有其他方面的谐音词语，如幽默谐音、双关谐音、歇后语谐音。

1. 幽默谐音。在一个现代家庭中，如果妻子对丈夫管束严格，甚至不给零花钱,人们就会嘲笑这位丈夫得了"气管炎"。"气管炎"本是一种病,但这里却是"妻管严"的谐音。再如丈夫在家里受妻子的气,甚至经常在床前跪着向妻子求饶。那么人们指着这位在家受妻子气的丈夫说,"他在家里是'床头柜'",即"床头跪"。

2. 双关谐音。双关谐音是一种修辞手法,即利用词语与词语之间音同或音近的关系,引起人们由这一词语联想到另一词语的意义,这就构成了谐音双关,也称双关谐音。在20世纪60年代初的一次春节联欢会上,大家要求相声大师侯宝林表演一段相声,侯老首先说了一句:"恭喜发(cái)!"在当时的政治条件下,人们不禁一怔,他笑着解释说:"我说的是'人才'之'才'!"接着指着在座的各位说:"今天来的,不少是文艺界、科技界的领导同志,或是教授、专家、艺术家,都要以老带新,希望大家在新的一年里,大力发现人才、发掘人才,一句话:恭喜发才!"(《戏剧电影报》1982年第6期)

再如文学作品中的"双关谐音"现象:

  如今要强借房租一年,所以百姓们就把"崇祯"读作"重征"。(姚雪垠《李自成》)

"重(chóng)征"谐明思宗朱由检的年号"崇祯"。

  我失骄杨君失柳,杨柳轻飏直上重霄九。(毛泽东《蝶恋花·答李淑一》)

姓氏"杨"、"柳"谐杨柳树的花絮,指毛泽东的妻子杨开慧和李淑一的丈夫柳直荀。

  空对着,山中高士晶莹雪;

  终不忘,世外仙姝寂寞林。(曹雪芹《红楼梦》)

"雪"和"林"与"薛(姓)"、"林(姓)"谐指薛宝钗和林黛玉。

3. 歇后语中的谐音。歇后语中的谐音主要在后一部分,也是利用词语的音同或音近的关系,说此而意彼(括号里的字是实意所在)。例如:

  和尚打伞,无发(法)无天

  深山里敲钟,鸣(名)声在外

  小葱拌豆腐,一青(清)二白

  米粥拌面粉,稠(愁)上加稠(愁)

第七章　民俗文化词语

一层布做夹袄,反正都是里(理)
中堂挂草帘,不像画(话)
旗杆上绑鸡毛,好大的掸(胆)子
咸菜拌豆腐,不用盐(言)
外甥打灯笼,照舅(旧)
老鼠啃瓷碗,一口一个瓷(词)
醉雷公打雷,胡劈(批)乱劈(批)
属蜘蛛的,满肚子都是丝(私)
头上打灯笼,要自亮(量)
白菜叶子炒大葱,青(亲)上加青(亲)
娶媳妇坐抬筐,缺轿(觉)
猪八戒的脊梁,悟(无)能之背(辈)
肉骨头打狗,啃(肯)定了

第二节　龙凤文化及其词语

中国古代人有对四种神灵动物的信仰。《礼记·礼运》说:"麟凤龟龙,谓之四灵。"对"龙凤"二灵尤为崇拜,并形成了龙凤文化。

一、龙文化及其词语

1.汉民族在上古时代就把"龙"作为崇拜的图腾。在古人的心目中,"龙"是神,龙能腾云驾雾,兴云降雨,传说主宰大海的神就是东海龙王。"龙"象征着神圣吉祥。汉族自古把龙奉为祖先的化身,因而至今汉民族喜欢称自己是龙的传人,以龙的子孙自豪。

龙又是封建帝王的象征。古代帝王称为真龙天子,是龙的化身,随之凡与皇帝有关的都加一个"龙"字。例如:

龙飞——指皇帝即位。
龙颜——指皇帝或皇帝的面容。
龙体——指皇帝的身体。

龙座——指皇帝的龙位宝座。
龙袍——皇帝穿的绣有龙图案的衣袍。
龙床——皇帝睡卧的床。
龙椅——皇帝坐的椅子。
龙帐——皇帝卧室的床帐,绣有龙的图案。
龙被——皇帝睡觉的绣有龙的被子。
龙剑——皇帝使用的刻有龙形的宝剑。

此外还有龙灯、龙柱、龙碑、龙旗、龙辇、龙印,九龙壁、龙宫等。帝王既然是"真龙天子",帝王的后代子孙也称为龙子、龙孙或龙种。

神话传说中有东海龙王,东海海底有"龙宫",又称水晶宫,其子为龙太子,其女为龙女等。还有"苍龙"、"玉龙"等说法。

在民间,每到逢年过节时,往往要舞龙庆贺。每到端午节(农历五月五日)为纪念伟大诗人屈原,人们要在江河举行龙舟竞赛。农历二月初二是"龙抬头"的日子,也要过节庆贺。

含有"龙"语素的成语:

龙凤呈祥　龙飞凤舞　龙吟凤鸣　龙章凤姿　龙眉凤目
龙跃凤鸣　龙殿凤阁　龙蟠凤逸　龙蟠凤翥　龙翔凤翥
龙盘虎踞　龙肝凤胆　龙肝凤髓　攀龙附凤　龙腾虎跃
龙骧虎步　龙潭虎穴　龙争虎斗　龙肝豹胆　龙蛇不辨
龙蛇混杂　龙驭上宾　龙蛇飞动　龙生九子　龙归大海
龙马精神　龙舟竞渡　生龙活虎　群龙无首　乘龙快婿
画龙点睛　二龙戏珠　活龙活现　成龙配套　来龙去脉
叶公好龙　望子成龙　车水马龙　老态龙钟

2.带"龙"字的事物名称:
(1)动物类:
　　龙虱　龙虾　龙羊　龙雀　地龙　小龙(蛇)
(2)植物类:
　　龙眼(桂圆)　龙树　龙须菜　龙须草　龙舌兰　龙舌草
　　龙牙草　龙胆草　龙爪槐　卧龙松　龙爪桑
(3)其他含"龙"的词语:
　　龙灯　龙杖　龙船　龙门　龙钟　龙头(水龙头)

用"玉龙"比喻大雪飞舞,用"火龙"形容火舌滚滚、火势凶猛,用"一条龙"比喻成套设备等。香料有龙脑,风有龙卷风,机器有龙门刨(车床)、龙门吊(吊车),十二生肖有龙(俗称大龙)、小龙(蛇),其他方面:茶有龙井茶,中药有龙骨、地龙,货币有龙洋、龙钱,书法有龙爪书,还有龙年,带龙的人名就更多了。

带"龙"字的地名。"龙"成为地名,最早见于《左传·成公二年》:"齐侯伐我北鄙,围龙。"龙是春秋时鲁邑,在山东泰安县东南。自春秋以来,各地都有带"龙"的地名。据统计,《辞海》、《中国古今地名辞典》所收录的带"龙"字的地名就有三百多条。例如(同名地名很多,仅指明一两处所在):

龙江、龙泉河、龙镇(在黑龙江省)

龙井(在杭州西湖的西南山中的名泉,附近产龙井茶)

龙关、龙泉山(在河北省)

龙口(在山东省)

龙门(一处在广东;一为山西省河津县西北名胜;一在洛阳市郊,以龙门石窟著称于世)

龙门坝、龙市镇(在四川省)

龙华寺(在上海市南郊龙华镇)

龙泉(一在广东;一在河北)

龙门峡(在山西省西部黄河边)

龙门塔(在福建省龙岩县)

龙兴寺(在山西省新绛县城内)

龙山(一在山西省太原市;一在山西浑源县;一在河南宝丰县;一在湖北江陵;一在辽宁省朝阳;又县名,在湖南西部)

龙山镇(在山东省章丘县,"龙山文化"出土于此地)

龙穴山(在安徽省)

龙首崖(在江西省庐山大天池侧)

龙江埔、龙冈墟(均在广东省)

龙海县(在福建省)

九龙(现为香港北区)

青龙桥(在北京市北八达岭附近)

青龙桥乡(在北京市西郊颐和园附近)
青龙塔(上海市青浦县)
云龙山(在江苏省徐州市南郊)
黑龙潭(在北京市密云县密云水库旁)
老龙头(在山海关长城入海处)
老龙湾(山东省临朐县东南海浮山下)
卧龙宫(在浙江省湖州市北黄龙山麓)
黄龙山(在浙江省湖州市北)
黄龙(一在四川省北部九寨沟南;一在陕西省)

据陈士新《龙年漫话龙地名》一文,仅湖北省龙林区就有40多处带"龙"的村名,如龙象村、龙溪村、龙中湾、青龙湾、龙沟等。[①] 这众多带"龙"的地名,反映了汉民族对"龙"的崇拜心态。

3.带"龙"字的俗语、谚语、歇后语:

鲤鱼跳龙门——神话传说。《三秦记》记载:"江海的鱼类集合在龙门下,鲤鱼只有跳过龙门才能化成龙。"所以有"一登龙门,身价百倍"之说。

鲤鱼跳龙门,高升——借指人的地位高升。

鲤鱼跳龙门,碰碰运气——比喻没有把握,做着试试看。

龙多不治水——古代神话传说龙能治水。龙王是东海的统治者,但龙多了就互推责任。借指主管的人多了反而办不成事。

推倒龙床杀太子——皇帝和太子睡卧的床称龙床。这里是借指造反。

宁养一条龙,不养十只熊——借指重视人才。

龙游浅水遭虾戏,虎落平阳被犬欺——喻指处于厄境、逆境。

扯了龙袍也是死,打死太子也是死——俗语。指横竖都是死,都一样,就无所顾忌,大胆去做。

二、"凤"文化及其词语

"凤"是神话传说中的神鸟。《诗经·商颂》中有"天命玄鸟,降而

[①] 见《地名丛刊》1983年第3期。

生商"。这里的"玄鸟"就是指神鸟"凤"。凤有美丽的羽毛而被称为"鸟中之王",历来是祥瑞的象征。凤又称"凤凰";雄的叫凤,雌的叫凰。民间艺术中有"百鸟朝凤"的剪纸,也有"百鸟朝凤"的绣花图,又有"百鸟朝凤"的乐曲。

"凤"在古代又是帝后的象征,因此皇后穿"凤衣",戴"凤冠",所住宫室称"凤阁",出宫时乘坐的车叫"凤辇"。

1. 含"凤"字的一般词语:

  凤雏(幼凤) 凤城(京都的别称) 凤诏(皇帝的诏书)
  凤盖(皇帝仪仗所用) 凤楼(指宫内的楼阁)
  凤箫(排箫) 凤举(使臣出使远方)
  凤藻(比喻华美的文辞) 凤邸(帝王即位前所居府第)
  凤穴(比喻文才荟萃的地方)

2. 含"凤"字的成语。由于"龙凤"是帝王后妃的象征,是不可分离的一对,因此含"凤"的成语除见"龙"字条外,还有:

  凤凰衔书 凤鸣朝阳 凤凰于飞 百鸟朝凤 凤毛麟角
  凤翥鸾回 凤泊鸾飘 麟子凤雏 麟角凤距 鸾凤和鸣
  腾蛟起凤 凤凰来仪 凤凰于飞

3. 带"凤"字的俗语:

凤凰落在鸡群里——比喻才能超群,与众不同。
凤凰不落无宝地——借指有好处才来。
凤凰要把高枝占——比喻自以为了不起,高人一等。
凤凰不入乌鸦巢——比喻清高,不入俗套。
落地凤凰不如鸡——比喻人在逆境时被人看不起。
鸡窝里飞出了金凤凰——比喻普通人家出了女英雄或女状元、明星等。
宁做鸡头,不做凤尾——比喻事事要出头,处处要领先,不甘落后。
龙眼识珠,凤眼识宝,牛眼识青草——比喻有眼光,有见识,眼力好;不同的人有不同的认识。

4. 含有"凤(凰)"的动植物名称:

(1) 动物类：

凤蝶　凤鸡

(2) 植物类：

凤凰树　凤凰竹　凤尾竹　凤尾松　凤尾草　凤仙花
凤眼莲　凤梨

5. 含有"凤（凰）"的地名：

凤阳、凤台（在安徽省）

凤翔、凤县（在陕西）

凤城（在辽宁）

来凤（在湖北）

凤冈（在贵州）

凤凰县（在湖南）

凤庆（在云南）

凤山（在广西）

凤凰山（在辽宁）

第三节　虎文化及其词语

　　虎和狮一向被称作"兽中之王"。中国的狮子最早来自波斯（今伊朗），《洛阳伽蓝记》卷三记载："狮子者，波斯国王所献也。"虽然在中国的庙堂宫门口多有石狮，甚至把狮子当做镇邪驱鬼的怪兽，但是在汉语词汇中却远不及虎的构词能力强。因为虎在中国自古有之，并且种类很多，例如东北虎、华南虎等。在古代的五行说中，认为西方为白虎星座，主凶。因此，中国人虽然畏惧狮子，但更畏惧老虎，崇敬老虎。在汉民族的心目中，老虎才是百兽之王。人们在画虎时，往往要在虎的额头上描画一个"王"的字样。在民间，虎也被视为镇邪驱魔的神兽，因而在农家的堂屋里常挂画有虎的中堂画。

　　"虎"的文化象征意义很丰富，既有褒义，也有贬义，下面按其褒贬义分述其有关词语。

　　1. 象征勇猛、威武、雄壮、力量、尊严等褒义，有关这方面的含"虎"

词语很多。
(1)由"虎"组成的一般词语：
  虎将 虎帐 虎椅 虎符 虎贲 虎牌 虎旗 虎伏
  虎盾 虎威 虎穴 虎劲 虎狼 虎口 虎势 虎牙
  小老虎 虎墩墩 虎彪彪
(2)由"虎"组成的成语：
  虎背熊腰 虎踞龙盘 虎视眈眈 虎头虎脑 虎头蛇尾
  为虎作伥 如虎添翼 如虎下山 生龙活虎 狐假虎威
  藏龙卧虎 降龙伏虎 龙潭虎穴 龙争虎斗 龙吟虎啸
  三人成虎 与虎谋皮
(3)俗语：
  虎虎有生气 将门出虎子 虎瘦威风在 武松打虎
  人凭志气虎凭威 拉大旗作虎皮 九牛二虎之力
  虎落平阳任狗欺 虎死不倒威
(4)药名：
  虎骨酒 虎骨膏 虎耳草(近些年来,由于保护野生动物,这类药品不再生产。)
2.象征凶猛、残暴、凶恶等贬义,这方面的词语也很多。例如：
(1)成语：
  虎口脱险 虎口拔牙 虎口余生 羊入虎口 骑虎难下
  谈虎色变 饿虎之溪 饿虎扑食 虎视眈眈 如狼似虎
  狼吞虎咽 龙潭虎穴 龙争虎斗 养虎遗患
(2)俗语、歇后语：
  不入虎穴,焉得虎子
  坐山观虎斗
  纸老虎
  明知山有虎,偏向虎山行
  苛政猛于虎
  老虎屁股摸不得
  在老虎头上拍苍蝇,自讨危险
  敢捋老虎须,胆子不小

母老虎(指凶悍的妇人)

(3)引申词语。由"虎"的凶恶义而引申出比喻词语。有些管理部门利用职权敲诈勒索下属单位或用户,人们便以"老虎"比喻其凶恶。例如:

电老虎　水老虎　煤气老虎　税老虎　房管老虎
环保老虎

由虎的凶残或外形而引申的词语:

老虎凳(一种刑具)　老虎钳子
虎口(大拇指和食指相连部分)　秋老虎(秋后的暑热)
壁虎　爬山虎(能攀附岩石或墙壁上的藤本植物)
蝎虎(一种蜥蜴)

3.由"虎"字组成的地名,例如:

虎丘——位于苏州市阊门外。

虎门——位于广东省珠江口。

虎林——在黑龙江省。

虎溪——位于江西省庐山东林寺前。

虎丘塔——位于苏州虎丘山上。

虎跑泉——位于杭州西湖的西南。

虎溪岩——位于厦门玉屏山北面。

虎啸岩——位于福建省武夷山上。

虎牢关——位于河南省荥阳县汜水关西面。

虎跳峡——位于云南省丽江纳西族自治县石鼓。

黑虎泉——位于山东省济南市内,是七十二泉之一。

老虎石——在河北省北戴河海滨。

伏虎寺——位于四川省峨眉山麓报国寺西。

大虎山(原称打虎山)——位于辽宁省兰山县。

威虎山——位于黑龙江省海林市。

塔虎城——位于吉林省前郭尔罗斯旗。

龙虎山——位于江西省贵溪县。

龙虎塔——位于山东省历城县白虎山下。

龙虎石刻——位于吉林省珲春县。

虎头关帝庙——位于黑龙江省虎林县。
打虎汉墓——位于河南省密县,内有汉壁画。
虎神抢记碑——位于河北省围场县境内。
白虎湾古瓷窑遗址——位于江西省景德镇。

第四节 农历二十四节气及其词语

农历一年有二十四节气:立春、雨水、惊蛰、春分、清明、谷雨、立夏、小满、芒种、夏至、小暑、大暑、立秋、处暑、白露、秋分、寒露、霜降、立冬、小雪、大雪、冬至、小寒、大寒。

汉民族在长期的农业生产实践中,积累和掌握了农事的季节与气候变化的规律,二十四节气便是这方面规律和经验的总结。汉族人民在古代就能从生活经验中认识到一年里昼夜长短的变化规律,并用测量日影长短和黄昏时北斗七星的位置来定出节气。据记载,春秋时代已有"二分"(春分、秋分)、"二至"(夏至、冬至)四个节气。战国末年又在二分、二至的基础上增加了"四立"(立春、立夏、立秋、立冬)这样连同二分、二至便有了八个节气。以后逐渐补充,到了秦汉时代就完备起来。西汉时期《淮南子·天文训》中就记载了和现在相同的二十四节气。

一、二十四节气的划分

二十四节气是表示地球在绕太阳公转轨道上运行时到达的二十四个不同的位置。由于地球在一年内公转轨道上的位置不同,就有不同的太阳高度和昼夜长短,从而引起太阳照射长短季节的变化。例如每年的3月21日左右,太阳直射地球赤道,这时叫"春分"。"春分"这一天,南北半球各相等纬度地区太阳高度相同,昼夜平分,以后太阳直照位置北移,北半球昼渐长,夜渐短;到6月21日左右,太阳直照北回归线,这时为"夏至"节气,是北半球白昼最长的一天。以后太阳直照位置又开始南移,到9月23日左右,太阳直照又回到赤道上,这是"秋分",也是昼夜平分,以后太阳又继续南移,北半球的昼渐短,夜渐长。到12月22日左右,太阳直照南归线,这时北半球是"冬至",是全年白昼最短的一天。

二十四节气另一种划分法是圆周分割法。

地球绕太阳公转的圆周是360°,在这个圆周上取一个固定点(春分点)作为起点0°,每转过15°就定为一个节气,也就是把这个圆周等分为24个等分点,每两个等分点之间都相隔15°。当地球转到这些等分点位置时就叫做"交节气"。由于地球在绕太阳公转轨道上的位置时时刻刻在变化着,地球运转到"交节气"的位置的时刻,在农历书上都载有某月、某日、某时、某分。每一个等分点的位置也分别记有二十四个节气的名称。

农民为了掌握农时规律进行农业生产,需要按节气来安排农事生产活动。如中国南方的农谚有"清明下种,谷雨插秧";北方则有农谚"白露早,寒露迟,秋分种麦正当时"。

二、二十四节气释义

二十四节气中,每一个节气都有特定的意义,节气的名称已说明这段时间内气象和万物变化的特点。

立春,"立"就是开始的意思,"立春"就是春季的开始。立春在阳历2月3—5日。

雨水,表示降雨开始,雨量从此开始逐渐增多。雨水在阳历2月18—20日。

惊蛰,"蛰"是深藏的意思,动物钻进土里冬眠过冬叫入蛰,至第二年回春后从土里钻出来活动,古人认为这是被春雷惊醒的,故称惊蛰。从惊蛰日开始,便可听到雷声。惊蛰在阳历3月5—7日。

春分,表示昼夜平分,此天昼夜相等。古时称为日夜分。又因春分是把春季一分为两半,所以也有据此来解释春分的。春分在阳历3月20—22日。

清明,表示此时天气晴朗、暖和,草木开始发青,清新明净的风光代替了草木枯黄的寒冬景象。清明节在阳历4月4—6日。

谷雨,此时降雨明显增加,雨水促使谷类作物的生长发育,古代称为雨生百谷。谷雨在阳历4月19—21日。

立夏,表示夏季的开始,春季的结束。立夏在阳历5月5—7日。

小满,表示夏熟作物籽粒开始饱满,但尚未成熟,因此称此时为小满。小满在阳历5月20—22日。

芒种,"芒"指有芒作物(如麦),"种"指种子,芒种表明小麦、大麦等有芒作物种子已经成熟,可以收割了。芒种在阳历6月5—7日。

夏至,表示炎热的夏天快要到来了。夏至在阳历6月21—22日。又因夏至日白昼最长,所以古代称夏至为日长至。

小暑,"暑"是炎热之意。"小暑"是表示开始炎热了。小暑在阳历7月6—8日。

大暑,表示一年中最炎热的时候。大暑在阳历7月22—24日。

立秋,表示秋季的开始,夏季的结束。立秋在阳历8月7—9日。

处暑,"处"是终止、躲藏之意,处暑就是表示炎热的夏天快要终止了。处暑在阳历8月22—24日。

白露,处暑后气温降低,夜间温度已达到成露的条件,露水凝结得多了就呈现白露。白露在阳历9月7—9日。

秋分,表示在这一天昼夜平分,日夜相等,古时称为日夜分。又因秋分是把秋季一分两半,处在立秋和立冬之间,故称为秋分。秋分在阳历9月22—24日。

寒露,气温降低,露水更多,也更凉,所以称寒露。寒露在阳历10月8—9日。

霜降,气候已渐寒冷,并有白霜出现。霜降在阳历10月23—24日。

立冬,表示冬季开始,秋季结束。立冬在阳历11月7—8日。

小雪,天气变冷,开始下雪。小雪在阳历11月22—23日。

大雪,大雪时雪下得大,地面出现积雪。大雪在阳历12月6—8日。

冬至,表示一年中最冷的冬天快到了,故称冬至。又因冬至日夜晚最长白昼最短,所以古代又称冬至为日短至。冬至在阳历12月21—23日。

小寒,"寒"是寒冷的意思,小寒表示一年中最寒冷的季节开始了。小寒在阳历1月5—7日。

大寒,表示一年中最寒冷的时候,大寒在阳历1月20—21日。

第五节 天干和地支

1. 天干地支简称干支

干支的原意相当于树干和枝叶,它们是一个相互依存、相互配合的整体。中国古代以天为"主",以地为"从"。"天"和"干"相联叫做"天干";"地"和"支"相联叫做"地支",合起来就是"天干地支"。

"天干"共有十个字,依次是:甲、乙、丙、丁、戊、己、庚、辛、壬、癸。总称为十天干。下面分述之。

甲,指万物冲破其"甲"而突出的意思,春季万物破土或突破种子壳而萌生。

乙,指草木初生,枝叶柔嫩屈曲伸长的意思。

丙,如炎炎火光,万物皆炳然光明而著见。

丁,指草木成长壮实,好比人成长壮丁。

戊,为"茂"也,也是万物繁茂的意思。

己,起也,纪也,指万物奋然而起,有形可纪。

庚,即"更",万物更新,或秋收而待来春。

辛,"新也",万物一新的意思。

壬,"妊也",指万物怀妊,即阳气潜伏地中。

癸,"揆也",指万物闭藏,收妊地下,揆然萌生。

"地支"共有十二个字,依次是:子、丑、寅、卯、辰、巳、午、未、申、酉、戌、亥。总称十二地支。

子,"孽也",表示草木种子,吸土中水分而出。

丑,"纽也",所谓"万物动",表示草木在土中出芽,屈曲着将要冒出地面。

寅,"演也,津也",刚出地面的草木,迎着春阳从地面伸展。

卯,茂也,指日照东方,万物繁茂的意思。

辰,震也,伸也,指万物震起而长,阳气生发已经过半。

巳,起也,指万物盛长而起,阴气消尽,纯阳无阴。

午,仵也,指万物丰满长大,阳气充盛,阴气开始萌生,或到阴阳相交的时候。

未,"味也",指果实成熟而有滋味。

申,"身也",指万物都已长成,粗具形体。

酉,"老也",缩也,指万物成熟后逐渐收缩。

戌,"灭也",指草木凋零,生气灭绝。

亥,"劾也",阴气劾杀万物,到此已达极点。

2.六十花甲子

十天干和十二地支依次相配,十天干用六次,十二地支用五次,构成一个循环,称为"六十花甲子":

甲子 乙丑 丙寅 丁卯 戊辰 己巳 庚午 辛未 壬申 癸酉
甲戌 乙亥 丙子 丁丑 戊寅 己卯 庚辰 辛巳 壬午 癸未
甲申 乙酉 丙戌 丁亥 戊子 己丑 庚寅 辛卯 壬辰 癸巳
甲午 乙未 丙申 丁酉 戊戌 己亥 庚子 辛丑 壬寅 癸卯
甲辰 乙巳 丙午 丁未 戊申 己酉 庚戌 辛亥 壬子 癸丑
甲寅 乙卯 丙辰 丁巳 戊午 己未 庚申 辛酉 壬戌 癸亥

如1995年是乙亥年,1996年是丙子年。一个人1935年乙亥年生,到1995年(乙亥年)正好60岁。1984年是甲子年,经过60年,到2044年又是甲子年。这种纪年法就叫做"干支纪年法"。

干支纪日和纪年一样,也按前面表上的顺序排列。

干支纪月只用地支来纪,因为地支十二个字正好记十二个月,如正月为寅月,二月为卯月……十二月为丑月。

干支纪时也是用十二地支来纪。一昼夜分为十二个大时辰,用每一个地支代表。用现在的时间概念来说,每个大时辰恰好等于两个小时。所谓"小时",就是"小时辰",也就是"半个大时辰"的意思。如当天的23点(晚上11点)到第二天凌晨1点就叫子时,从凌晨1点到3点叫丑时……21—23点叫亥时。

也有从0点到2点叫子时,2点到4点叫丑时的。

现在采用了公元纪年法,干支纪年不常用了,但以往对历史事件往往习惯用干支的年号来代称。如中国近代史上的"戊戌变法"(1898年)、辛亥革命(1911年)等。

3. 地支与十二生肖(属相)

中国不仅用干支纪年、月、日、时,而且用十二地支与12种(生肖)动物的名称搭配起来,成为:子鼠、丑牛、寅虎、卯兔、辰龙、巳蛇、午马、未羊、申猴、酉鸡、戌狗、亥猪。这12种动物的名称就是十二属相。每年用其中的一种作为这一年的属相,12年一个循环。

用12种动物与十二地支配合组成十二生肖(属相),是中国古人记忆和推算年龄的特殊符号。那么,这十二生肖是怎样来的呢?

在古代历法上每个生肖代表一个时辰,时序间隔为2小时,即一天有12个时辰。它们的排列顺序是:子时(指当天的23时至次日1时),据说老鼠是深夜里最活跃的动物,所以子时就属鼠;丑时(1时至3时),因为牛是最早耕地的家畜,所以丑时就属牛;寅时(指3时至5时),寅时传说是老虎活动出没的时间,所以寅时就属虎;卯时(5时至7时),因为此时还是"太阴"(即月球)时间内,传说月球上有玉兔,所以卯时就属兔;辰时(指7时至9时),传说此时正是群龙行雨的时候,所以辰时就属龙;巳时(指9时至11时),据说蛇最爱在此时出洞觅食,所以巳时就属蛇(小龙);午时(11时至13时),此时阳气到顶,阴气始再生,而马行千里,日夜兼程,属于"阴"类动物,所以午时就属马;未时(13时至15时),传说羊在未时吃过的草,草根再生力强,所以未时就属羊;申时(15时至17时),此时天快晚了,猿猴要啼叫,所以申时就属猴;酉时(17时至19时),此时正当月出之时,群鸡归笼,所以酉时就属鸡;戌时(19时至21时),因为晚上七八点是夜的开始,犬是守夜的家畜,所以戌时就属犬(即狗);亥时(21时至23时),据说此时晚上天地最混沌,而猪最爱睡觉,混沌不清,所以亥时就属猪。

第八章 中国传统节日及其词语

汉民族的传统节日很多,如春节、元宵节、春龙节、寒食节、清明节、端午节、七夕节、中秋节、重阳节、腊八节、灶王节、除夕等。下面介绍一些较大的传统节日。

一、春节

春节,古称元旦,指农历新年的第一天。相传五帝时期,颛顼以正月为元,初一为旦。《尔雅·释诂》解释:"元,始也。""旦,早也。"可见"元"是开始,"旦"是早晨,元旦就是新年开始的第一天早晨。南朝梁人萧子云诗"四气生元旦,万寿初如朝"也含有这个意思。因此,人们对元旦的来临总是充满新的希望。现在采用西历1月1日为新年,通称"元旦",农历正月初一为春节。

我国历代对元旦命名繁多。《尚书》及汉朝张衡(字平子)《东京赋》等,均称元旦为"元日";三国时魏人董勋《答问礼俗》称元旦为"鸡日";晋朝庾阐《扬都赋》称元旦为"元辰";傅玄《朝会赋》称元旦为"元正";白齐《元会大亨歌·皇帝辞》称元旦为"元春";北周庾信《庾子山集》称元旦为"新年";隋朝杜台卿《玉烛宝典》称元旦为"三元";唐朝韩鄂《岁华纪丽》称元旦为"端日";唐德宗李适(kuò)《元旦退朝观军营》称元旦为"元朔"。此外,还有"正日""正旦""正朔"等等说法。以上各家大多根据"元"为始,"正"为年之初,"朔"为月之初之意。如三元之称,即因元旦在年之初、月之始、日之晨,故而称之。

春节起源于原始社会的"腊祭"("腊"指农历十二月)。传说那时每逢腊尽春来,人们要杀猪宰羊,祭祀祖先和上天,祈求来年风调雨顺,粮谷丰收,免祸免灾,人畜两旺。从夏代开始,春节的习俗便流传下来。历代元旦的日期不尽相同,夏代以正月初一为元旦,商代以腊月初一为元旦,周、秦分别以十一月初一和十月初一日为元旦,直到汉代才又定正月初一为元旦。辛亥革命后,又定元旦为春节,端午为夏节,中秋节为秋节,冬至为冬节。按汉族风俗,春节并非只正月初一这一天,实际从腊月初八开始,一直延续到正月十五元宵节。

春节是汉族最隆重的传统节日。立春日正好在春节前后,也是总结过去一年、计划新的一年的时候,所以有"一年之计在于春"的俗语。

春节的主要习俗有团聚、守岁、吃饺子、放鞭炮、拜年及贴春联、贴门神、贴年画、吃年糕等。

按照汉族的古老传统,春节时一家人要聚在一起团圆。春节的前一天晚上,俗称"大年三十",一般称作"除夕"。在这"一夜连双岁,五更分二年"的除夕之夜,按习俗人们整夜不睡,这叫"守岁",又叫"坐年"。全家人吃完团圆饭之后,欢乐地坐在一起叙旧话新,或喝酒玩牌,以等天明,迎接新年。

春节这天,长辈要给小辈儿童一些钱币,称作"压岁钱",祝孩子们在新的一年里平安健康。

人们在元旦时吃除夕晚上包好的饺子来欢庆新年的到来。饺子原称扁食。因除夕子夜为除夕与元旦相交替的半夜时分,又称"更岁交子"。这时刻包的扁食又称"饺子",取"交子"的谐音,后来便用饺子的名称代替了扁食。人们在春节时吃饺子不仅因为饺子味美好吃,而且还取"全家团圆"、"全年吉利"的意思,所以人们把春节吃饺子又叫做"吃团圆饺子"。为了求吉利,有的地方还把饺子做成元宝形状,希望发财致富;有的地方在饺子里放入花生米。花生又名长生果,希望吃了这种包花生的饺子能健康长寿。

春节那天燃放鞭炮,也是庆贺春节的传统风俗,在中国已有二千多年的历史。鞭炮古称"爆竹"。清代翟灏《通俗编·俳优》载:"古时爆竹,皆以真竹着火爆之,故唐人的诗中亦称爆竿。"宋元以后,把火药放入竹筒里,便成"爆竹"。燃放爆竹的原意为了惊鬼驱魔。传说古时有个叫"年"的魔怪,每到初春就来伤害人,它听到爆竹声就吓得逃跑了,因此家家户户每到春节都要放爆竹,以求平安。到了宋代,人们开始用纸裹上火药制成爆竹,并且串联数百个连响不绝,叫做"鞭炮"。

拜年,也是春节的传统习惯。据南宋吴自牧《梦粱录》记载:"元旦……士大夫皆交相贺、庶民男女亦皆鲜衣往来拜节。"又紫尊《梵天庐丛录》说:"元旦之日,男女依次拜长辈,主者牵幼出戚友,或遣子弟代贺,谓之拜年。"至今人们每逢春节这天,相互走访祝贺春节快乐。拜年的形式多种多样。过去拜年的形式有:向长辈磕头跪拜,向同辈拱手、作揖等。古代由于登门拜年耗时费力,上层士大夫便改用名帖相互投贺,这是最早的"贺年卡"。宋人周辉《清波杂志》载:"元祐年间,新年贺年,往往使佣仆持名刺代往。"现代有些机关团体在春节时聚会一起彼此互相贺年,称作"团拜"。

春联,又名"门对"、"春帖"、"门帖"。人们庆贺春节,把表示吉利欢庆的诗句或联语写在红纸上,这就是"红春联"。每当除夕,千家万户都在大门上贴上红春联,显得焕然一新,增添节日的气氛。

春联源于古代的桃符。桃符有非常久远的历史。相传在上古之时,有神荼和郁垒两兄弟善于驱邪捉鬼。后来人们为避邪驱鬼,就用桃木雕成神荼与郁垒的形象挂在门口。传说桃木为仙木,同样有驱鬼的功效。宋代高承《事物纪原》记载:"《玉烛宝典》:元日施桃板着户上,谓之仙木,以郁垒山桃百鬼畏之故也。"后来用桃木板画神荼、郁垒神像,下面写左郁垒、右神荼,来代替桃木雕像,这便是桃符。桃符一般是在除夕晚上挂在门口,到下一年的除夕再用新桃符换下。宋代王安石《元日》诗"千门万户瞳瞳日,总把新桃换旧符",就是写的这种情况。五代时,人们开始在桃符上题写有意义的祝辞来表达美好的愿望。五代后蜀君主孟昶曾在桃符上题辞:"新年纳余庆,佳节号长春。"这便是有文字记载的最早的春联。旧时一般人家的春联有:"忠厚传家久,诗书继世长","花开富贵,竹报平安"等。现在新春联的内容则反映新的思想和风貌。

春节贴年画的习俗,自古就有。那时的年画多是画神话传说中的人物,常把这种画贴在门上,称为门神。如传说中的神荼、郁垒,三国时代的关羽、张飞,唐代的秦琼、尉迟恭、钟馗等人物像,用来驱鬼避邪,保佑平安。人们也常把一些历史故事或反映一般民众理想、心愿和生活情趣的年画贴在屋里的墙壁上,如三国故事、水浒故事,画有"年年有余"、"五谷丰登"、"六畜兴旺"、"风调雨顺"、"福寿安康"等内容的风俗画,使屋里满壁生辉,增添节日的气氛。

此外，春节期间人们还举行舞狮子、耍龙灯、踩高跷、跑旱船等民间娱乐活动。

二、元宵节

元宵节在农历正月十五日，古时称作上元节。又因为这个节日是在正月十五日的晚上过，夜晚又称"宵"、"夕"，所以这个节日又叫元宵节或元夕节。元宵节自古就是汉民族最隆重的节日之一。在这个节日里，有观灯、猜灯谜、放焰火、吃元宵等习俗。

元宵节观灯游乐活动，包括挂灯打灯、猜灯谜、放烟火等，非常热闹，有"正月十五闹花灯"的俗语。元宵节因而也称灯节。

元宵节至今已有二千年的历史。西汉初刘邦死后吕后及其兄弟专权，周勃、陈平等灭杀诸吕迎立刘恒为帝，即汉文帝。平定诸吕的日子是正月十五日。为了纪念这个日子，以后每逢正月十五日，汉文帝刘恒便出宫与民同乐，从正月十四至十六，各种灯火连燃三夜，以示庆贺，并将正月十五日定为元宵节。汉明帝为提倡佛教，下令在元宵节点灯，用以表示对佛的尊敬。从此，元宵节张灯便成为习俗。唐宋以后，元宵节观灯从正月十三至十七一连五夜，观灯游乐盛况空前。宋代孟元老《东京梦华录》记有北宋末年汴京开封府元宵节盛况。在元朝，这个节不太热闹。到明代"一入新正，灯火日盛"，规定正月初八上灯，到十七日落灯，连续张灯十夜，是历史上最长的灯节。到清代，灯节更盛行一时，游乐活动更丰富多彩。现在每逢元宵节，各大城市的公园往往举办"灯会"，商店搞"灯展"，人们可以看到各式各样的灯高高挂起，如宫灯、壁灯、人物灯、走马灯、花卉灯、飞禽走兽玩具灯、电动八仙过海灯、西游记人物灯，真是名灯群集，辉煌耀目，令人眼花缭乱，好看极了。

在元宵节除了观灯以外，还要吃元宵。所谓"元宵"是一种用糯米粉作的圆形食物，内有用桂花、芝麻、豆沙、白糖、山楂等调制成的馅，吃的时候，煮熟或炸熟。古时叫"浮圆子"、"米圆子"，后来又叫"汤圆"、"汤团"、"汤元"，这些名称均含"团圆"的意思。元宵节又是一年的第一个月圆之夜，所以元宵节家家吃汤圆，认为是大团圆、吉祥如意的象征。后来因为是在元宵节吃汤圆(元),明清时代人们干脆就把"汤圆"叫成"元宵"了。

吃元宵最早见于唐五代时期,到宋代已形成元宵节吃"浮圆子"的风俗。南宋周必大在《平原续稿》中就有上元节煮食"浮圆子"的记载。宋代女诗人朱淑贞《米圆子》诗中有"轻圆绝胜鸡头肉,滑腻偏宜蟹眼汤"的诗句,就是描绘的"汤圆"。明清小说如《金瓶梅》、《红楼梦》等作品中均有吃元宵的情节。

元宵节还有各种娱乐活动,例如耍狮子(又称狮子舞)、舞龙灯(又称龙舞)、踩高跷、跑驴、走旱船、锣鼓会等。

三、清明节和寒食节

清明节在阳历四月五日前后,一般在农历三月。《岁时百问》说:"万物生长此时,皆清洁而明净,故谓之清明。"当时应是风和日丽,空气清新,春意盎然,草木繁茂,百花竞开,一切清新明朗。这是"清明"二字的含义。

清明的前一天(一说前二日)为寒食节。它起源于春秋时期。晋文公重耳早年逃亡在外时,随行臣子介子推和他患难与共,相伴十几年,对他非常忠贞。重耳饥饿时,介子推曾割下自己腿上的肉,让重耳充饥。后来重耳回到晋国当了国君,要重赏有功之臣,介子推却隐居山林,过着清贫的生活。重耳到山林寻找不到,便下令放火烧山,想逼介子推出来。谁知介之推终不肯出,最后紧抱一棵大树,活活被烧死,晋文公悲痛万分。晋国百姓为纪念介子推,将每年冬至后第一百零五天,即介子推被焚之日,定为寒食节。这一天家家户户禁烟火,吃三天寒食,当时人们吃的寒食为蒸饼、枣糕、炒面之类。

由于清明是个节令,寒食节则是传统祭祀的日子,但两个节日仅差一天,久而久之,人们就把这两个节日混同起来,有的地方称寒食节,统称为清明节。正如《燕京岁时记》所说:"清明即寒食,又曰禁焰节。古人最重之,今人不为节,但儿童戴柳祭扫坟茔而已。"因此清明节的主要内容是为祖上或亲人祭扫坟墓。现在人们也在此日扫墓以缅怀先人,祭奠英灵,寄托思念。

清明节除祭祀、扫墓外,还有戴柳、折柳、插柳的习俗。据说唐高宗三月三日(农历)游春于渭阳时,曾"赐群臣柳圈各一个,谓之可免虿(chài)毒"。这是历史上清明折柳戴柳的开端。江南地区将此演化为插柳,即每逢清明节,家家户户在井边插柳。后来有的地方把清明节变为"植树节",这天人们都要植树。清明节、寒食节,由于正是春回大地、一片青绿之时,于是人们三五成群或同亲友到野外游玩,古时称为"踏青、探春、寻春",唐宋时普遍盛行。周密的《武林旧事》记载:"清明前后十日,城中仕女艳妆,金翠琛缡,接踵联肩,翩翩游赏,画船箫鼓,终日不绝。"也有的在青绿的草地上骑马踏青,杜甫有"江边踏青罢,回首先旌旗"诗句。宋代欧阳修在《阮郎归·踏青》词中写道:"南国春半踏青时,风和闻马嘶。青梅如豆柳如眉,日长蝴蝶飞。"宋代踏青之风最盛行。宋代画家张择端的风俗画《清明上河图》所描绘以汴京(今开封市)城外汴河为中心的清明时节的热闹情景,可知宋代踏青的盛况。

清明节还有放风筝、荡秋千、踢球、斗鸡等活动。如《帝京岁时纪胜》载:"清明扫墓,倾城男女,纷出四郊……各携纸鸢(一种风筝)线轴,祭扫毕,即于坟前施放较胜。京制纸鸢极尽工巧,有价值数金者,琉璃厂为市易之。"

四、端午节

农历五月初五为中国民间传统的端午节,又名端五(端为"初"的意思)节、端阳节、重午节。

端午节的来历,说法不一,以纪念爱国诗人屈原的传说居多。端午节这天,民间有吃粽子、赛龙船的习俗,传说这都与纪念爱国诗人屈原有关。

南朝梁人宗懔的《荆楚岁时记》载:"屈原以是日死于汨罗江,人伤其死,所以并将舟楫以拯之。今竞渡是其迹。"同时代的吴均《续齐谐记》亦载:"屈原五月五日投汨罗水,楚人哀之,至此日,以竹筒贮米,投水祭之。"后演变为以米包成粽子投水,并吃粽子。

端午节这天,汉民族除了吃粽子、赛龙船之外,还有门插艾叶挂菖蒲,人带香包,用雄黄酒洒灭五毒等习俗。据《荆楚岁时记》载,南北朝以前就有端阳节插艾的风俗:"五月五日,……采艾以为人(形),悬门户上,以禳毒气。"端午节在小满和夏至令之间,正是多种传染病开始抬头的时候,人们采艾叶悬于门户上,利用其挥发的药味洁净空气。有的用艾叶、白芷、佩兰等芳香性中药点燃熏焰,以灭室内毒虫。为了保障孩子们的健康,又用苍术、白芷、菖蒲、雄黄、冰片等中药,制作成香包,带在孩子衣襟上。香包里装的中药,不时散发出阵阵药香,以避毒虫并预防幼儿常见的传染病。民谚有"唯有儿时不能忘,持艾簪蒲额头王"。额头王,即在端午时用雄黄酒在孩子额头上并画个王字。有的在鼻尖、耳垂上也涂一些雄黄酒,以避毒虫侵害。雄黄酒是古时夏季除害灭虫的主要消毒剂。

端午节这天,民间还有用佩兰熬水洗浴的风俗,所以,端午节又称"浴兰节"。

五、中秋节

中秋节在农历的八月十五,也称八月节,是汉民族比较大的传统节日。农历七、八、九三个月为秋季,八月十五正当秋季的中间,所以叫中秋节。

中秋节的夜晚,月明而圆,人们往往把月圆看作团圆的象征。人们望着玉盘般的明月,自然会想到家人的团聚。独在异乡旅居的人,也期望借有镜般的圆月寄托自己对故乡和亲人的思念之情,正如宋代诗人苏轼所写的词句:"但愿人长久,千里共婵娟。""婵娟"指明月。所以八月十五又称团圆节。

中秋成为佳节,又因为月亮有种种美丽的神话传说,如嫦娥奔月、玉兔捣药、吴刚伐桂等等。嫦娥奔月的故事,民间流传得最广。据战国初期的《归藏》和汉代刘安招集文士所编《淮南子·览冥》等文献记载:远古时后羿的妻子十分美丽,因偷吃了王母赠给丈夫的不死药(仙丹),便飞到月亮上的广寒宫里做了嫦娥仙子,每逢中秋佳节总要走出广寒宫遥望人间。所以中秋的月亮显得格外明亮。嫦娥奔月的神话,反映了汉民族向往登月的美丽幻想。

中秋节自古有祭月、拜月、赏月的习俗。古代皇帝为了祈祷丰收,常在八月十五的夜晚,奏乐祭祀月神,民间则拜月神,后来渐渐形成了赏月的风俗。早在晋代就有"泛江赏月"之俗。因为中秋之夜,往往是晴空明月,正是赏月的好时光。俗语说"月到中秋分外明","一年明月今宵多"。因为冬天寒冷,不适于户外赏月,夏天天阴多雨,阴云会把月亮遮住,春天多风,只有天气晴和的八月十五日夜晚才是最理想的赏月时刻。所以"今夜月明人尽望"了。

中秋的夜晚,明月当空,清辉洒满大地,千家万户全家围坐在一起观赏月色,人们一边赏月叙谈,一边吃月饼,共享天伦之乐。

中秋月饼,是一年一度的传统食品。又传说唐宋时代就出现了月饼。北宋诗人苏东坡就有"小饼如嚼月,中有酥和饴"的诗句。南宋吴自牧在《梦粱录》中也有月饼的记载。传说元末农民起义军领袖利用中秋节向亲友赠送月饼的机会,在饼中暗夹起义的通知,约定各地义军共同在中秋节起义,从此,中秋节制作月饼,并用以馈赠亲友便成为民俗。到了明清时代,中秋节吃月饼更遍及全国。现在的月饼的花色品种更是多种多样,其制作风味有京式、广式、苏式、川式等,制作工艺和花样各异,好吃又好看。

中秋节也是汉民族庆祝秋季丰收的节日。每逢农历八月中旬,是北方的五谷薯类收获的时节。

六、重阳节

重阳节是中国农历九月初九日。所谓"重阳"来自《易经》八卦,有"以阳爻为九"之说,将"九"定为阳数,九月九日是两个"九",也是两个阳,所以称"重阳",又是"重九",所以又称"重九节"。

民间重阳节的活动内容很丰富,自古有登高、赏菊、饮菊花酒、插茱萸、吃重阳糕等。

重阳节登高的来历,相传古时候,河南汝南县有个叫桓景的人,有一天遇见一位仙翁,仙翁对他说:"你家九月九日有大灾难。你赶快回家,叫家里人做彩囊,里面装上茱萸,挂在手臂上,一同登上高山,再喝点菊花酒,就可以消除灾难。"桓景都照办了。当晚回家一看,大吃一惊,果然所养的鸡犬牛羊一时暴死,人免于难。(据南朝梁人吴均著

《续齐谐记》)此后,每逢九月初九,人们就纷纷插茱萸,带菊花酒外出登高山,久而久之,成为习俗。这一传说虽然不可信,但可反映出古人避祸消灾,健身长寿的美好愿望。因为重阳节正是天高气爽的季节,人们登山观秋景,心情爽快,而登山本身就是一种有益的体育活动。

登高之俗源于古代娱乐活动。据西汉时《长安志》载:汉代京城长安近郊有一高台,每年九月九日,人们即登高台游玩观景,"登高"即由此出。又据《西京杂记》载,汉高祖戚夫人"九月九日,佩茱萸,食蓬饵(一种重阳花糕)、饮菊花酒,令人长寿"。可见汉代重阳节就有佩茱萸、吃花糕、饮菊花酒的习俗。茱萸可以驱蚊杀虫,入中药可治多种疾病;饮菊花酒可以明目,治头昏、降血压等。这些习俗和防虫治病联系在一起了。

吃重阳糕为了取吉利,明人著《五杂俎》说九月九日天明时,百姓把花糕切成薄片贴在少女额头上,祝福"愿儿百事俱高"("糕"与"高"同音)。这就是古人重阳吃糕的原意了。

古代诗歌也反映了古代重阳节插茱萸、登高、赏菊的活动。如唐代诗人王维在《九月九日忆山东兄弟》中说:"独在异乡为异客,每逢佳节倍思亲。遥知兄弟登高处,遍插茱萸少一人。"李白《九日登巴陵望洞庭水军诗》:"九日天气晴,登高无秋云;造化群山岳,了然楚汉分。"孟浩然的《过故人庄》:"开轩面场圃,把酒话桑麻。待到重阳日,还来就菊花。"这些诗句都真实反映了唐代在重阳节的活动和诗人与友人深厚的情谊,为后人所传诵。近年,把重阳节当做"老人节",这一天,中老年人都喜欢登山、赏菊、喝菊花白酒,甚至以秋蟹助酒。

七、腊八节

腊八节在农历十二月初八,是中国古代民俗化的宗教节日。

在远古时期,汉民族往往在冬季用猎获的禽兽祭祀天地、祖先,来祈福求寿,避灾迎祥。正如隋代杜台卿《玉烛宝典》中说:"腊者,猎也,猎取禽兽以祭先祖。"说明古代"腊"与"猎"同义。这种"腊祭"从周朝时就已经有了。秦时以岁末之月为"腊月",但"腊日"并不固定,汉代固定为腊月初八、十八、二十八为"腊日"。

传说腊月初八是佛祖释迦牟尼的成道日。在成道的前一天,为寻求人生之道,走遍名山大川,因长途劳累,饥渴难忍昏倒在地。这时一个牧女赶到用乳粥喂他,才把他救活。释迦牟尼在菩提树下静坐沉思,于腊月初八得道成佛。寺院僧侣为了纪念此事,每逢腊月初八取香谷杂粮煮粥供佛,称为"佛粥"或"五味粥"。

传到中国民间称"腊八粥"。宋人吴自牧《梦粱录》载:"十二月八日,寺院谓之腊八,大刹等寺俱设五味粥,名曰腊八粥。"宋人周密《武林旧事》也说:"腊月八日,则寺院及人家用胡桃、松子、乳草、柿、栗之类做粥,谓之腊八粥。"后演变成民间习俗。

关于"腊八粥"的做法,到清代更为讲究。富察敦崇《燕京岁时记》记载:"腊八粥者,用黄米、白米、江米、小米、菱角米、栗子、红豇豆、去皮枣泥等合水煮熟,外用染红桃仁、瓜子、花生、榛子、松子及白糖、红糖、琐琐葡萄,以作点染。"百姓则多用五谷杂粮加上红枣做成五颜六色的腊八粥,象征五谷丰登,以此来欢庆丰收。

现代的腊八粥更是丰富多彩。煮腊八粥的原料不但有各种粮食、杂豆,而且根据当地出产而有不同。如杭州一带放莲子、藕;安徽地区多放薏米;西北地区有放羊肉的;陕西一带人家喜用八种蔬菜做成卤,浇在面条上食用,谓之腊八面;北京地区则把腊八粥冻好后,逐日取食。不论是腊八粥,还是腊八面,不仅色香俱佳,还有健脾、开胃安神养血的功效。

第九章 礼俗词语

第一节 祝福语(吉祥语)

汉族人自古就祈求吉祥、幸福,并且认为人间的吉祥幸福必须依赖神明的力量,认为祥瑞福事是天神所赐,所以民间有"天官赐福"之说。人们认为,常说祝福语、吉祥语,就会产生逢凶化吉的神秘莫测的力量,把语言符号当做幸福、健康、长寿、发财、兴旺、发达的象征。认为只要人们说句祝福的话,取个吉利的名字,办大事时选择一个吉祥的日子,"幸福""吉祥"就会如意降临。这样,精神上有了寄托,生活上有了希望,事情都会顺利,万事如意。所以汉族人每逢过年过节,总是互相致祝福语、吉祥话。如在过生日、庆寿时要说祝寿语,在结婚、生孩子,甚至在升官、升学、乔迁或商界开张等喜庆的日子,亲友们总要前来道喜祝贺,同时有的还要赠送象征吉祥幸福的礼物、花篮等。

人们在日常生活中也广泛使用祝福语,如为朋友送别、写信时,常用最美好的词语预祝对方一帆风顺,旅行平安,写信时最后要祝对方身体健康、工作顺利、万事如意之类,下面分类说明。

1. 新年(元旦)祝福语:

  恭祝新年 恭贺新禧 敬贺年祺 敬贺岁祺 恭祝元喜
  元旦快乐 新年快乐 新年愉快 新春大吉 新年大吉
  鸡年如意 龙年大吉 新年贺喜 万事如意 新年好

2. 春节祝福语:

  恭贺春喜 敬贺春祺 春节快乐 新春愉快 春节大吉
  吉庆有余 福寿安康 添福增寿 快乐连绵 新春志喜
  年年有余(农民) 天官赐福 人寿年丰 春节好
  恭喜发财 百顺大吉 百业兴盛 高升兴旺 步步高升

财源亨通(商界)　金玉满堂　财发万金　春回大地
万事亨通

3. 寿诞、生日祝寿语：

健康长寿　万寿无疆　鹤寿松年　拜祝遐龄　肃颂荣寿
百年寿彭　寿比南山

4. 结婚祝福语：

龙凤呈祥　鸾凤和鸣　红鸾之禧　天作之合　百年好合
花烛之喜　恭祝燕喜　敬祝伉俪　恭祝俪祉　喜结良缘
伉俪之禧　喜事双辉　花好月圆　白头偕老　新婚幸福
比翼双飞　志同道合　并蒂比翼　伉俪双禧

5. 乔迁祝福语：

乔迁之喜　乔迁大吉　兴居安吉　平安大吉　新居安吉
平安如意　玉满华堂　金玉满堂　向阳门第

6. 商界开业祝福语：

开张大吉　恭贺开业　开业大吉　同人吉庆　大展宏图
财源茂盛　财源广进　同贺财安　贸易亨通　恭喜发财
生意兴隆　并颂财喜

7. 书信祝福语：

(1) 对尊长者的祝福语

对一般尊长者的祝福语：

敬祝安康　敬请钧安　恭请示安　敬祝安好　恭请福绥
谨祝荣寿　顺叩崇祺　虔请崇安

对父母的祝福语：

敬请福安　敬叩安康　敬颂大安　敬祝安好　敬颂金安
敬祝康健

对女性长辈的祝福语：

恭叩慈安　敬请坤安　恭请懿安　敬请淑安

(2) 对平辈亲朋、同学、同事的祝福语

对高朋嘉宾用正式书面祝福语：

敬颂台安　敬祝时绥　即颂近祺　敬候佳祉　顺候起居
即候时祉　敬颂大安　顺颂崇安　顺祝近绥

对女性用语：
　　敬候坤祺　并颂淑安
对一般朋友的祝福语：
　　敬祝近安　即颂安祺　顺颂荣安
对一般同学同事：
　　此致敬礼　祝你健康　祝你愉快　祝你安好
　　祝万事如意　祝工作顺利
(3)对晚辈(子、女、侄、孙、学生)祝福语：
　　祝你进步　祝你成功　祝工作顺利　祝鹏程万里
　　即问学安　并问学祺　望努力学习
(4)对知识分子的祝福语
一般通用语：
　　敬请近安　即颂大安
对教师：
　　即颂教安　恭请教祺
对学者：
　　恭祝研安　顺颂文安
对写作者：
　　谨祝笔健　敬颂著安　即颂著祺　敬请撰安　顺祝文祺
　　敬颂著福
对编辑：
　　肃请编安　即颂编祺　顺颂编福
对学生：
　　并询学安　敬问学祺
(5)对旅游、旅居者的祝福语
对旅游者：
　　敬请旅安　顺请客安　并颂旅祺　顺候旅社
　　此祝行安　谨问游安　一帆风顺　一路平安
　　一路顺风　顺颂旅途安顺
对旅居者：
　　此贺旅居多福　并祝客安　祝旅居安乐

(6) 四季祝福语

春季：
　　敬颂春祺　　敬祝春安　　顺候春祉

夏季：
　　即颂夏安　　敬祝暑安　　顺颂夏祉　　即请夏祺

秋季：
　　谨颂秋安　　顺问秋祺　　敬颂秋祉

冬季：
　　敬请冬安　　即颂冬祺　　即颂炉安　　顺颂冬祉

(7) 对全家的祝福语：
　　恭请阖府康福　　祝全家安康幸福　　祝阖府平安幸福
　　恭颂全家康泰万福　　祝合家安好　　祝合家康乐
　　祝全家吉祥如意

(8) 问病：
　　即颂康复　　祝早日痊安（愈）　　祝早日出院　　祝早日康健

(9) 唁丧：
　　敬请礼安　　顺候孝安　　敬请节哀　　肃请孝履

第二节　尊称语及称谓语

　　汉民族自古把"礼"看作社会道德的标准。《礼记·礼运》篇说："夫礼者,卑己而尊人。"就是说"礼"的集中表现是把自己看得卑下而尊敬别人。这种"卑己尊人"的"礼"的观念也是中华民族的传统美德。汉语词汇中有很多恭词敬语。自古至今,在社会交往中称呼他人时,多用恭词敬语,冠以尊词,如"尊、贵、令、贤、高、雅、台、老、大、阁、钧、玉、惠、芳"等。正如《颜氏家训·风操》所说："凡与人言,称彼祖父母、世父母、父母及长姑,皆加尊字,令字,自叔父母以下,则加贤字。"下面分别加以说明。

1. 对姓名、年龄、府第的尊称

(1) 对姓的尊称：

　　贵姓　贵氏　尊姓　高姓　大姓　上姓

(2) 对名字的尊称：

　　尊名　贵名　大名　高名　令名　雅号　台甫（旧时称"台甫"指对方的"字"，也指名）

(3) 对人年龄的尊称：

　　贵庚　高寿　高龄（对年老者）　尊寿　尊齿（对成年人）　芳龄（对青年女性）

(4) 对人身体的尊称：

　　尊躯　贵体　玉体　芳体（对女性）　尊体　福体

(5) 尊称对方的家宅：

　　尊府　贵府　尊居　贵第　潭府　潭第　尊宅　尊寓
　　贵宅　贵寓　尊斋　贵斋　雅斋　尊门　贵门　府上

(6) 尊称对方的单位，多用"贵"字。如：

　　贵厂　贵公司　贵校　贵院　贵会　贵店　贵馆　贵社
　　贵所　贵乡

2. 尊称对方父母及家属

(1) 尊称对方祖父母及父母双亲：

　　尊祖父　尊祖母　令祖父　令祖母　尊祖　令祖　尊亲
　　尊大人　尊上　令大人（对父母双亲的合称）

(2) 尊称对方的父亲：

　　尊翁　尊父　尊公　尊甫　尊君　令尊　令尊翁　乃尊
　　尊大人　尊大名　令父

(3) 尊称对方的母亲：

　　尊堂　令堂　萱堂　令萱　令慈　尊萱　令母　尊夫人
　　老夫人

(4) 尊称对方及其家属：

敬称对方：

　　贤兄　仁兄　台兄　庚兄　阁下　尊史　公　足下
　　贤弟　老弟　贤足

对人兄长的尊称：
　　令兄　台端　尊台　台兄　台下　台驾　兄台　台从
　　尊驾　足下
尊称对方的姐、弟、妹：
　　令姐　贤姊　令妹　贤妹　令弟　贤弟　仁弟
尊称对方的妻子：
　　令妻　令阁　夫人　令夫人　君夫人　邑君　令室
　　令正　尊夫人　嫂夫人
敬称对方的儿子：
　　令郎　令子　令嗣　令公子　令侄　贤侄
敬称对方的女儿：
　　令爱（令嫒）　千金　女公子　玉女
敬称对方的儿媳：
　　令媳　贤媳
敬称对方的女婿：
　　令婿　贤婿　令坦　令东床（"坦"和"东床"均出自晋代王羲之的故事）

3. 敬称对方的书面用语
(1) 敬称对方的书信用语：
对一般男性：
　　尊函　惠函　鼎函　大函　尊札　大札　华函　华翰
　　惠翰　惠笺　惠书　华笺　惠缄　惠示　惠教　翰教
　　手教　惠札　尊信　手翰　手海
对女性则用：
　　芳函　芳翰　芳札　芳笺　玉音　玉札　玉笺
(2) 敬称对方的著作用语：
　　尊著　尊书　尊作　大著　大作　尊撰　大撰　专著
　　巨著
(3) 敬称对方的言论、观点、意见等用语：
　　尊论　高论　宏论　大论　雅论　尊言　尊意　雅意
　　钧意　高见　钧见　尊见　芳意（女）

(4)请对方阅览、过目的敬语：
　　请台览　请台阅　请台鉴　请过目　请审阅　请教
　　赐教　指教　指导
(5)敬称对方的职衔用语：
　　尊座　台座　阁下　座下　殿下　委座　军座　师座
　　旅座　团座
(6)尊称老者、长辈的用语：
　　尊翁　尊长　尊丈　台翁　世翁　伯翁
(7)尊称师长用语：
　　恩师　尊师　高师　夫子　吾师
(8)敬称男性晚辈用语：
　　君　贤侄　贤婿
4.一般请邀敬语
(1)邀请类：
　　敬请光临　敬请莅临　恭候大驾　请出席　请赏光
　　请指导　敬请　敬候
(2)拜访请托类：
　　拜谒　拜访　拜望　拜托　请托
(3)书法绘画用敬语：
　　雅正　教正　雅嘱　指正　嘱正
(4)其他询问答允敬语：
　　垂问　垂询　请问　俯允　答允　惠顾（商业）　鸣谢

第三节　自谦语及其运用

"卑己"就是自谦。"卑己自谦"多用于人际关系中，如在待人接物、交友会客、书信往来等。

1.书面自谦语
(1)自称谦语
古代的自称谦语：

仆　妾　固陋　不佞　不才　不贤　在下　小人　小子
未学　愚　鄙人　门下　小生

近代现代的自称谦语：

愚弟　学生　晚生　晚辈　后生　后学

(2)自称姓名的谦语：

敝姓×　贱姓×　小姓×　免贵姓×　草字×　小名×
小字×　俗字×　俗名×

(3)自称双亲谦语：对别人介绍或说起自己的父亲、母亲时常用自称双亲的谦语。例如：

谦称自己的父亲：家父　家严

谦称自己的母亲：家慈　家母

(4)自称妻、子的谦语，例如：

对妻子谦语：

拙荆　贱内　糟糠　荆妇　室人　内助　内人　内子

对儿女的谦语：

犬子　小女　愚子　拙女

(5)谦称自己的兄弟姐妹：

家兄　胞兄　舍兄　胞弟　舍弟　胞姐　舍姊　胞妹
舍妹

(6)谦称家宅：

寒舍　敝舍　寒宅　陋室　舍间　舍下　陋舍　草舍
陋宅

(7)谦称自己所在单位：

敝校　敝厂　敝公司　敝所　敝店　敝院

(8)谦称自己的见解或意见的词语：

浅见　愚见　拙见　鄙见　鄙意　个人见解

(9)谦称自己的论著：

拙文　拙著　拙作　草文

(10)书信中的自谦词语：

承蒙　蒙您　顿首　再拜　谨上

(11)面对老师、前辈的自称语：

学生　门生　弟子　门下　晚学　晚生　后学

2.自谦语的运用。在社会交际中,根据不同的语境,不同的交际对象,选用不同的自谦语。

(1)面对别人对自己的赞扬、夸奖时所用的自谦语。例如：

惭愧　哪里哪里　不敢当　彼此彼此　过奖了　过誉了　承蒙过奖

(2)面对听众作报告时的自谦语

在开始讲(开场白)时的自谦语：

我谈不上什么(学术)报告。

我向大家汇报一下心得体会。

谈不上经验,我只是随便谈谈。

我只谈几点个人的看法。

我是来学习的,取经的。

在报告结束时的自谦语：

我讲得很粗浅,很不全面。

今天讲得很拉杂,不成系统。

今天浪费了大家许多宝贵的时间。

今天讲的东拼西凑,挂一漏万,请批评指正。

我才疏学浅,请各位不吝赐教。

我今天是抛砖引玉。

(3)送朋友礼品时的自谦语：

礼物微薄,不成敬意。

这是一点小玩艺儿,请笑纳。

这是一些土特产,略表心意。

这是一点小意思,请作纪念吧。

(4)接受礼品时的自谦语：

让您破费了,您怎么这么客气。

送我这么珍贵的礼物,真是受之有愧。

送我这么多礼物,真不好意思。

受您馈赠,实在不敢接受。

(5)请朋友吃饭时的自谦语：

请您到我家吃顿家常便饭吧。
请您到寒舍喝杯水酒。
我已略备薄酒,请您随便喝点。
今天的饭菜很简单,没有什么好吃的。
今天的菜做得不好,请将就吃点吧。
(6)给别人提意见时的自谦语:
恕我直言。
恕我冒昧。
恕我斗胆说几句。
(7)表示不同意对方的意见的自谦语:
对您的说法不敢苟同。
对您的高见不敢恭维。

第四节　道谢语及其运用

道谢语也是一种文明礼貌语言。当别人为自己花费了精力和时间,付出了一定的劳动或在物质上提供了方便,在精神上给予大力支持,或帮助解决了困难时,往往要向对方表示感谢,表示感谢的话语就是道谢语,或称致谢语。

1.一般礼貌性的道谢语。常用于口头语。例如:
谢谢!
太谢谢您了! 谢谢你的美意。
非常感谢! 十分感谢!
谢谢您的帮助! 谢谢您的帮忙!
感谢您的关照! 感谢您的费心!
谢谢您那天把我的孩子送往医院。
真不知道怎样感谢您才好!
对您的大恩大德,我们是终生难忘的。

2.书面感谢语:
对您的盛情款待,谨表示衷心的感谢!

对您的热情关照，表示深深的谢忱。
对您的深切关怀，不胜感激。
对您的鼎力相助，谨表深情谢忱。
对您的恩德感激不尽。
承蒙贵方的大力协助，对此我们谨致以衷心的谢忱。
十分感谢，万分感激。

3. 收受别人的礼物时的道谢语：
谢谢您的珍贵礼物！
太让您破费了，真不好意思。
您太客气了！给我买这么珍贵的礼物。
对您的馈赠，谨表示感谢！
对您的深情厚谊，谨表深深谢忱。
收到你的贵重礼物实在不好意思。

4. 受请吃饭时的致谢语：
谢谢您的盛情款待。
非常感谢您的盛宴招待。
谢谢您的丰盛午餐。
这顿美味佳肴，使我饱享口福。
这桌酒菜味道好极了，真是吃得酒足饭饱。
这顿酒席太丰盛了，让您破费了。
谢谢您的美酒佳肴。

5. 住宿朋友家的致谢语：
给您添麻烦了！
给您家添乱了！
打搅(扰)您了！
在府上搅扰几日，实在过意不去。
感谢您和全家人的盛情款待。
让您受累了！占用您很多时间！
感谢您对我无微不至的招待。

6. 答谢语。当别人表示感谢时，回答感谢的话，叫答谢语，这也是一种礼貌客气语。例如：

(太感谢您了。)不用谢。/不谢。
(谢谢您的关照。)不必客气。/您太客气了。/我做得还不够。
(让您破费了。)小意思。/没什么。/略表心意。
(给您添麻烦了。)不麻烦,我们很高兴你来。
(感谢您的大力帮助。)没什么。/算不了什么。/这是我应该做的。
(让您费心了。)没什么。/不客气。
(对您的恩情我将终生不忘。感激不尽。)说哪里话,言重了。
(您对我鼎力相助,真令我感激不尽。)您太客气了,这是我应该做的。
(您送我这样珍贵的礼物,我实在不敢接受。)小意思。/不成敬意。/请笑纳。
(您的盛情款待,我不知怎样感谢才好。)您这么客气,我们的关系就远了。/见外了。
(您对我的恩情终生难忘。)不敢当,实在不敢当。

7.祈求性的礼貌语。在现代口语中,常用的祈求性的礼貌语很多。例如:

请:
　　请进。请坐。请喝茶。请看。
　　请问:去颐和园乘几路汽车?
　　请帮忙。请多关照。
　　请光临。
　　敬请光临。
　　请代转达。
劳驾:
　　劳驾,帮一下忙。
　　劳驾,把那东西递给我。
　　劳驾,让一让路。
麻烦:
　　麻烦你把东西给我捎来。
　　麻烦你替我寄封信。
　　麻烦你给我找一下。

麻烦你给我办件事。

拜托：

这件事就拜托您了。

拜托您把这件东西带给我的朋友。

第五节　道歉语及其运用

道歉语也是一种礼貌用语。当自己的言行妨碍了对方，或损害了对方的利益，或言语冒犯了对方，或自己办事情不周全、不圆满、不得体、不合礼仪时，都要向对方表示歉意，或用礼貌语言向对方承认错误。为了求得对方的原谅，常用道歉语。

1. 一般常用道歉语：

对不起。

实在对不起。

请多原谅。

请多谅解。

请多包涵。

真对不住您。

真不好意思！

真有点过意不去。

特致歉意！请海涵。

请批评，指正。

请宽恕！

请饶恕。

请恕罪。

对不起，失陪了。

2. 道歉语的运用。对不同的对象、在不同的场合使用的道歉语不同，语意的轻重深浅也不同。使用道歉语分以下几种情况。

（1）在一般公共场所或公共汽车上，对象是不相识的人：

我踩您脚了，真对不起。

对不起,我认错人了。
我的手提包碰您了,实在对不起。
我挡您路了,真对不起。
(2)邻居、同事之间,在日常生活中使用的道歉语:
影响您休息了,真对不起。
让您久等了,真对不起。
对不起,我来迟了。
这事给您添麻烦了,真不好意思。
(3)同学、朋友之间,常用道歉语:
让您受累了,实在过意不去。
今天耽误了您很多时间,实在对不起。
让您破费了,真不好意思。
让你受委屈了,真有点对不住您。
我做事欠周到,请多多包涵。
现在我有急事先走,失陪了。
这几天很忙,没有及时回信,请多谅解。
我昨天开会,未能见面,很遗憾。
这事我做错了,请多原谅。
我说话没分寸,有所冒犯,请多包涵。
我们这里条件较差,招待不周,很抱歉。
这事办得不尽如人意,请诸位多批评。
这事没办好,是我的责任,特致歉意。
(4)对领导、师长、长辈的道歉语:
这件事都怪我没办好,请严加批评。
学生这次失礼了,请老师宽恕。
我说话不慎,多有得罪,请海涵。
我一时疏忽铸成大错,请您饶恕。
我犯了错误,造成不良影响,请恕罪。
我性情急躁,言语有所冒犯,请您多包涵。

第十章 形象词语

一、汉民族具象思维及对词汇的影响

汉民族由于受传统观念和哲学思想的影响,形成了对客观事物的具象思维的特征,不像欧美民族那样较注重缜密的分析、推理、论证,而是从整体上对思维客体进行直接把握。在思维过程中,从直接感受体验出发,运用形象、联想、类比等思维方式进行具象化。所以直观性、具体性和形象性是汉民族具象思维的核心。

《周易·系辞》云:"立象以尽意。""象"是指什么呢?春秋时代的政治家管仲说过:"义也,名也,时也,似也,比也,状也,谓之象。"(《管子·七法》)韩非也说:"意相也,谓之象。"(《韩非子·解法》)汉语自古就有"意象"之说,即所谓"象外之言,象外之意",然后才有"立象以尽意"之说。

汉民族的这种具象思维的特征,影响到汉语的生成和发展。如汉字的形成最早先从象形文字开始,至今汉字仍以形声字占优势。据统计,形声字约占常用汉字的 78.51%[①]。形声字的形旁就是具象化的反映。

在汉语的词汇方面,词形结构在书面上也多以形象示义,在词素复合方面注重形象描绘,所以汉语词汇的形象色彩非常丰富。

汉语词汇的形象性以视觉形象为主,辅以感觉、听觉、味觉、嗅觉、触觉等形象。这些形象词多以联想、类比、比喻、借代方式构词,使词汇具有鲜明的形象色彩,使人见其词而晓其义,甚至看得见摸得着,感觉得到,想象得出,具有显著的修辞功能。总之,汉语词汇的形象性体现出汉民族具象思维的特点。

---

① 参见李燕、康加深《现代汉语形声字声符研究》(陈原主编《现代汉语用字信息分析》,上海教育出版社,1993)以《现代汉语通用字表》7000 字统计,形声字为 5496 个,占 78.51%。

二、形象化的常用词语

汉语词汇中形象化的常用词非常丰富。下面分类说明。

1. 视觉形象词语：

(1)名词类

植物类：

  塔松　云松　马尾松　卧龙松　龙爪槐　龙眼(桂圆)
  佛手　树冠　林海　迎客松　剑麻　剑兰　君子兰
  仙人掌　仙人头　仙人球　睡莲　吊钟　倒挂金钟
  向日葵　喇叭花　鸡冠花　狗尾巴花　龙须菜　老来俏
  凤眼豆　猫眼豆　映山红(杜鹃花)　蛇瓜　蛇豆
  蚕豆　木耳　银耳　发菜　蛾眉豆

动物类：

  长颈鹿　梅花鹿　丹顶鹤　猫头鹰　蜂鸟　火鸡　画眉
  眼镜蛇　白花蛇　竹叶青蛇　白练蛇　银环蛇　穿山甲
  银枪鱼　比目鱼　带鱼　斑马　袋鼠　人熊　狗熊
  金钱豹　海马　海象　河马　狗鱼　海豹　海牛　海狸
  海星

指人的词语：

笑面虎——表面微笑和蔼可亲而内心狠毒的人。

旗手——原指举大旗的人,现指模范先进人物。

铁人——指像铁一样意志坚强、性格坚强的人。如大庆油田的劳动模范王进喜被称誉为"王铁人"。

园丁——原指从事园艺工作的工人。现在比喻人民教师,因为他们用心血辛勤地培养学生。

股肱——原指人的大腿和胳膊,后喻指辅助帝王的重臣。

泰斗——原指泰山、北斗星,后喻指德高望重、在事业方面卓有成就、为众人所敬仰的人。

校花——指全校有名而美丽的女学生。

交际花——旧喻指社交中活跃而有名的女子,含有贬义。

铁军——指攻无不破、百战百胜的军队。
娥眉——古称美女,因古代美女的眉弯细如蚕蛾的触须。
落汤鸡——指人被大雨浇湿,像落在水里的鸡一样。
饭桶——指只能吃饭不能干活或不能做事的人。
狼孩儿——由狼喂养的孩子,其动作习性像狼。

指人体各部位的形象词语:
  杏核眼 樱桃口 蒜头鼻子 瓜子脸 麻子脸 鸡皮疙瘩 雀斑 酒窝儿(脸蛋上的酒坑) 鱼尾纹(眼角边上的皱纹) 扇风耳(耳朵外张) 针眼(眼角发炎红肿) 豁子嘴 刘海儿(指人前额上垂短发叫刘海儿头,神话传说仙人刘海蟾,俗称刘海儿就是这种发式而得名) 虎口(指大拇指与食指之间) 鸡眼(指人的脚部因受压而起的硬粒,常嵌入皮中像鸡的眼,走路疼痛) 心田 心扉 心坎 埋头(伏案低头工作)

用人体的不同部位的名称为词素构成许多事物名称:
  山口 壶嘴 喷嘴 腰眼 枪眼 泉眼 喷头 山头 山背 山腹 山脚 山腰 山脉 港口 洞口 井口 豁口 齿轮 锯齿 拳头产品(数第一,优秀产品)

运动类形象词语:
  蛙泳 蝶泳 猴拳 梅花掌

服饰类形象词语:
  皮猴 棉猴(一种带帽的大衣) 蝙蝠衫 喇叭裤 萝卜裤 灯笼裤 鸭舌帽 瓜皮帽 猴头帽 蝴蝶结

食品类的形象词语:
  月饼 蜂(窝)糕 荷包蛋 狮子头(红烧大肉丸子) 龙须面(细面条) 糖耳朵 辫子面包(像辫子状的面包) 鸳鸯冰棍(两枝并在一起的冰棍) 心里美(北京一种绿皮红心的萝卜) 什锦饼干

房屋类形象词语:
  塔楼 工字楼 筒子楼 鸳鸯楼(专为大龄青年结婚用楼) 烂尾工程(指拖延时间无法完成的建筑工程)

其他类形象词语：

　　灯泡　水龙头　老头乐(老人用来挠痒的用具)　老虎钳
　　螺丝钉　工字尺　蜂窝煤　石棉　水银　机翼　河床
　　火坑(使人受苦的地方)　陷阱(害人的地方)　年关(旧时过
　　年像过关一样艰难)　法网　铁案　鱼雷　枷锁(喻指负担
　　或限制)　鼎立　牛角尖(喻指脑子认死理，不灵活)
　　金字塔　阶梯　烙印(印象深刻)　窟窿(指欠债)　鹤嘴镐
　　面包车(指一种像面包状的中客车)　卫星城　蜜月(结婚后
　　的三十日间)　把柄(被人抓住指责要挟的根据或凭证)
　　矛盾(指两事相冲突)　海啸　夜幕　云朵　浪花　高潮
　　新潮(指服装流行的新式样)　光芒　电脑　黄梅雨　骆驼
　　山　神女峰　象鼻山　卧虎山　伏牛山

(2) 动词类

　　龟缩　蚕食　鲸吞　蜗居　蛇行　蛰居　雀跃　蜂拥　飞
　　奔　吹牛　拍马　变卦　挑刺　囊括　染指　刺手　瓜分
　　搁浅　抹黑　吹灯(比喻死亡、失败、垮台、散伙)　吃醋(指
　　男女关系上产生的嫉妒情绪)　续貂　贴金　撞车(指两件
　　事相冲突)

(3) 形容词类

① 颜色形容词语：

A. 喻体及其颜色构词

白：

　　雪白　银白　粉白　葱白　灰白　月白　鱼肚白

红：

　　火红　血红　朱红　桃红　粉红　橙红　绯红　水红
　　腮红　枣红　橘红　棕红　高粱红　石榴红

黄：

　　金黄　蜡黄　橙黄　杏黄　蕉黄　鹅黄　土黄　姜黄

绿：

　　草绿　葱绿　翠绿　碧绿　豆绿　军绿　墨绿　苹果绿
　　鹦鹉绿

蓝：
　　天蓝　海蓝　瓦蓝　靛蓝　藏蓝　孔雀蓝
黑：
　　漆黑　墨黑　乌黑　铁黑
青：
　　石青　铁青　靛青　豆青　鸭蛋青
紫：
　　青紫　茄紫　绛紫　藕荷紫　玫瑰紫
灰：
　　银灰　鼠灰　瓦灰　藕灰　青灰

B. 颜色＋重叠词（ABB式），给人一种视觉颜色形象。例如：
白：
　　白生生　白花花　白茫茫
红：
　　红彤彤　红艳艳
黄：
　　黄灿灿　黄澄澄　黄焦焦
绿：
　　绿油油　绿茸茸　绿悠悠
蓝：
　　蓝湛湛　蓝盈盈　蓝晶晶
黑：
　　黑糊糊　黑压压　黑黝黝　黑森森　黑漆漆
灰：
　　灰蒙蒙　灰溜溜

② 视觉形态形容词：
　　笔直　笔挺　油光　雪亮　飞快　光秃秃　亮闪闪
　　油光光　亮晶晶　血淋淋

③ 神态形容词：
　　笑哈哈　笑眯眯　笑吟吟　喜滋滋　乐呵呵　直勾勾
　　乐陶陶　乐滋滋　胖乎乎　怯生生　慢吞吞　乐颠颠

怒冲冲　木呆呆
2. 嗅觉味觉形象词：
香喷喷　香甜甜　臭烘烘　臭乎乎　臭熏熏　腥乎乎
臊烘烘　甜丝丝　甜津津　酸溜溜　苦津津　苦唧唧
辣乎乎　辣丝丝　辣酥酥　麻酥酥　醉醺醺
3. 感觉形象词语：
冰凉　火热　滚烫　冷冰冰　透心凉　刺鼻辣　暖烘烘
冷飕飕　冷丝丝　冷清清　硬邦邦　软绵绵　静悄悄
麻酥酥　黏糊糊
4. 听觉形象词语：
乱哄哄　乱糟糟　丁零零　哗啦啦　扑棱棱　轰隆隆
咯噔噔　呱嗒嗒　咣啷啷　雷鸣　山响

三、形象化的熟语

形象化的熟语包括形象化的成语、俗语和歇后语。
1. 形象化的成语：

归心似箭	日月如梭	水中捞月	一落千丈	杀鸡取卵
对牛弹琴	两袖清风	抱薪救火	投井下石	一箭双雕
瓜熟蒂落	怒发冲冠	杯水车薪	袖手旁观	落花流水
雪中送炭	锦上添花	胸有成竹	一针见血	千钧一发
画蛇添足	画龙点睛	气冲霄汉	垂涎三尺	打草惊蛇
星罗棋布	清水衙门	瓮中捉鳖	一步登天	天渊之别
挥汗如雨	缘木求鱼	困兽犹斗	惊弓之鸟	飞蛾扑火
鹏程万里	指鹿为马	狐假虎威	井底之蛙	噤若寒蝉
狼奔豕突	凤毛麟角	走马观花	危如累卵	浑水摸鱼
鹤立鸡群	骑虎难下	守株待兔	犬牙交错	双管齐下
摩肩接踵	心急如焚	热锅蚂蚁	火冒三丈	开门见山
云山雾罩	口蜜腹剑	两面三刀	剑拔弩张	风卷残云
抛砖引玉	瞠目结舌	人仰马翻	刻骨求剑	车水马龙
见风使舵	嘴甜心苦	立竿见影	半斤八两	虎头蛇尾

羊肠小道　鸡肠小肚　重于泰山　轻于鸿毛　行云流水
　　　满面春风　鱼目混珠　投鞭断流　门可罗雀　大步流星
　　　金字招牌　望梅止渴　一诺千金　风声鹤唳　草木皆兵
　　　饮水思源　如虎添翼　如雷贯耳　如坐针毡　如丧考妣
2. 形象化的俗语：
　　　刀子嘴豆腐心　针尖对麦芒　眼里揉不下沙子
　　　宰相肚里能撑船　杀鸡给猴看　挂羊头卖狗肉
　　　睁一眼闭一眼　朝里有人好做官　拣了芝麻丢了西瓜
　　　眉毛胡子一把抓　平地一声雷　远来的和尚会念经
　　　初生的牛犊不怕虎　树倒猢狲散　没有不散的宴席
　　　墙倒众人推　鼓破万人捶　瘦死的骆驼比马大
　　　蚂蚁啃骨头　王婆卖瓜自卖自夸　乐极徒伤悲
　　　坐冷板凳　言多语失　近水楼台先得月　车到山前必有路
　　　远水不解近渴　脚正不怕鞋歪　两人穿一条裤子
　　　驴唇不对马嘴　拳不离手曲不离口　芝麻开花节节高
　　　麻雀虽小五脏俱全　一人做官鸡犬升天　打入十八层地狱
　　　两人坐一条板凳　山雨欲来风满楼　千里之堤溃于蚁穴
　　　依样画葫芦　脚踏两只船　八字没一撇　摸着石头过河
　　　鞭打快牛
3. 形象化的歇后语：
　　　做梦娶媳妇——净想好事
　　　癞蛤蟆想吃天鹅肉——心高妄想
　　　黄鼠狼给鸡拜年——没安好心
　　　猫哭老鼠——假慈悲
　　　小葱拌豆腐——一清二白
　　　隔着门缝吹喇叭——名声在外
　　　隔着门缝看人——小瞧
　　　张飞纫针——大眼瞪小眼
　　　猪八戒照镜子——里外不是人
　　　骑驴看书本——走着瞧
　　　戴着草帽亲嘴——差得远

电线杆子绑鸡毛——好大掸(胆)子

风箱里的老鼠——两头受气

空棺出殡——木(目)中无人

兔子的尾巴——不会长

秋后的蚂蚱——蹦不了几天

4. 形象化的惯用语。汉语中的惯用语、习用语多用形象化的比喻,十分生动传神,成为人们喜欢使用的词语。

(1)名词类语:

纸老虎	老油条	大锅饭	万金油	二百五	神仙会
和事老	挡箭牌	土皇帝	乌纱帽	太上皇	对台戏
西洋镜	开场白	不倒翁	定盘星	主心骨	死胡同
半瓶醋	夹生饭	迷魂阵	迷魂汤	墙头草	软骨头
马后炮	当头炮	敲门砖	近视眼	红眼病	臭狗屎
二把刀	二传手	小广播	车轮战	顶梁柱	势利眼
小算盘	臭豆腐	狐狸精	小妖精	地头蛇	马前卒
保护伞	哈巴狗

(2)动宾类:

走后门	碰钉子	扣帽子	打棍子	抓辫子	戴高帽
穿小鞋	踢皮球	吃小灶	抬轿子	坐轿子	吹喇叭
一刀切	扇阴风	点鬼火	吹冷风	绊脚石	拦路虎
走钢丝	敲边鼓	跑龙套	和稀泥	找碴儿	找岔子
挑刺儿	挤牙膏	吹牛皮	拍马屁	亮相儿	走过场
唱高调	耍花腔	开夜车	开倒车	拖后腿	翘尾巴
乱弹琴	炒冷饭	炒鱿鱼	走红运	捅娄子	捅窟窿
捅马蜂窝	钻空子	挖墙脚	使绊子	打八叉
打退堂鼓	打气儿	打圆场	变戏法	走马灯	走板眼
露马脚	掺沙子	挂幌子	穿红线	倒插门	过筛子
剃光头	吃闭门羹	唱红脸	唱白脸	翻跟斗	擦屁股
结对子	找对象	滚雪球	割尾巴	攀高枝	背黑锅

第十一章　象征词语及其文化含义

第一节　象征词语及其特点

中华民族几千年的文化,其中包括认识自然和社会的哲学思想、道德观念、价值观念、风俗习惯、审美情趣等民族心态,无不在汉语中得到广泛深刻的反映,并且首先体现在词汇方面。

民族的思维习惯和表达方式是该民族文化心态的主要表现特征。中华民族的传统哲学思想是主客一体、天人合一,思维习惯突出内向探求和自我省悟,表达方式则偏重于含蓄式和具象式,喜用客观事物的比喻和谐音来表达自己的思想感情。于是在语言的运用中便出现了一批象征词语。

汉语的象征词语在中华民族的历史和文化的长期发展过程中,形成了一种特殊的光彩,它深刻地反映着汉民族的哲学思想和文化心态,蕴含着汉民族丰富而深厚的文化风情。

象征词语的最大特点,是通过具体事物的形态习性特征来表示一种抽象的意义,或者说,象征词语往往通过客观事物的特点来象征主观心理。汉语的象征词语的表意方式主要通过借物喻义或借声(语音)取义来表示象征意义。具体说,汉语象征词语的象征意义往往通过客观事物自身所具有的习性特征,然后根据事物间的相互联系而构成联想意义。这种联想意义又总是和中华民族传统的文化思想相契合,因而汉语的象征词语的象征意义就被赋予了深厚的文化含义。因此,象征意义也可以说是富有文化信息的联想意义。例如汉民族通过"松、竹、梅"不畏严寒风雪的习性特征来象征人的坚强、高洁的思想品格,并誉为"岁寒三友"。有些象征词语由于人们长期使用,便具有了固定而公认的象征意义,如因陶渊明有"采菊东篱下,悠然见南山"的名句,后人便使用"东篱"象征隐逸思想。因王维的"红豆生南国","此物最相思"的诗句,而用"红豆"象征爱情。

词语的象征意义虽然有借物喻义的表达方式,却不同于词语的比喻意义。因为词语的象征意义是通过词语所指称的具体事物的表征或习性来表示某种抽象的意义,如人们用龙凤象征吉祥,用松鹤象征长寿,这是借物取义。词语的比喻义则是以词语的基本义去比喻另一事物,从而形成固定的词义,如"科学堡垒"、"思想包袱"中的"堡垒"和"包袱",就是其基本义之外的比喻义。

象征词语的象征意义是汉语语义学的一个重要组成部分。它的语义特点是通过某种事物的表征来表示某种特殊的意义,即于表层的词汇意义之外,还在深层隐含着更重要的民族文化信息。美国文化语言学家费迪南德·莱森(Ferdinand Lessing)曾说:"中国人的象征语言,是以语言的第二种形式贯穿于中国人的信息交流之中;由于它是第二层的交流,所以它比一般语言有更深入的效果。"[①]这里所讲的第二层交流,就是指象征词语在交际中所表达的象征意义,也就是说,汉语的象征词语在交际中除了表示表层的词汇意义和语法意义之外,同时还隐含着深层的象征意义(象征意义有时还包括色彩意义),并且是更重要的交际意义。

由于汉语的象征词语具有形象而含蓄的象征意义,运用起来可使语言生动活泼,令人有奥妙无穷之感,所以象征词语为人们日常交际所喜闻乐用。又因为汉语的象征词语具有悠久的历史文化渊源和深厚的民族文化色彩,通过对象征词语的文化含义的分析,可以寻觅词语含义的文化渊源,从中可以窥探出语言和文化的密切关系。总之,研究和开发汉语象征词语的文化含义,是研究语言文化方面的一个重要课题。

研究汉语的象征词语的文化含义,在对外汉语教学以及其他第二语言教学方面更具有重要意义和实用价值。因为从语言符号的角度介绍该语言所载的文化信息,是深入理解该民族文化并进而深入地掌

---

① 〔美〕W. 爱伯哈德:《中国文化象征词典·导论》第 3 页,湖南文艺出版社,1990 年版。

握语言的一条捷径。所以弄清汉语象征词语的象征意义及文化含义，有助于非汉族人理解和掌握汉语并能在言语交际中表达得体，提高他们的汉语交际能力。

第二节　象征词语的文化含义

　　汉民族自古就有重和谐、爱群体的传统观念，为此祈求"福、禄、祯、祥"的生活理想，具体说就是向往幸福平安、富裕美满、吉祥如意、健康长寿等美好的生活。这正反映了汉民族的价值观念。如在道德观念方面，推崇坚毅、勇敢、高雅、纯洁的高尚情操和顽强不屈的民族气节，赞扬忠厚善良、谦虚诚恳、舍己为人、助人为乐等优良品德；反之，则憎恶那些危害群体的凶恶、狠毒、残暴、狡猾、奸诈等恶劣品性，鄙薄那些贪婪、狂妄、自私、怯懦、虚伪、谄媚、苟且偷生的势利小人。以上这些传统观念和心态，无不渗透在象征词语的象征含义之中。
　　汉语象征词语的象征意义是根据客观事物本身所具有的表征特性或谐音关系并通过联想而生发出来的，我们可把象征词语按其表意方式分为两大类：一是借物征取义，二是借谐音取义。
　　在现代汉语的词汇库中，借物征取义的象征词语很多，现就民间常用并具有代表性的词语分类说明。
　　1. 动植物类的象征词语
　　(1)象征吉祥、富贵、幸福的词语
　　龙、凤、麒麟、龟四种动物自古被称为"四灵"或神物。
　　龙、凤，详见第七章第二节。
　　鸾，传说为凤一类的神鸟。有"鸾凤和鸣"之语，象征吉祥和顺。
　　麒麟，是一种传说中的神奇灵兽。自古人们把麒麟视为天神送子的象征，民间常有"麟麟送子"的年画。
　　鸿雁，是象征喜事的信使，自古有鸿雁传书的说法。
　　梧桐，传说是凤凰喜欢栖息的树木，因凤凰是吉祥神鸟，梧桐也就成为吉祥树了。
　　牡丹，自古被人们誉为"花后"，"国色天香"，它象征富贵、荣华、幸福。牡丹被认为是中国的国花。

槐,因槐荫浓密,槐龄也长达数百年不衰,所以它象征祖荫庇护后代子孙,传福于后代。

鸡,因"鸡"与"吉"同音,用鸡表示吉祥顺利的意思。也用鸡的图画或剪纸窗花来表示"吉祥如意、万事大吉、开门大吉"等意思,历来为百姓所乐道。

鱼,因"鱼"与"余"同意,用鱼表示富足有余的意思。民间年画中常有"莲花和鱼"的图画,表示"连年有余"的意思。民间过年或过春节时必须吃鱼,暗含"年年有余"之意。

鹿,因"鹿"与"禄"同音,"禄"指古代做官时的俸禄,相当现在的工资收入。所以用"鹿"表示"福禄祯祥"或"福禄长寿"的意思。

羊,因"羊"与"祥"谐音,民间常用羊来表示"吉祥""兴旺祥和"之意。

桂花,因"桂"与"贵"同音,人们用"桂花"来象征"富贵吉祥"。从前科举时代,人们把科举考试"中榜登科"、"仕途得仕"称为"折桂"。在各种竞赛获得第一名又称获"桂冠"。

生菜,因"生菜"与"生财"谐音,因此民间过年时常以生菜佐食,寓示能增加财富。

发菜,指产于宁夏的状如头发的植物,因"发菜"与"发财"谐音,所以人们常用发菜作礼物送给亲友,人们也在过年过节时佐食,以此菜寓示发财致富。

水仙,因其名中有"仙"字,被人们视为吉祥之花,在春节期间,人们常把水仙置于庭中,以示"新春吉祥"之意。

(2)象征长寿的词语

松、柏四季常青,树龄可长达千年,所以历代象征长寿。为老人祝寿时常送"寿比南山不老松"之寿联。陵墓旁多植松柏,以象征死者亡灵"万古长青"。为人祝寿时常用"松鹤延年""松龄鹤寿""松鹤同龄"等词语。

鹤,历来人们视为神仙的坐骑之鸟,所以又称其为仙鹤。神仙既然长生不老,其坐骑之鹤当然也是长生不老的,所以人们以鹤象征长寿。为人祝寿时常送"松鹤寿"或"松鹤延年""松鹤长春"的寿词。

龟，在中国古代也是象征长寿的神物，传说它的年龄可高达万年。古人取名时取长寿之意而叫"龟年"，如唐代音乐家李龟年。日本受汉文化影响较深，至今仍以龟作为长寿的象征。只是在中国的近几百年，龟才逐渐变为不名誉的了。

桃，桃子也是象征长寿的，神话传说西王母曾用蟠桃宴请为她祝寿的众神仙。民间称为祝寿用的鲜桃为寿桃。人们常用的生日蛋糕也常做成寿桃形状。民间年画中的老寿星，常常是手托大寿桃。也有"白猿捧桃献寿"的年画。

桂，古人把桂树和桂花视作祥瑞长寿的象征，因此在古代寿联中有"青松多寿色，丹桂有丛香"；"八月秋高仰仙桂，六旬人健比乔松"。

灵芝，古人认为食灵芝可以起死回生，长生不老。所以有"芝仙祝寿""天仙寿芝"等贺寿词语，并有寿联："慈竹青云护，灵芝绛雪滋"；"壮志凤飞逸情云上，灵芝献瑞仙鹤同年"。

椿，很早就被视为长寿之木。因此，人们常以"椿年"、"椿龄"为贺寿词语。"椿"入寿联有："椿萱并茂，庚婺同明"；"椿萱夸并茂，日月庆双辉"；"椿树千寻碧，蟠桃几度红"。

(3) 象征高尚品格的词语

松，因其一年四季常青，严冬之时，松树往往迎着风雪傲然挺立于山岩峰顶。人们常用松象征坚毅高洁、刚直不阿的高尚情操。

竹，因其高直挺拔、冬夏常青、中空有节、质地坚硬等特性，所以人们常用竹来象征正直、坚贞、廉洁、谦虚有气节、有骨气等高尚品格。古人常用"高风亮节"来概括它的品性。

梅，梅花在严寒风雪的季节盛开，梅花色淡清香。枝干无叶如铁。人们常用梅象征高雅纯洁、清丽而含铁骨之气等高贵品性。

菊，因其在秋末冬初时开放，具有凌霜耐寒，清香飘逸等特性，所以人们常用菊象征坚毅、清雅、淡泊的高尚品格。

兰，由于其多生长于空谷山岩，风姿潇洒飘逸，其花淡雅幽香。因此人们常以兰象征高雅、纯洁的品格。

古人曾把"梅、兰、竹、菊"誉为花木中的"四君子"。

莲，又称荷花。因其有"出污泥而不染"、"中通外直，香远益清"等特点，古人誉为花之君子。所以人们常用莲来象征纯洁、正直、清雅、谦虚等品性。

水仙，人们称为"水中仙子"。因其在水中生长，其花清白、淡雅、芳香，所以它象征清雅纯洁的品格。

梨，其花洁白而清香，所以梨花常象征女子的清白纯洁。

枫，因枫叶受秋霜而变红，称为"红叶"。唐诗有"霜叶红于二月花"之句，因此人们常用红叶象征"老当益壮"的精神。

（4）象征勇猛、雄威、力量、高远的词语

狮、虎以威猛有力称著，一向被誉为"兽中之王"，所以人们常用狮、虎象征雄威、勇猛和力量，有阳刚之气。

豹，也是猛兽，仅次于狮、虎，也象征勇猛、大胆、力量迅速等含义。

牛，以力大耐劳著称，人们常用"老黄牛"象征踏实、吃苦耐劳等优良品德。

马，以跑快著称，尤以骏马为最，故有"一日千里"之誉。人们常用马象征前程远大。

鹏，古代有"鲲鹏扶摇直上九万里"之说，又有"鹏程万里"的成语，所以人们常用鹏象征前程高远，走向无限的意思。

鹰、雕均为猛禽，有"翱翔长空"之誉，人们常用它们象征勇猛、高瞻远瞩等含义。

鸿鹄，又名天鹅，因飞得很高很远，所以人们常用它象征志向高远。古语有"燕雀安知鸿鹄之志"。

（5）象征温驯和平的词语

羊，以温驯著称，常为凶猛野兽的牺牲品，有"可怜的小绵羊"、"替罪羊"等俗语。"祥"从"羊"，又以"羊"喻吉祥。

猫，是以捕鼠著名的家庭豢养动物，对主人常表现出媚态，它也象征温顺。

兔，中国神话传说在月亮上有玉兔为嫦娥捣药的故事。家兔更是温顺，所以它也象征温顺。

鸽，一向公认鸽是象征和平，传递信息的鸟类。

（6）象征爱情、忠贞的词语

鸳鸯，雄雌成双生活在一起，永不分离，人们常用鸳鸯象征忠贞的爱情和恩爱夫妻。在民间结婚时，洞房里多是绣有鸳鸯图案的鸳鸯帐、鸳鸯枕,窗上贴着鸳鸯戏水的红窗花。

红豆,又称"相思子"。传说古代一位女子因思念死于边疆的丈夫,以致哭死于红豆树下。唐代王维又有"此物最相思"的诗句。因此自古以来人们就用"红豆"象征情侣相思或爱情等。

比翼鸟,传说比翼鸟雄雌各一目一翼,不比不飞,称"比翼双飞"。所以用它象征形影不离、相亲相爱的夫妻。

连理枝,相传两棵树的枝条连生在一起,象征恩爱夫妻。

并蒂莲,又作"并头莲",原是并排长在同一根茎顶端的两朵莲花。用它象征恩爱夫妻。

(7)象征凶恶、狠毒、狡猾、贪婪、可恶、不祥的词语

豺狼,向以凶狠著称,口语有"狼子野心"、"狼吞虎咽"、"狼狈为奸"、"狼心狗肺"、"豺狼当道"等贬义词,人们常以狼豺象征凶狠残忍、贪婪、没良心等义。

狐狸、黄鼠狼,皆以狡猾多疑迷惑等特点著称,民间有"狐狸的尾巴——藏不住"、"老狐狸"、"狐狸精"、"狐媚子"、"狐假虎威"、"黄鼠狼给鸡拜年——没安好心"等熟语。所以人们常以狐狸、黄鼠狼象征狡猾多疑。

蛇、蝎,因带有毒汁,熟语有"蛇蝎之心",象征狠毒心肠。

猫头鹰,多在夜间活动,人们称其为不祥之鸟,俗语有"夜猫子(即猫头鹰)进宅,无事不来"。多用它象征不祥之兆。其实,猫头鹰是益鸟。

乌鸦,色黑形丑,多栖息坟地的树上,人们对它无好感,有"天下乌鸦一般黑"的俗语,用它象征不祥。

老鼠、麻雀、蚊、苍蝇,1958年称为"四害",是被打击、消灭的对象。因而人们用它们象征人民的公害。不久,从中除去麻雀。

蒿、艾等草类,因其味臭,古人多象征卑鄙小人或奸佞之人。

荆棘、蒺藜等植物,因其多刺,也被人们厌恶,往往象征艰难、可恶。

(8)象征笨拙、愚蠢的词语

熊、猪、驴,因其形态笨拙、愚蠢,所以汉语中有"笨熊"、"蠢猪"、"笨猪"、"蠢驴"之词。人们也常用它们象征愚笨或愚蠢。

2. 自然气象类的象征词语

用"日"、"月"象征光明,用"星"象征光辉,用"阳光"、"雨露"象征恩泽,用"冰霜"象征冷酷无情,用"雪"象征纯洁等。

再如常用气象象征的词语:

风雨,本指风和雨,人们常用它象征艰难困苦。如人们常说"经风雨见世面","经过风雨的锻炼,他变得更坚强成熟了"。

风云,本指风和云,人们常用它象征战争或变幻动荡的政治局势。如"甲午风云","那是一个风云变幻的时代"。

风暴,本指暴风骤雨的天气。人们常用它象征规模浩大而气势猛烈的革命斗争。如"革命风暴"、"八一风暴"、"红色风暴"等。

风雷,本指狂风和暴雷。人们常用它象征或比喻声势浩大而猛烈的冲击力量或革命运动。如"太行风雷","五洲震荡风雷激","革命的风雷震撼着全国大地"。

风潮,本指海上的大风和浪潮。人们用它象征群众性的政治运动。如"罢工风潮"。

风浪,原指大风大浪。人们常用它象征艰险的遭遇。如"他久经风浪,这点困难吓不倒他"。

风霜,本指寒风和冰霜,象征在旅途或生活中经历的艰难困苦。如"他在路上受尽了风霜之苦","他是饱经风霜的老人"。

风波,本指大风和波浪。人们常用它象征社会或人际关系的纠纷或出现的乱子。如"他们为一点小事却闹起了一场大的风波"。

风声,原指风的声音。人们常用它象征或比喻传播出来的消息。如"他们的密谋走漏了风声"。

风月,原指风和月。古代小说中常用它象征男女爱情的故事或男女风流韵事。如《红楼梦》又名《风月宝鉴》。

3. 与人体有关的象征词语

面目,象征人的政治品德情况或事物的面貌,如"政治面目","露出了真面目","不见庐山真面目"等。

耳目,象征"暗探"。如"他是敌人的耳目"。

眉目,画人脸面时眉和眼最重要,象征事情的头绪或大概情况。如"这件事已经有眉目了"。

口舌，人说话时主要用口和舌，所以用"口舌"象征人在争辩、劝说、交涉时说的话。如"他为此事费了很大口舌才办成"。

唇舌，也象征说话或争辩。如"为说服他颇费唇舌"。

喉舌，说话的要害部位，用它象征国家或团体的新闻要害部门，如电台、电视台、报社、通讯社、报刊等。如"报纸、电台是人民的喉舌"。

口齿，象征说话的本领。如"她口齿伶俐"。

嘴脸，象征用言行表现出来的面目形象，多含贬义。如"通过这件事彻底暴露了他的丑恶嘴脸"。

手足，象征兄弟之情。如"他们两人亲如手足"。

手脚，象征某种动作或举动。如"他手脚很利索"，"这件事他们在暗中动了手脚"。

骨肉，象征父母和子女的直系血缘关系。如"子女出事父母伤心，这是骨肉之情"。

血肉，象征亲密的关系。如"军民关系是血肉关系"。

身手，象征一个人的本领技能。如"他在这次改革中大显身手"。

骨干，用它象征在总体中起主要作用的人，或某集团的重要成员。如"他是这个足球队的骨干"。

肝胆，象征真诚的心和正义感。如"他对朋友是肝胆相照"。

肺腑，象征心里话或知心话。如"他们久别重逢，互诉肺腑"。

心，多象征人的思想感情。如"他有爱国心"，"他有事业心"，"他对你有同情心"。

心脏，象征中心、枢纽或关键所在。如"北京是中国的心脏"。

心肠，象征某种用心或心地。如"他是个热心肠的人"，"他对人心肠不好"。

心腹，象征亲信或心里话。如"某人是他的心腹"，"他对我说了说心腹话"。

心肝，象征最喜爱的人（多指儿女）。如"这孩子是他妈的心肝儿"。又象征良心、有正义感。如"卖国贼都是没有心肝的人"。

心血，象征心思和精力。如"父母为子女费尽了心血"，"她为培养学生用尽了心血"。

心眼儿，象征一个人的存心、心地或用意。如"他很有心眼儿"，

"她心眼儿好"。

脊梁（骨），象征国家或家庭所依靠的力量或人。如"他们是国家的脊梁"，"你父亲是咱家的脊梁骨"。

硬骨头，象征坚强不屈的性格。如"他真是个硬骨头"。

须眉，"须"指男子的胡须，"眉"指男子的浓眉毛，象征男子汉。

股肱，原指人的大腿和手臂，用人体的重要四肢来喻指国家重臣或左右辅助得力之人。

4. 服饰类的象征词语

领袖，衣服的领子和袖子是衣服突出的部分，拿衣服时首先提衣领或袖子。用领袖象征国家、政府、团体、群众组织的领导人。

外衣，用穿在外面的衣服象征某种骗人的幌子。如"不法恐怖分子披着宗教的外衣行骗"。

裙带，原指女子穿的裙子和衣带。用它象征跟妻女姐妹有关的人或事，多含讽刺、贬义。如"他当官完全靠他姐夫的裙带关系"。

钗裙，旧时妇女所穿衣服和所戴的首饰，用它象征旧时的妇女。如"钗裙不让须眉"。

帽子，用它象征加给某人的罪名或坏名义。如"他受冤屈曾被戴上'右派'、'反革命'的帽子，'文革'以后才摘帽平反"。

高帽子，象征对人的吹捧奉承。如"有人给他戴高帽子"。

巾帼，帼是古代妇女戴的头巾，后来便用巾帼象征妇女。如"花木兰是巾帼英雄"。

小鞋，象征为了报复而给某人种种刁难、限制约束等。如"他给领导提过意见，所以这个领导总给他小鞋穿"。

破鞋，在民间常用"破鞋"象征搞不正当两性关系的女人。

粉黛，粉黛原是女子的化妆品，后以粉黛指代女子。多用于古代小说描写女性。

便衣，借代身着便衣执行任务的军人、特警、密探等。

第三节　与狗有关词语的贬义色彩

中国古代，人们对"狗"褒贬不一，但总的说来，贬多褒少。

自古至今，狗一直是作为看家狩猎的得力助手，并且狗具有对主人的依赖性和忠诚性而受到人们的宠爱。

《说文解字》引孔子对"狗"字解释："狗，叩也。叩气吠以守。"因而有"吠形吠声"、"见兔顾犬"、"兔死狗烹"等成语。俗语则有"儿不嫌母丑，狗不嫌家贫"。《聊斋志异》中也有"义犬救主"的故事。

虽然狗在古代及现代受到人们的宠爱，但在词汇中却多含贬义。汉民族厌恶狗的文化心理自古有之。《说文解字》释"独"字时说："犬相得而斗也。"又说："羊为群，犬为独。"清代段玉裁作注曰："犬好斗，好斗则独而不群。"汉民族喜群而厌独，崇尚团结，反对分裂。犬为独，所以被人们讨厌。

在现代汉语词汇中，由"狗"语素组成的词语往往多含有贬义，具体说，这些词语多表示鄙视、厌恶之意。例如：

走狗　恶狗　疯狗　野狗　哈巴狗　走狗　丧家狗（犬）
看门狗　癞皮狗　落水狗　狗崽子　狗奴才　狗东西
狗汉奸　狗特务　狗屎堆　狗咬狗　狗杂种　狗屁
狗屎堆　狗腿子

含"狗"语素的成语有：

狗仗人势　狗急跳墙　狗苟蝇营　狗彘不如　狗屁不通
狗血喷头　狗头军师　狗尾续貂　狐群狗党　狐朋狗友
狼心狗肺　画虎类狗　鸡零狗碎　鸡鸣狗盗

含"狗"的俗语有：

偷鸡摸狗　狗眼看人低　狗改不了吃屎
狗嘴里吐不出象牙来　狗肉上不了桌　卖狗皮膏药
痛打落水狗　死狗扶不上墙　累累如丧家之犬
气短如狗喘　挂羊头卖狗肉

含"狗"的歇后语有：

狗咬吕洞宾——不识好歹人
狗捉耗子(老鼠)——多管闲事
狗追母鸡——使威风
狗撵鸭子——呱呱叫

第十二章 饮食文化词语

古人说:"民以食为天。"饮食文化是汉文化的一个重要方面。

汉族自古就把饮食文化同社会文化活动紧密结合起来,从而使饮食文化具有多种社会价值:生存价值、仪礼价值、祭祀价值、享用价值、交易价值等。自古以来,各种祭典礼仪、国际交往、亲友送别、朋友相聚、宾朋访问都离不开筵席。民俗节日如生日祝寿、成年礼、婚礼、丧礼、春节、寒食节、五月端午节、中秋节以及社日等,都要以酒宴相庆。当今洽谈生意、签订合同、开业典礼、开会、旅游等往往要宴会相贺,通过宴请而联络感情,增进友谊,创造和谐的气氛,促进事业的成功,有些谈判以及有些不公开的交易往往在酒宴上的杯盘间进行。总之,酒宴是公共关系的一种重要手段。

中国的"吃"闻名天下。中国的饮食不仅烹调技术独特,菜名种类繁多,而且新奇别致,蕴含着丰富的文化内容。中国地域广阔,各地物产不同,风俗习惯有别,文化传统各异,表现在饮食品种、烹调方法、饮食习惯以及口味爱好等方面就各有千秋。所谓八大菜系、南北大菜、满(族)汉(族)全席等,名"吃"万种,各具特色,难分上下,讲究色、香、味、形俱全,并且吃的花样不断翻新。古人说:"食无定味,适口者珍。"就是说,好吃不好吃,全看各人的口味。即使百姓家常饭桌上,也显出各地的风味不同,千家万户,异香纷呈。

第一节 汉菜的烹调及有关词语

中国的烹调技术,可以说世界闻名,天下第一,花样繁多,历史悠久。中国菜的烹调讲究选用调料和加工方法。

一、烹调的调料及词语

调料又称作料或调味品。现将常用的调料介绍如下：

油——油的种类很多，如：豆油、花生油、香油（又称麻油）、清油、菜籽油、虾油、橄榄油等。

盐——大盐、精制盐、土盐。

酱——甜面酱、黄酱、豆酱、芝麻酱、豆瓣酱、辣酱、番茄酱、果酱（苹果酱、草莓酱、桃酱、山楂酱）。

酱油——烹调酱油、佐餐酱油、酱油膏

醋——米醋、陈醋、熏醋、香醋、白醋、山药醋。

糖——白糖、红糖、冰糖等。

酒——又称料酒，黄酒、绍兴酒、五加皮酒等。

此外，还有味精、大料、花椒、桂皮、胡椒粉（白胡椒粉、黑胡椒粉）、淀粉、面粉、咖喱粉、芥末、辣椒粉、葱、姜、蒜、小茴香等。

二、加工方法及词语

1. 刀功。即用刀切料的手法，对蔬菜、肉类、果品加工有很多切法。如切块、切丝、切片、齐花、横切、竖切、斜切等刀法。切法均应严格注意大小、粗细、厚薄、深浅度等刀功，要求均匀相称，既呈各种花样，又可使菜肴烧、煮、爆、炒时各种菜料成熟均匀。

2. 艺术花样。把一些可生吃的鲜菜萝卜切成各种花样，雕刻成各种花卉动物，经过艺术组合，意趣盎然，各具特色，既赏心悦目，又鲜美可口。

三、烹调方法及词语

汉族菜既讲配料恰当，加工精细，又讲究火候适当。烹调方法常见的就有数十种之多，如煮、蒸、熬、烹、熏、炸、烤、烙、熘、烧、煨、炖、烩、煸、炒、焖、涮、酱、卤、渍、炝、腌、拌、汆、滑等。

煮——把食物放在水里煮熟。如清煮鸡、煮白肉、煮粉丝、煮豆腐。

第十二章 饮食文化词语

蒸——利用水蒸气的热力使食物变熟。如清蒸鱼、蒸丸子、蒸米粉肉、清蒸肉条、蒸包子、蒸饺子、蒸烧卖、蒸馒头、蒸花卷、蒸饼、蒸糕、蒸肉饼、荷叶粉蒸肉、蒸火腿块。

煎——锅里放少量的油,加热后,把食物放进去使表面变黄。如煎鱼、煎馅饼、煎饺子、煎丸子、煎鸡蛋、煎肉饼、煎蛋饼。

烹——先用热油炒,然后加入酱油等作料迅速搅拌,随即盛出。如烹对虾、烹黄鱼、烹鱼片、烹茄丁。

熬——把食物放进水里煮,并加入一些盐、味精、香油等作料。如熬茄子、熬小白菜。

熏——用松枝烟火或香花熏制食品,使食品带有香味。如熏鱼、熏肉、熏鸡、熏肠、熏肝、熏肚。

炸——把食物放进煮沸的油里炸熟。如炸虾、炸鱼、炸油条、炸春卷、炸茄夹、炸糕、炸软肉、炸鸡块、炸荷包蛋。

烤——把食物挨近火,加热(或电热)变熟。如烤鸭、八珍烤鸡、烤羊肉、烤猪排、烤鱼、烤面包、烤饼、烤牛肉、烤猪肉。

烙——把面食放在烧热的铛(chēng)或锅上加热变熟。如烙饼、烙火烧、烙荷叶饼、烙肉饼。

熘——跟炒相似,在锅里放少量的油加热,再把食物放入,然后加淀粉汁,使食物变熟。如熘肝尖、熘鱼片、熘笋片、滑熘里脊、焦熘肥肠、醋熘白菜、醋熘土豆丝。

烧——先用油炸,再加汤汁素炒或炖,或先煮熟再用油炸。如烧茄子、红烧里脊、红烧鲤鱼、红烧肉、烧羊肉、烧鸡、红烧冬瓜、白烧笋片、干烧菜头、土豆烧牛肉。

炒——把食物放进烧热的油锅里,并随时翻动使其变熟。如炒辣椒、炒黄菜、炒三丝、炒黄瓜、炒虾仁、炒豆丝、炒茄子、肉炒蒜苗、炒腰花、炒白菜。

炖——加水加作料用文火煮使其烂熟。如炖猪肉、炖牛肉、炖羊肉、炖猪肘、炖火鸡、炖鸡块、炖豆腐、炖蘑菇等。

爆——用热油快煎食品。如爆三样、爆小肚、葱爆羊肉、爆腰花、酱爆肉丁等。

烩——炒菜后加少量的水和芡粉。如烩虾仁、烩什锦、烩三丝、腰丁烩豆皮、烩鳝鱼丝、烩豆腐、烩肉丝蘑菇、烩豆筋、火烩蹄筋。

煨——用微火慢慢地煮。如煨牛肉、煨火鸡、煨排骨等。

煸——把菜、肉等放在热油里炒到半熟。如生煸豆苗、生煸菠菜、生煸枸杞、干煸鳝鱼片、煸青豆夹。

焖——紧盖锅盖，把食品用微火煮熟或炖熟。如焖肘子、油焖茄子、油焖笋片、油焖茭白、焖豆腐、香酥焖肉、干菜焖肉。

涮——把肉片或食物放在开水里烫一下取出来蘸作料或调味料吃。如涮羊肉、涮白肉、涮白菜豆腐、涮鸡丝、涮鱼片。

卤——用盐水加五香或用酱油煮整只鸡鸭或大块的肉。如卤鸡、卤鸭、卤鱼、卤煮豆腐。

炮（páo）——用烂泥涂裹肉类食物，放在火里煨（wēi）烤，熟后取食。《诗经·小雅·瓠叶》："有兔斯首，炮之燔之。"

炮（bāo）——把肉片放在锅里，用旺火急炒，迅速搅拌。《齐民要术》形容，用这种方法做的鱼"美于常鱼"。如炮羊肉、炮肚（dǔ）丝等。

泡——把食品放入卤汤或盐醋等作料汤里。如羊肉泡馍、卤泡火烧、泡菜。

氽——把食物放入沸水里稍微一煮，如氽丸子、氽黄瓜片、氽小肚。

滑——把肉、鱼等切好，跟芡粉拌匀，用油炒，加葱、蒜、姜等作料，再勾上芡，使汁变稠。如滑溜鱼片、滑溜里脊、滑溜面筋、滑溜丸子、滑溜肚丝。

拌——用作料或菜类、豆制品和其他食物搅拌在一起。如凉拌三丝、海米拌黄瓜、粉皮拌熟白肉、糖拌萝卜丝。

腌——把鱼、肉、蛋、蔬菜、果品等加上盐、酱、酒等。如腌腊肉、腌黄瓜、腌大蒜、腌大头菜、腌白菜、腌雪里蕻。

糟——用酒或糟腌制，如糟鱼、糟肉、糟蛋。

炝——把菜在沸水中略煮，取出后用调料拌。如炝萝卜丝、炝扁豆。

四、与烹调有关的词语

汉族人自古有食熟忌生的饮食习惯，认为生肉、生饭味不美，吃了生食容易生病等。做饭炒菜时讲究火候,"欠火"和"过火"都会影响食味,因此都是不理想的,要求"火候"恰到好处。这在汉语词语中也有反映,而且构成一批比喻词语。例如:

欠火候——原指做饭炒菜熟度不够。在生活中比喻办事情没有达到理想的程度,没有达到既定的标准。也称"火候不够"。

夹生饭——原指半生半熟的饭,在生活中比喻事情没完成好或达不到标准的产品。

回炉——也称"回锅",指没办好事情重新去办,把半成品或不合格的产品送回工厂再加工。

炒冷饭——指重复做过的事或费两遍事。

炒鱿鱼——因鱿鱼热炒时就卷起来,人们用炒鱿鱼表示被解雇,要卷起铺盖离开的意思。

煎熬——表示人经受一种折磨,如"熬夜"、"熬过严冬"、"熬过苦日子"、"熬过这一关"、"熬到了头"。

大杂烩——比喻文章或学问很杂,缺乏条理性。在其他方面也可以比喻不纯,不单一。

熏陶——多用于受到好的影响。如"他受到家庭艺术的熏陶,自幼爱好艺术"。

熏染——多用于受到坏的影响。如"他受了社会上一些不良习气的熏染,学会了吸烟、赌博"。

利欲熏心——指一心一意想为个人牟取私利。

第二节 汉菜名称的由来及含义

一、汉菜的八大菜系

中国各地汉民族的民情民俗不同,饮食习惯及口味各异,如有"南甜北咸,东辣西酸"的说法,于是便形成了风味独特的地方菜系,著名的有南北八大菜系:即山东菜系(鲁菜)、四川菜系(川菜)、江苏菜系(包括扬州菜、金陵菜、苏州菜等)、浙江菜系、广东菜系(粤菜)、福建菜系(闽菜)、安徽菜系(皖菜)等。各大菜系都各自有拿手的传统名菜，如四川菜系中的鱼香肉丝、麻婆豆腐、怪味鸡等,山东菜系中的荷花大虾、清汤樱桃肉等,福建菜系中的佛跳墙,广东菜系中的龙虎斗等,均名扬中外。

二、汉菜的命名艺术

在汉菜的命名上,反映了中国各地汉民族的不同文化传统、风俗习惯及审美情趣等。各类菜的命名方式有以下几种:

1. 以人定名。如:东坡肉、宫保肉丁、麻婆豆腐、狗不理包子、白云章包子等。东坡肉因苏东坡《食猪肉》诗得名。宫保是清代官名太子少保的简称。麻婆、狗不理、白云章为菜食首创者。此外,还有李鸿章杂烩、宋五嫂鱼羹、贵妃凤翅、太白鸭子、大千鸡、罗汉豆、西施舌以及夫妻肺片等。

2. 以地点定名。如:北京烤鸭、西湖醋鱼、川北米粉、闽生果、道口烧鸡等。

3. 以形状定名。如:虎皮肉、绣球干贝、金鱼蒸饺、出水芙蓉鸭、炒疙瘩、猫耳朵,龙须面、银丝套蛤蟆等。

4. 以色定名。如:红白豆腐(红豆腐指猪血)、雪衣鱼条、翡翠烧梅、翡翠白玉(菠菜炒豆腐)、红烧肉、黄鱼头尾汤、绿豆米汤、青椒素二丝、兰花菜心、紫菜汤等。

5. 以味定名。如:香酥鸡、怪味豆腐、怪味鸡、双味全鱼、麻辣豆腐、咸水鸭、酸辣鱿鱼、咖喱酥鸡、酸辣鱼汤等。

6. 以花果定名。如:桂花肉、芙蓉鸡、芙蓉蛋、荷花大虾、牡丹桂鱼、枇杷虾、樱桃肉、菊花青鱼、芙蓉蛋汤、荔枝带鱼、栗子黄焖鸡等。

7. 以用油定名。如:红油豆腐、鸡油菜花、蚝油焖虾、大油葱饼、大油饼等。

8. 以容器定名。如:砂锅豆腐、瓦罐肉、火锅肘子、砂锅焖肉、火锅什锦、坛子肉等。

9. 以配料命名。如:香菇鸡片、冬菇菜心、干菜肉丝、梅菜烧肉、榨菜肉丝、冬瓜肉片等。

10. 以作料定名。如：糖醋鱼、红糟鱼片等。

11. 以中药名定名。如：当归鸡块、陈皮牛肉、枸杞鸡丝、人参桂鱼等，当归、陈皮、枸杞、人参均为中药，有药补效能。

12. 以形象命名。如：白玉珍珠玛瑙翡翠汤（豆腐莲子番茄加青菜）、金钩挂玉牌（把黄豆芽放在豆腐上）、玉叶凤柳（粉皮加鸡丝）、瑶池旭日（干贝烧羹加九个鸡蛋黄）、凤入竹林（竹笋炒鸡片）、鸾凤和鸣（公鸡与母鸡同锅炖）、金镶玉（黄花菜与豆腐同锅炖，黄花菜似金边，炖豆腐似白玉）、龙凤呈祥（蛇与鸡同锅炖，用蛇蟒肉喻"龙"，以鸡肉喻"凤"）、霸王别姬（用鳖肉和鸡肉炖在一起，"鳖"和"别"谐音，"姬"与"鸡"谐音，故以京剧名命之）、乌云托月（紫菜汤鸽子蛋，紫菜似乌云，鸽蛋似月亮）、蚂蚁上树（把肉末和粉丝一起炒，肉末似蚂蚁，粉丝似树枝）、樱桃肉（把肉做成红樱桃状）、龙虎斗（蛇肉和猫肉）、狮子头（大肉丸子）等。

13. 以烹调法定名。如：滑熘里脊、炸大虾、红烧鲤鱼、烹黄鱼、炒鱿鱼、焖肘子、烤羊肉等。

14. 以数字为首命名。如：一品锅、一品豆腐、二黄面、二度梅开、三鲜汤、三鲜水饺、四喜丸子、爆四样、五味羹、六色鱼丝、六福糕、七星丸、七星脆豆、八宝饭、八宝烤鸭、九转肥肠、十味豆腐、十味鱼翅、百果酥饼、千层饼、万字糕等。

15. 以动物为名首。如：虎皮豆腐、金鱼戏水、松鼠鳜鱼（松鼠桂鱼）、鸳鸯腿、蝴蝶肉、蟹黄扒菜心、猪肝菠菜汤等。

16. 以矿物为名。如：金银肉、银芽拌鸡丝、铜锣饼、铁板烧牛肉、铁扒鸡、琥珀莲心、水晶肘子、钢炉烧饼等。

17. 套用成语命名。如：菜花炒鸡蛋——"花好月圆"；菠菜炒番茄——"翠柳啼红"；鱿鱼炒鸡片——"游龙戏凤"；苦瓜炒鸡肉鸭肝——"苦凤怜鸾"；在黄豆上放猪血——"碧血黄沙"；白萝卜丝炒鲜红辣椒——"踏雪寻梅"；用松花皮蛋、咸鸭蛋、茶鸡蛋等各种蛋切合一起再加上一个西红柿——"百凤朝阳"，以及"日月星辰"、"龙凤龟鳞"（用蛇肉鸡肉、龟、鱼炖在一起）等。

18. 暗喻祝贺或象征吉兆的菜名。如：竹笋炒猪天梯（排骨）——"步步高升"；发菜炖猪蹄（猪蹄又称猪手）——"发财到手"；用冬菇摆在青菜上——"金钱满地";公鸡与母鸡同锅——"鸾凤和鸣";一只鸡加上一条蛇合炖——"龙凤呈祥";鸡脚炖白蘑菇——"雪泥凤爪"等。

19. 以神话传说、历史故事命名。例如：

过桥米线——云南昆明一带著名的小吃,由一种特制的鸡汤煮米粉丝。传说古时候有位书生为了考取功名(科举),在一处离家很远的幽静书斋刻苦读书,贤惠的妻子每天给他送饭,路上要过一座石桥。妻子为了让丈夫吃到热汤米粉丝,便用鸡油汤煮米粉。因为鸡油汤保温时间长,走很远的路仍保持一定热度。因此便取名"过桥米线"。

鸿门宴——用蟹黄和燕窝等做的菜,以项羽、刘邦楚汉相争的故事命名。

桃园三结义——借用三国时刘备、关羽、张飞桃园三结义的故事,用白、红、黑三种颜色的菜做成的食品(白是刘备,红是关羽,黑是张飞)。

哪吒童鸡——哪吒传说是托塔李天王的儿子,是法力很大的神,儿童形象。这里是用雏鸡做的菜。

八仙盘——借用道教八仙汉钟离、曹国舅、吕洞宾、铁拐李、韩湘子、蓝采和、何仙姑、张果老之名,用八盘菜称八仙盘。

叫花子鸡——传说从前有个叫花子(即乞丐)饿急了,便偷了农民一只鸡,用泥包裹后烧熟。现在的叫花子鸡做法:先把生鸡用五香水浸泡24小时,然后用荷叶包裹,最后再香泥封包用火烧烤而成,色香味俱佳。

第三节　与食味有关的词语

中国人重饮食的文化心态,使许多与饮食毫无关系的词语只要沾上"吃"的边,便成为饮食文化的引申扩散的词语。

我们日常吃的食物饭菜,一般具有七种味道,即酸、甜、苦、辣、香、臭、咸七味。汉族,人往往把这七种味觉通过联想或比喻,使味觉词汇意义扩散、引申,并构成许多用来表示其他心理感受的词汇。

各种食味本来直接作用于人的鼻腔和口腔内的味觉感官。如"酸、甜、苦、辣、咸"等味都是通过口腔感知的,而"臭、香"等味是通过鼻腔感知的。由于通感的作用,味觉先作用于人的生理感官,再通过人的心理感知,往往可引起人们对客观事物的联想,进而产生比喻。例如,由"香、甜"的美味使人联想到生活的美好和幸福的感受,由"酸、苦、辣"等刺激味使人联想到生活方面的艰辛痛苦等感受。其实,这种味觉的通感现象,如把辛(辣)苦之味比作困苦之事,在汉语里古已有之。如《左传·昭公三十年》即有"视民如子,辛苦同之"。唐代孔颖达注《尚书·洪范》说:"辛苦者,味也,辛苦之味入口,犹困厄之事在身,故谓殃厄劳役之事为辛苦也。"辛苦就是指辣味和苦味,这种苦辣之味就好像困苦之事压在身上那样,所以把危难劳苦的事情比作辛(辣)苦的味道。

总之,通过味觉的通感作用,使食之七味与世界万物相联系而进入语言,从而丰富了汉语的词汇系统。下面按七味分类说明。

一、与酸味有关的词语

1. 酸味的味觉可通感为酸麻或酸疼的感觉,所以用"酸"的语素可构成表示人体局部感到微痛或酸麻的词语,如:发酸、腰酸、腿酸、胳膊酸、鼻子酸等。

2. 由酸味的味觉还可通感为内心难受的感觉,所以由"酸"构成的词语可表示内心情感的悲痛。如:辛酸、悲酸、酸楚、酸痛等。

3. 酸可以引申为令人难受之感。所以常用"酸"来形容或描写书生气十足的人,往往故作儒雅之态,言谈举止像个老夫子,让人看了感到难受。因此人们讽刺那些文人迂腐或穷愁潦倒之态常用含有"酸"的词语。如:穷酸、寒酸、酸气、酸秀才、酸溜溜、酸味十足。

东北方言中用"酸"构成的词语,如:急皮酸脸、酸里酸气、脾气酸性等,这些词语都含有贬义。

因"醋"是酸的,由"醋"构成的词语、熟语也多含贬义。例如:

吃醋——指在男女关系上的嫉妒心理。

醋劲儿——指嫉妒的情绪。

醋意大发——指在男女关系上嫉妒情绪发作或因嫉妒发脾气。

半瓶子醋——比喻那些对某种知识或某种技术只略知一二却以为有知识的人。

二、与"甘""甜"味有关的词语

1. 由"甘""甜"组成的词语。在古代称甜为"甘",而"甘"和"美"同义。《说文解字》解释说:"甘,美也。从口含一。"段玉裁注解说:"甘为五味之一,而五味之可口皆曰甘。"《说文解字》对"美"的解释说:"美,甘也。"段玉裁注释说:"引伸之,凡好皆谓之美。"所谓"甘味宜人",指使人满意的味道。

由"甘"字组成的词语多为含美好之意或褒义。例如:甘泉、甘露、甘霖(久旱以后所下的雨)、甘美、甘甜、甘心(称心如意、愿意)、甘愿(心甘情愿)、甘旨(美好的食物)、甘之如饴(感到像糖一样甜)、同甘共苦、甘心愿意等。

由"甜"字组成的词也多是含美好、令人满意的褒义词语。例如:甜美、甘甜、甜蜜、甜头、香甜、甜甜蜜蜜、甜丝丝、甜言蜜语等。

在人们的生活中,常用"甜蜜"比喻各种美好的事物。用"甜美、甜蜜"比喻生活幸福和家庭夫妻美满,如"生活很甜美","小日子过得很甜蜜";也有用"甜蜜"比喻为人造福的事业,如"甜蜜的事业";用"大有甜头"比喻某事大有好处或有便宜可得;用"尝到了甜头"来比喻已经得到了某种好处、利益或便宜等。

2. "甜"可引申为美好,安稳之意。例如,用"甜"字形容女孩子容貌姣美或惹人怜爱,可以说"她长得很甜","她笑得很甜"。用"甜"还可形容小孩子睡觉平稳,可以说"这孩子睡得真香甜"。

3. 用"甜"字还可以形容人说话招人爱听,使人听了感到心里甜丝丝的挺舒服。如"她嘴很甜,会哄人","他的嘴上像抹了蜜,说话甜得很"。成语有:甜言蜜语、嘴甜心苦、口蜜腹剑、甜嘴蜜舌。谚语有:"嘴甜如蜜,心苦如芪"。("芪"指黄芪,中药名,有苦味。)

三、与苦味有关的词语

苦味使人感到难受或悲痛,所以人们常用苦味的引申义比喻人们生活中的痛苦、磨难与不幸，或人受到的挫折和逆运、艰难和劳累，心情上的郁闷和忧愁等。"苦"的这种引申义在春秋战国时代已很普遍。如《墨子·七患》中就有"上不厌其乐，下不堪其苦"。再如《庄子·达生》："见一丈夫游之，以为有苦而欲死也，使弟子并流而拯之。"这两处的"苦"字，均指生活中的艰难困苦。

苦味的引申义常用于以下几个方面：

表示人们生活的艰难：

  贫苦　疾苦　寒苦　劳苦　艰苦　困苦　清苦
  含辛茹苦　艰难困苦

表示劳动的艰辛：

  劳苦　苦劳　辛苦　艰苦　苦力　勤苦　苦工

表示难受的表情：

  苦相　苦笑　愁苦　悲苦　苦衷　愁眉苦脸

表示以顽强的毅力克服困难：

  苦练　苦干　刻苦　苦思　苦想　苦斗　苦战　苦功
  勤学苦练　煞费苦心　埋头苦干　艰苦卓绝　艰苦奋斗
  吃苦耐劳

表示人的心情郁闷、忧愁、悲痛等。如：

  苦闷　苦恼　苦楚　愁苦　痛苦　悲苦　惨苦

其他常用的还有：

  孤苦　何苦　甘苦　苦海　苦寒　苦命　苦处　苦境
  苦行(xíng)　苦劝　苦留　苦口婆心　苦口良药
  同甘共苦　救苦救难　苦尽甘来　叫苦不迭　叫苦连天
  劳苦功高　苦中作乐　苦心孤诣　苦海无边　苦思冥想
  孤苦伶仃　凄风苦雨　煞费苦心　受苦　叫苦　诉苦
  先苦后甜　吃得苦中苦，方为人上人

四、与辣味有关的词语

辣味对人的味觉和人体刺激强烈，给人以火辣、火热、激烈甚至难以忍受的感觉。用"辣"的引申义比喻人的暴烈刁狠的性格或说话尖酸刻薄等,如:泼辣、泼辣货、辣子、辣子货、辣女人、小辣椒、红辣椒等。《红楼梦》中的王熙凤,贾母就戏称她为"凤辣子"。辣的引申义还表示一种火热般的热情,如:火辣辣、热辣辣等。辣的引申义还表示经验丰富,如:"姜是老的辣"。

由"辣"的引申义还可表示人的狠毒、厉害、阴险等。如:毒辣、老辣、辣手、辛辣、心狠手辣、口甜心辣、阴险毒辣等。

"辛"和"辣"为同义词。"辛"多表示"辣"的引申义痛苦。所以"辛"与"酸""苦"等字构成含有"艰难"之意的词语。如:辛酸、辛苦、辛劳、辛勤、艰辛等。

五、与香味有关的词语

香味给人以美而舒服的感觉,因而受人欢迎。含"香"字的词语常用来表示受人欢迎、重视,如把人或物普遍受到群众欢迎时,多用"吃香"来表示,如"某人很吃香","这种东西在那里很吃香","某人成了香饽饽"等。

"香"引申为睡觉睡得安稳舒服,如"他睡得很香"。

六、与臭味有关的词语

臭味与香味相反,给人以难受、厌恶之感,汉语中常用"臭"表示憎恶、厌恶、讨厌、反感、轻蔑、鄙视等贬义。用"臭"组成的口语词语有:

臭货　臭东西　臭诗　臭文章　臭架子　臭老九

臭德行　臭婊子　臭狗屎　臭名昭著　臭名远扬

臭气熏天　遗臭万年　臭骂一顿　臭气烘烘

另外,与"臭"味相关的,还有三种令人不快的味,即臊、腥、馊。与这三个词组成的词语也都含有贬义。如:

臊臭　腥臭　馊主意　一条鱼腥了一锅汤

七、与"咸""淡"有关的词语

"咸"字构词能力很差,咸的引申义词语几乎没有。

"淡"是"咸"的反义词。由"淡"构成的词也不多,如:

咸风淡雨　一杯淡酒　清茶淡饭　君子之交淡如水

八、由"味"为语素组成的词语

由"味道"引申为趣味、意味等义。由"味"组成的词语很多。例如：

趣味　情味　韵味　意味　体味　玩味　够味　无味
对味　乏味　腻味　兴味　回味　品味　有味
耐人寻味　余味无穷　臭味相投　味同嚼蜡　兴味索然
枯燥无味　索然无味

第四节　与"吃"有关的词语

"吃饭"是生活中第一等大事，人们最关心的生活问题是吃饭问题。古人说："食色，性也。"就是说人为了生存，首先是吃饭和生育，这是人的本性。古谚说："千里做官，为了吃穿。"人们总是把"吃"放在首位。在社会生活中，人们最重视"吃"，吃饭成为表示人际亲密关系的一种主要方式，甚至人们在见面打招呼时也必先问句"吃了吗?"以示对对方的关心。"吃"也是民间庆祝活动的重要内容，不论过节、结婚、庆寿、生日、请客、会友以及开业庆典活动，都离不开酒宴。"吃"也是解决人际或社会纠纷、改善关系、缓解矛盾的重要手段。俗语说："一桌酒菜解冤仇。"由"吃"引申生发出大量与"吃"有关的词语。我们仅从吃的方式、吃的内容对象及吃的工具等方面，来看与"吃"有关的词语。

一、与"吃"相关的动词、形容词及其词组

1. 与"吃"意义相同或相关的动词及其词组

尝：

尝试　尝新　尝鲜儿　品尝　浅尝辄止　尝鼎一脔
艰苦备尝

吞：
  吞食 吞并 吞没 侵吞 鲸吞 狼吞虎咽 生吞活剥
  囫囵吞枣
啃：
  啃骨头 啃书本 敢啃硬
嚼：
  咀嚼 咬文嚼字 细嚼慢咽 味同嚼蜡
品：
  品尝 品味 品茶 品酒 品评 评头品足

2. 与"吃"有关的形容词及其词组

馋：
  嘴馋 眼馋
饱：
  饱和 饱满 饱学 饱学之士 饱享口福 饱享眼福
  饱食终日 饱经风霜
腻：
  腻味 腻烦 玩腻了 腻歪 腻友
垂涎：
  垂涎欲滴 垂涎三尺 垂涎美色

二、与炊具、餐具有关的词语

  汉民族做饭和吃饭时常用的炊具及餐具有锅、盆、碗、盘、碟、勺、杯、筷子等。人们常用"锅"作为炊具的代表，以"碗"作为餐具的代表。汉语词语中多以"碗"和"锅"为语素组成词语，并且构成借代或借喻的修辞方式。

1. 以"碗"为语素组成的词语

铁饭碗/金饭碗——均指有生活保障的工作。

打破饭碗/丢掉饭碗——均指丢掉工作或被解雇。

吃这碗饭的——指代有某种专门技术或特长的人。

端人碗，服人管——指给人家干活、工作，就得服从人家的调遣管束。

2. 以"锅"、"碟"为语素的词语
吃大锅饭——指平均主义的分配制度,做好做坏一样对待。
等米下锅——比喻亟待某人或某事某物到来。
背黑锅——指无辜背着不好的名声或罪名。
揭不开锅——指生活极其困难,也指缺乏基本物资。
看人下菜碟——借指不平等待人,不一视同仁。
小菜一碟——指轻而易举的事。
吃着碗里看着锅里——指贪婪的心理或行为。

三、与"吃""喝"有关的熟语

1. 成语

脍炙人口	回味无穷	津津有味	余香满口	画饼充饥
黄粱美梦	因噎废食	废寝忘食	坐吃山空	如饥似渴
风餐露宿	饮水思源	饱食终日	吃里爬外	看菜吃饭
举案齐眉	含英咀华	秀色可餐	茹毛饮血	含辛茹苦
花天酒地	灯红酒绿	酒囊饭袋	味同嚼蜡	索然无味
饮鸩止渴	饮气吞声	吃苦耐劳	自食苦果	杯盘狼藉
丰衣足食	望梅止渴	兴味索然		

2. 俗语

不为五斗米折腰——晋代陶渊明曾不为五斗米的俸禄向权贵折
　　腰低头,而辞去县令之职。引申为不为取得好处向别人阿谀
　　奉承,失去人格尊严。
巧妇难为无米之炊——指技艺再好,如果没有一定的条件也难以
　　成功。
生米煮成了熟饭——指事情(多为不理想的)已经发展到难以改
　　变的地步,或既成事实,难以改变。
天上掉馅饼——比喻在生活中根本不能实现的美好梦想。
吃闭门羹——指不受欢迎,遭到拒绝。
吃水不忘挖井人——指受到了好处,要想到这好处是谁给的。

有人吃肉有人喝汤——比喻在某事中有的人获取的多,占了便宜;有的人则得到的少或吃了亏。
靠山吃山,靠水吃水——比喻利用现有的环境与有利条件。
吃香的喝辣的——"香的"指美食鱼肉鸡鸭之类,"辣的"指好酒,以此指吃鱼肉喝美酒。
吃不了兜着走——比喻一切严重后果由当事者负责,常用来威胁别人。
敬酒不吃吃罚酒——比喻恭敬的态度请求不接受,不领情;而命令强迫去接受就无可奈何了。
吃人家的嘴软——指吃了人家东西,只好为人家说话,而不能说公道话了。
饱汉不知饿汉饥——生活条件好的人体会不到生活困难者的苦处,不能设身处地,体察人情。
吃一堑长一智——"堑(qiàn)"指沟,比喻阻碍困难。指受一次挫折,便得到一次教训。
吃软不吃硬——形容只能接受委婉的劝告,不容易接受尖锐的批评。
吃力不讨好——指费了很大的力气,却不受欢迎。
人倒霉喝水都塞牙——指事事不顺利。
陈谷子烂芝麻——原指旧粮食,引申指陈旧的东西或事情。
换汤不换药——比喻形式变了,内容不变。
喝西北风——比喻生活没有着落,没饭吃。
吃喝风——指社会上用公款请客或大吃大喝等不正之风。
吃定心丸——比喻使心中有数,有了决心。
吃剩饭——比喻拣别人剩下的东西或做别人不愿做的事情。
倒胃口——比喻腻烦或反感的事。
煎烙饼——比喻处境为难,两面受压。
菜篮子——借指城市居民的蔬菜等副食品的供应和消费。
半瓶醋——一瓶不满半瓶子晃荡,多比喻不精通等的半内行,或一知半解的人。
打饥荒——原指借粮度荒年,后比喻经济困难或借债。

开小灶——比喻特殊照顾。

拖油瓶——指改嫁的妇女带着原来的孩子。

一锅煮/一勺烩/一锅端/一刀切/一刀齐——均比喻处理问题时不顾具体情况如何而求统一化，或采取一律处理的办法。

喝苦酒——比喻忍受往往是自己带来的不好结果。

海量——原指酒量大，引申指气量大，容量大，有气度。

3. 歇后语

哑巴吃黄连——有苦说不出。

哑巴吃汤圆——心里有数。

茶壶里煮饺子——肚里有货，嘴里倒（道）不出。

小葱拌豆腐——一青（清）二白。

小笼包子（肉包子）打狗——有去无回。

王八吃秤砣——铁了心。

佛跳墙（福建名菜）——等不及。

4. 与"吃"有关的其他词语

(1) 以"吃"作比喻义的词语。例如：

蚕食——像蚕吃桑叶一样，比喻逐渐侵占。

食言——不照说的话去办，说话不算数，失信。

饮恨——抱恨含冤，把仇恨深怀心中。

饮誉——也称享誉，受到赞誉。

饭桶——比喻只能吃不能做活的人。

(2) 由"吃"直接引申出来的词语。例如：

表示经受某种遭遇：

吃亏　吃苦　吃重　吃官司　吃苦头　吃罪

吃挂落（连累）

表示耗费力气：

吃力　吃劲

表示某种感受：

吃惊　吃紧（指形势紧张）　吃闷棍

表示对某事彻底了解掌握：

吃透　吃准

表示依赖某人某事某物而生活：
  吃父母（依赖父母的工资吃饭生活）
  吃定息（原私营工商业者靠公私合营时核定的资产收取的利息）
  吃利息
  吃救济（依靠国家的救济粮或救济款生活）
  吃回扣（指经手采购或代卖主招揽顾客货款中的一部分索取为己有）
  吃床铺（依靠出租床铺、住处生活）
  吃瓦片（依靠出租房屋生活）
  吃柜台（依靠出租商业柜台获利）

表示受欢迎：
  吃香　吃得开

表示男女嫉妒心情：
  吃醋

表示不作新的努力，只凭过去的经验办事：
  吃老本

表示把本钱赔掉或吃掉：
  吃本　吃空

表示能支持住或能坚持：
  吃得住　吃得消

表示以某种职业为生活：
  吃墨水（指写作者、作家、文字工作者）
  吃粉笔灰（指教师，因教师上课在黑板上用粉笔写字）

表示不干活而吃饭：
  吃白饭　吃闲饭　吃现成饭（不劳而获）

表示用某种工具吃饭：
  吃大碗　吃大盘

表示在食堂吃饭：
  吃食堂

表示遭到了拒绝：
  吃闭门羹

表示被枪决：
    吃枪子　吃花生米（子弹头像花生米）　吃黑枣

表示在合伙的分配中获取最多、最大的利益：
    吃头份　吃大头

四、与饮食习惯有关的词语

汉民族自古代就以肥羊为美食，古人认为"肥者，美也"。所以自古有喜吃肥肉或多油的食物的习惯，有"食言而肥"的说法，自古把"肥肉"、"油多"表示好处、利益的观念，至今仍有影响，并反映在现代词语中。下面举例说明与"肥"、"油"有关的词语。

1. 以"肥"组成的词语：

肥肉——人们常以"肥肉"比作丰厚的利益。例如周恩来曾在一次国际会议上谈到帝国主义列强对中国的侵略野心时，把中国当做一块人人都想分食的"肥肉"。

肥缺——旧时把额外收入高的官职称作"肥缺"。现在把收入多、待遇高、好处多的工作或职位也往往称作"肥缺"。

挑肥拣瘦——指挑选对自己有利的，含贬义。

损了集体，肥了自己——指损人利己的行为。

肥水不外流——指不把利益和好处让给他人。

2. 饭菜里所含的脂肪称作"油水"。油水多少标志着生活水平的高低，所以用"油水"比喻利己的好处，也指不正当的额外收入。如：
    有油水　油水多　没油水　捞取油水　揩油

3. 因油水本身具有光滑的特点，所以由"油"引申出油滑、狡诈、不老实的含义。如：

油滑——指圆滑世故，不诚实的人。

油子/老油条——均指油滑不老实的人，也称"滑头"。

油嘴滑舌——指能说会道、善于狡辩的人。

油头滑脑——指狡猾而轻浮的人。

附　中草药的名称

中华医药是中华文化宝藏的重要组成部分。

中药以草药为主,也有少量的矿物和动物。中草药产于全国各地,中草药多以药草的皮、花、果、仁、根命名,有的也以产地命名。

1. 以药草的部位命名

(1)以药草的皮或果皮命名。例如:

　　杜仲皮　丹皮　肉桂皮　陈皮　合欢皮　桑白皮
　　五加皮　青皮

(2)以药草的叶子命名。例如:

　　桑叶　竹叶　艾叶　大青叶　紫苏叶　枇杷叶　丝瓜叶

(3)以药草的花命名。例如:

　　槐花　金银花　款冬花　菊花　鸡冠花　蚕豆花

(4)以药草的种子(籽)命名。例如:

　　车前子　牛蒡子　莱服子　蛇床子　白芥子　金樱子
　　菟丝子　五味子　覆盆子　韭菜子

(5)以果实入药而命名。例如:

　　白果　青果　芡实　瓜蒌　桑椹　无花果

(6)以果实核仁入药而命名。例如:

　　桃仁　杏仁　郁李仁　柏子仁　枣仁　麻仁　益智仁
　　薏米仁

(7)以药草的茎命名。例如:

　　桔梗　竹茹　苏木　柘木　益母草

(8)以药草的根命名。例如:

　　葛根　芦根　地黄　藕节　人参　麻黄根　白茅根
　　板蓝根　当归　白芍　黄连　黄芩　防风　山药　地黄
　　大黄　甘草　麻黄

(9)以药草之穗命名。例如:

　　荆芥穗

(10) 以药草的种子芽命名。例如：
　　谷芽　大麦芽
2. 以药草的产地而命名
(1) 产于四川省的中药，往往以"川"字命名。例如：
　　川军　川芎　川当归　川贝母　川附子　川牛膝
　　川黄连
(2) 产于广东省的中药，往往在前面加一"广"字。例如：
　　广木香　广陈皮　广郁金
(3) 产于浙江省或杭州附近的中药往往在前面加一"浙"字或"杭"字，例如：
　　浙贝母　杭芍　杭参
(4) 产于安徽省淮河流域，前面加"淮"，例如：
　　淮山药
(5) 产于山西省上党地区的中药，例如：
　　党参
(6) 产于江苏吴县的，例如：
　　吴茱萸
(7) 产于山东省阳谷县阿(ē)城镇的，例如：
　　阿胶
(8) 产于西藏的，例如：
　　藏红花
3. 以药的颜色命名的。例如：
　　赤芍　丹参　白菊　白药　白芷　白芨　白芍　白术
　　白山药　黄连　黄芩　黄柏　大黄　黄芪　黄菊　地黄
　　牛黄　紫珠　紫苏　紫草　紫术　玄参　青黛　青蒿
　　火青叶
4. 以药味命名的。例如：
　　甘遂　甘草　五味子　小茴香　酸枣仁　苦楝子
　　苦杏仁　麝香　藿香　木香　沉香　酸枣仁　苦参
5. 以治病的功效而取名的中药。例如：
益母草——此药专治妇科病，因而得名。

何首乌——此药专治白发、脱发,以发明人命名。
6. 以中药的生产季节而得名。例如:
半夏——此药草在农学五月间成熟,正好是夏季的一半,因而取名"半夏"。

夏枯草——由于这种草在"夏至"后花和叶子都枯萎而得名。
7. 以动物类的某部位入药而得名。例如:

  虎骨 熊胆 蛇胆 蛇蜕 鹿角 鹿茸 驴皮(阿胶)
  牛鞭 牛黄 龟板 鳖甲 全蝎 蜈蚣 羚羊角
  犀牛角 麝香 獾油 牡蛎 蝉蜕 穿山甲 蚯蚓
8. 以矿物入药命名。例如:

  石膏 芒硝 硼砂 朱砂 乳香 没药
9. 其他类命名。例如:

  龙葵 龙胆草 灯心草 细辛 蒲公英 茯苓 龙牙草
  菖蒲 薄荷 元胡 柴胡 石斛 连翘 枳翘 知母
  苍术 三七 地肯皮 神曲 王不留行
10. 有些中(西)成药的命名,爱用吉祥字。例如:

  减肥灵 脚气灵 降压灵 洗必泰 保尔康 护心宝
  婴儿安 前列康 洁尔康

第十三章　茶文化及其词语

在源远流长的中华文化中,茶文化占有重要的地位。它与中国的丝绸、瓷器一样,在世界上久负盛名,又被誉为中国的"三大发明",受到世界人民的喜爱和欢迎。

中国的茶文化从唐代传到日本、朝鲜、越南和南亚及印度等国。日本的"茶道文化"中的饮茶礼仪,从唐代传入日本,一直保持至今不衰,追求养心养性和互相尊重的精神。

中国的茶叶从16世纪传到欧洲各国,在17世纪的英国贵族社会中,饮茶已成为一种时尚和风范。

第一节　中国茶的历史及茶文化

一、中国茶的发展小史

饮茶自古至今被称为中国人的"国饮"。由于茶叶中含有多种维生素,具有润喉、明目、清脑、利尿、助消化、除内毒、解疲劳、防衰老等多种功能,因此被民间称为"万能药"。常饮茶可延年益寿。现代科学也证明了茶在医学保健上的效能,已被世界公认为天然的保健饮品。

由于茶的保健功效,自古至今,饮茶是中国人的每天生活中不可或缺的事,对许多中国人来说,可以一天不吃饭,但不可一天不饮茶。早在宋代人著的《梦粱录》一书中说:"人家每日不可缺者,柴、米、油、盐、酱、醋、茶。"所以在百姓每天开门的七件事中,饮茶是其中的一件。

自古至今,中国有"以茶待客"的风俗,客来上茶已成为人们约定俗成的礼仪。俗语说:"美酒千杯难成知己,清茶一盏也能醉人。"古人形容与朋友饮茶是"一人精神,二人得趣,三人得味"。古诗句则有"寒夜客来茶当酒,竹炉汤沸火更红",说明与朋友饮茶是"茶浓情更浓"。正如宋代诗人黄庭坚咏茶词中所写的情景:"恰如灯下故人,万里归来对影,口不能言,心下快活自省。"

关于中国人饮茶的历史已有数千年之久。据唐代的陆羽在其《茶经》一书中说,中国茶事之始可上溯到神农时代;到汉代已成为宫廷中的贡品;到唐代已盛行饮茶,并且与士大夫的生活艺术凝为一体;饮茶普及于百姓生活则始于宋代。此后至今,茶文化则随着社会的发展而发展,茶的品种也更加繁多。

在茶文化的历史文献中,最早全面介绍茶文化的著作应首推唐代陆羽所著的《茶经》,在书中全面介绍了茶的历史、生产和发展,详细说明了种茶、制茶、烹茶、沏茶、茶具等茶艺的全部内容,对茶具的选择和用水及烹茶的火候等都有严格的要求。因此,陆羽被中国人尊为"茶圣"。

继陆羽的《茶经》之后,还有陆廷灿的《续茶经》、蔡襄的《茶录》、黄儒的《品茶要录》、宋徽宗的《大观茶论》、顾元庆的《茶谱》、李时珍的《茶》、田艺衡的《煮泉小品》、陆树声的《茶寮记》、许次纾的《茶疏》等。

二、茶文化简说

中国人的饮茶,从它始兴之日起,即受到儒家、佛家、道家的重视,并形成一种茶文化,把饮茶和养生、养德、陶情、养性联系起来。因此,饮茶成为士大夫、佛道之人在"壶中天地"中体现自己的道德观、人生观、宇宙观的艺术载体。他们通过饮茶、品茶,不仅品出味道,还可进一步品出清雅、高尚的精神境界来。

从晋、唐、宋以来,历代的皇帝、士大夫、文人、僧道为了追求生活的闲适化、高雅化,视品茶为一种闲情逸致、清高素雅的艺术享受。饮茶和品茶在唐代已成为一门生活艺术,或称之为"茶艺"、"茶道"。唐代的寺庙多有茶园,僧人和文人嗜茶者尤多,他们善饮茶、品茶,并深得茶中之趣。

由于茶有去火明目、消郁解忧、清神通灵、激发文思的多种功效,饮茶之后可有得道而飘飘欲仙的美妙感觉,因而文人们将饮茶、品茶纳入诗词之中。如晋代陶渊明则有《访陆处士羽》的诗,唐代白居易则有《萧员外寄新茶》、《睡后茶兴忆杨同州》、《琴茶》等诗,他们把琴、书、茶、酒作为士大夫文化生活的主要内容;晚唐诗人陆龟蒙有《奉和龚美茶具十咏》诗,皮日休则在《茶中杂咏》诗中,分别以"茶坞"、"茶人"、"茶笋"、"茶舍"、"茶灶"、"茶焙"、"茶鼎"、"茶瓯"、"煮茶"为题歌咏了茶艺。到了宋代则有范仲淹的《斗茶歌》,苏轼的《试院煎茶》、《寄周安孺茶》诗,黄庭坚的《煎茶赋》、《品令·咏茶》等诗词。

茶文化在宋代已达到鼎盛时期,正如宋徽宗赵佶在《大观茶论·序》中所说:时人"盛以雅尚相推,从事茗饮。故近岁以来,采择之精,制作之工,品第之盛,烹煎之妙,莫不盛造之极"。文人雅士称饮茶是"盛世之清尚",反映出茶文化在宋代已达到很高的水平。

饮茶在民间也成为怡情养性、清雅高尚之事,因为茶不仅是饮品,而且有内涵深厚的文化情味。正如鲁迅所说的那样:"有好茶喝,会喝好茶,是一种清福。首先就必须练功夫,其次是练出来的特别感觉。"

饮茶是一门学问和文化,是一首深含韵味的诗,是一幅文化内涵的画儿。统称"茶艺"。

所谓"茶道",就是通过茶艺,培养人们的品格、修养和陶冶情性的。古人云:"茶可雅心"、"茶可清心"、"茶可修道"。

饮茶不仅要有佳茗,还要用清冽的泉水,要用山上的松枝煮茶,同时要有素雅洁净的茶具,更要有清幽的饮茶环境。例如在明净的清斋轩室,或在闲寂的僧寺道院,对着流泉松风、竹月,慢慢品味杯中的芳冽,直觉沁人心腑。中国的"茶艺"包括采茶、制茶、烹茶、沏茶、品茶等艺术。对茶具、用水、选茶、火候都有严格的要求。如在乡舍农家,则开轩面圃,或在瓜棚、花前、月下;或在城市的书斋静室,同几位好友围坐在明窗几前,用地道的矿泉水,沏一壶色味清香的名茶,边品茶边天南海北地闲聊,那种淡淡的悠闲,清心涤性,陶然忘机,物我两忘的心境,与饮酒相比,则别具一种情趣,达到黄庭坚咏茶词中所写的佳境:"恰如灯下故人,万里归来对影,口不能言,心下快活自省。"

俗语说:"美酒千杯难成知己,清茶一盏也能醉人。"自古至今,中国都有以茶待客的风俗,成为人们约定俗成的礼仪。

文人饮茶,往往讲究在饮茶之前,先要审茶、观茶即审看茶的品种,观看茶的形状和颜色,还要品茶,要品茶的香味、茶的韵味和情味。

第二节　茶的种类及命名

中国的茶叶种类非常多,茶叶的种类可以分为绿茶、红茶、花茶、白茶、沱茶、砖茶等。

茶叶的命名方法十分复杂,有以颜色、产地命名的,有以形状、加工方法命名的,有以生长的自然环境和采制的时间命名的,也有以民间传说和佛教名词命名的,等等。这些命名既复杂,又富于诗意,具有鲜明的特征。

一、根据茶叶的颜色命名

根据茶叶的颜色命名,例如:绿茶、红茶、白茶等。绿茶包括龙井茶、碧螺春、毛尖、瓜片等;红茶包括乌龙茶、普洱茶、沱茶等。

白茶,顾名思义,其色泽不如绿茶绿,不像红茶那样黑红,也不像乌龙茶那样紫褐,而是色白如银,茶汤素雅、浅淡,主要产于福建省的政和、福鼎、建阳、松溪等地。

二、以茶叶的产地命名

绿茶中的龙井茶、蒙顶茶、西山茶、惠明茶、雨花茶、碧螺春以及紧压茶中的六堡茶等,都是以茶叶的产地命名的。例如龙井茶产于浙江省杭州西湖的龙井乡,蒙顶茶产于四川省的蒙山顶,西山茶产于广西壮族自治区桂平县的西山,惠明茶产于浙江省的云和县惠明寺附近,雨花茶产于南京市的雨花台,碧螺春茶产于江苏省吴县太湖的洞庭山上的碧螺峰,而紧压茶中的六堡茶则产于广西壮族自治区苍梧县的六堡乡。

三、以茶叶的产地及形状命名

茶叶的形状各异,产地不同,命名的方式也多种多样。例如:

绿茶中的"信阳毛尖茶",产于河南省信阳市,其外形挺秀,状似尖条,并遍布茸毛,有紧、细、直、圆、光的特点,因而取名"信阳毛尖"。

"君山银针茶",产于湖南省洞庭湖的君山小岛上,茶条纤细,茸毛覆盖,全身银白,故以"君山银针"名之。

"龙井旗枪茶",产于杭州西湖的龙井乡,是龙井茶的一种,因其一芽一叶,叶似旗,芽似枪,故称其"龙井旗枪茶"。

"六安瓜片",产于安徽省六安县,此茶形状似瓜子,所谓"片"是指此茶外形既不同于"毛尖",也不同于"银针",而是以叶片制成的叫"片茶",故以"瓜片"命名。

"五盖山米茶",产于湖南省郴(chēn)州的五盖山,因茶重实似米,相传"一升茶有一升米重",故有"五盖山米茶"之称。

"婺源茗眉茶",产于江西婺源县,茶纤细如仕女秀眉,叶底芽壮肥厚,嫩黄柔亮,故以"婺源茗眉"命名。

"平水珠茶",产于浙江省名山环抱的平水镇,这里的茶形浑圆紧结,碧绿光润,像一粒一粒的墨绿色的珠子,落盘有声,故名"平水珠茶",堪称绿茶之一绝。

"神农奇峰茶",产于湖北省的神农架。茶叶卷如雀舌,芽叶成朵,似兰花瓣,外形扁而不宽,平而不滑,色泽翠绿,尖削如剑,形似奇峰,而神农架奇峰叠起,故以"神农奇峰"命之。

"雁荡毛峰茶",产于浙江省雁荡山,此茶芽叶有毛,绿如玉,直立悬浮于杯中,状形山峰,故称之为"雁荡毛峰"。其他还有"黄山毛峰茶"、"黄石溪毛峰茶"、"九华山毛峰茶"等。

"恩施玉露茶",此茶产于湖北省恩施地区,茶形挺直匀称,近于松针,色泽鲜绿透蓝如玉,光亮油润如露,故名之。

"泰山女儿茶",产于山东省泰山,因其为青桐树绿芽,鲜嫩清香如少女,故名之。

以产地和形状命名的茶,还有"蓬莱仙芝茶"、"邛崃文君茶"、"金水翠峰茶"、"永川秀芽茶"等。

紧压茶中的"砖茶"、"饼茶"、"球状茶"、"沱茶"等,均为按茶叶制成的形状命名的。

四、以茶叶的加工方法命名

"乌龙茶",是用红茶的发酵法,绿茶的杀青法制作而成,使茶叶变为绿叶红镶边,因而得名。

"涌溪火青茶",属绿茶的一种,原产于安徽省泾县涌溪湾头山。因为这种茶的加工方法是用猛火炒制而成,故名"火青"。

"峨眉峨蕊茶",产于四川省峨眉山,"峨蕊"与采制技艺有关,茶叶炒成后,粒粒如"蕊",纤秀如眉,又产于峨眉山,故称"峨蕊"。

"紧压茶",一般用比较粗大的叶片、枝梢先制成黑茶、老青茶、红茶或绿茶,再用这些茶作原料,将茶压制成各种形状,故名之。

五、以茶叶采制的时间命名

"莫干黄芽茶",产于浙江省莫干山。从春到秋采摘不止,制茶不断,因采茶季节不同,成茶的名称各异,清明采摘的茶称为"芽茶",初夏采制的茶叫"梅尖",初秋采制的茶曰"秋白",十月采制的茶称"小春",其中以"芽茶"为佳。芽茶条状紧细,形似莲心,汤色橙黄,香气清新,故又称之为"黄芽"。

六、以茶叶生长的自然环境命名

"庐山云雾茶",是绿茶的一种,产于江西省庐山。由于庐山北依长江,南临鄱阳湖,终年云雾弥漫山谷,这种环境对茶树的生长十分有利,庐山的茶树生长于云雾笼罩之中故名"庐山云雾茶"。

其他还有"华山顶云雾茶"、"天目山云雾茶"等。

"武夷岩茶",是乌龙茶之一种,此茶产于福建的武夷山,茶丛多生长在岩缝之中,故以"岩茶"命名,又因产于武夷山,故称之为"武夷山岩茶"。据说此茶每年的产量极有限。

七、以颜色和茶叶形状共同命名

"顾诸紫笋茶",绿茶的一种,产于浙江省顾诸山,因为它的颜色近于紫色,形状似笋,所以用"顾诸紫笋茶"称之。

"敬亭绿雪茶",产于安徽省宣城的敬亭山。当此茶冲泡时,芽叶白毫显露,如雪花纷飞,故名"绿雪",具有清新高雅的特点。

八、以佛教名词命名

"普陀佛茶",此茶产于浙江省舟山群岛的普陀山。普陀山是我国四大佛山之一,山上寺庙很多,自古有"佛国"之称。古时候,僧侣在寺院周围种植茶树,采制的茶称为"佛茶"。此茶外形似圆非圆似眉非眉,近似蝌蚪之状,故又称之为"凤尾茶"。

九、以茶树和花名命名

"凤凰单丛茶",此茶是广东生产的乌龙茶,鲜叶采自"凤凰水仙"单株茶树,用乌龙茶的制作工艺加工而成,故称之为"凤凰单丛茶"。又如白茶中的"白牡丹",此茶形似花朵,绿叶夹白毫,故称之"白牡丹"。白牡丹又分为大白、小白、水仙白三种。

以花命名的花茶种类很多,它们均为鲜花窨制茶叶而成的,常用的花种有茉莉花、珠兰花、玉兰花、玳玳花、玫瑰花、桂花等,如茉莉花茶。茉莉花茶又有福建茉莉花茶、杭州茉莉花茶和苏州茉莉花茶等。

十、以民间传说命名

乌龙茶中的上品"铁观音"茶,此茶产于福建省的安溪。传说清乾隆年间,安溪的松林头乡有个僧人,名叫魏钦,每天以一杯清茶敬献观音像前。有一天,他上山砍柴,发现山上观音庵前石缝中长出一株奇特的茶树,便将茶树移植到自己的庭院里种植,精心培育,每年从此树采茶制茶,茶叶色泽褐绿,重实如铁,美似观音,故称之为"铁观音"。

"大红袍茶",产于福建省武夷山区。传说在唐代有一个去京城参加科考的书生,当他路过武夷山时,感到口渴头晕,便在一株大树下休息,书童把大树上的叶子泡在泉水里煮当茶喝,当他饮完一杯后,感到目明脑清,精神爽快,他便让书童在大树上采些叶子带往京城,以便考前当茶喝。当他考前喝了此树叶茶,头脑立觉清醒,他在这次会试中竟然夺得状元。当他红袍加身荣归故里,路过武夷山的这株大树前,便把自己身上的红袍披在这株大茶树上,并向大树拜谢。此后,人们便把这株茶树采制的茶称为"大红袍"。由于此茶产量有限,因而此茶更显得珍贵。

十一、以茶叶的集散地命名

"普洱茶",产地集中在云南省思茅和西双版纳地区,普洱并不生产茶叶,它只是茶叶的集散地,故将此地集散的茶称为"普洱茶"。

十二、以中药配料取名

民间有些"药茶",以中药取名,例如:"人参茶"、"绞股蓝茶"、"苦丁茶"、"菊花茶"、"枸杞茶"等。

十三、以其他名称命名

有的一茶多名。如绿茶中的"太平猴魁茶",产于安徽省太平县猴坑、凤凰山、猴形山、鸡公山一带,原来叫"奎尖",现在取名"猴魁"。"奎尖"表明为茶之首,又因产于太平县,所以又叫"太平猴尖"。此茶形状挺直平扁,两端尖尖,两叶包一芽,形状匀称,又有"龙飞凤舞"和"刀枪云集"之称。

乌龙茶中还有一些富于形象色彩的名称,例如:"白鸡冠"、"半天妖"、"水金龟"、"素心兰"、"金钥匙"、"不知春"、"不见天"、"铁罗汉"等。

第十四章 酒文化及其词语

第一节 中国的酒文化概说

一、中国酒的简史

中国约有五千年的酒文化历史。在远古的夏代的夏桀时,就有"糟丘酒也""一鼓而牛饮者三千人"的传说。又有商代纣王时的"流酒为池""为长夜之饮"的传说。在商代的甲骨文中也出现"醴"字,"醴"就是指酒。《尚书》则有"若作酒醴,尔惟曲糵"的记载,这里的"曲"是指用微生物发酵,成为造酒的原料;"糵"(niè)也是造酒的"曲"。《诗经·小雅》中也有"宾之初筵,左右秩秩"、"酒既和旨,饮则孔偕"。《孟子》中也有"禹恶旨酒",《孔丛子》中也有"尧舜千钟"之说,"钟"指古代酒杯。关于最早造酒者,一说仪狄,一说杜康。例如《战国策》中载有"仪狄作酒而美"。西晋时代的江统在《酒诰》中说:"酒之所兴,肇自上皇,或云仪狄,或曰杜康。"战国时代的《世本》中说:"少康作秫酒。少康者,杜康也。"汉代许慎的《说文解字》中说:"古者少康初作箕帚、秫酒。少康,杜康也。"民间也有"杜康造酒"的传说。三国时的曹操则有"何以解忧,唯有杜康"的诗句,不过曹操的诗句中是以造酒的"杜康"代酒而已。

总之,在中国酒的历史上,仪狄和杜康是人类最早用粮食酿酒的首创者。在世界酒史上,真正具有明确的物证、年代和记载的是中国酒。

西周初年,周公便以周成王名义发布《酒诰》,设立酒官,规定以酒祭祀神灵,将酒引入酒文化的礼乐之道,使中国的礼仪别开风气,气象一新。近代学者柳诒徵在《中国文化史》中说:"古代初无尊卑,由种谷作酒之后,始以饮食之礼而分尊卑也。"从而朝野崇尚以酒祭祀,"故精治祭器、酒器,而钟鼎尊彝之制大兴"。这时期的中国酒文化以独特的文化艺术体系,对社会的发展产生了深刻的影响。

秦汉时期酒文化有了进一步发展,而到盛唐之时,达到酒业鼎盛,名酒荟萃,当时的首都长安街上处处酒楼,酒肆纵横。同时期,中国的酿酒技术也传向国外,特别是亚洲各国,例如日本开始用中国的造酒技术造出"清酒"。

二、中国酒与民间习俗

中国酒文化历经数千年而不衰,原因之一是因"酒"与"久"、"有"、"寿"等吉祥字谐音,所以酒自古具有以"酒"代"久"、"有"、"寿"的文化内涵,受到人民的崇爱。因此,古语说:"非酒无以成礼,非酒无以成欢。"故中国人自古不仅以酒祭祀神灵,还有以酒庆喜事,以酒会友的风尚。不论是喜庆筵席,亲朋往来,还是逢年过节,日常家宴,均是"无酒不成席"。在喜庆筵席上,人们往往要举杯畅饮,划拳行酒令,以增添节日的喜庆欢乐的气氛。不同的节日饮不同的"节令酒",例如:过年(春节)时要饮"屠苏酒",端午节(农历五月初五)饮"雄黄酒",中秋节(农历八月十五)则饮"桂花酒",重阳节(农历九月初九)则饮"菊花酒"。在结婚时的"喜酒"又称"合卺(jǐn)酒",在庆贺婴儿出生满月时则饮"满月酒",在办丧礼时则饮"解秽酒"。

由于酒具有一种微妙的神奇作用,故千百年来,人们不仅以酒祭祀神灵祖先,酒还可用来提神醒脑,或以酒助胆,以酒驱寒等传统说法。但饮酒过度则伤身。俗语说得好:"浅酌爽神怡情,豪饮则乱性伤身。"所以饮酒不能超过三杯。古代在筵席上饮酒时有"酒过三巡"之礼,就是指当客人喝完三杯酒之后,就不要再劝客饮酒。自己也要自我节制饮酒,以免过度饮酒而伤身或酒后失态。

三、中国酒与文人

不同的时代、不同的阶层的饮酒风尚和效应也不同。如先秦之饮尚阳刚,尚勇敢,尚力量;魏晋之饮尚狂放,尚旷达;唐代之饮尚奋发向上,尚发挥才情的恢弘气度;宋代之饮尚省悟人生,或人情的淡淡伤感。

古时的酒多以黄米发酵而酿成的,含酒精量较少,香味绵长,因此当时人一次可喝几碗或十几碗,以显示其潇洒豪情与海量,尤其是文人雅士之间,盛行"酒谈"、"酒诗"之风,留下了许多文人与酒的趣闻雅事。

传说西晋时的"竹林七贤"均好饮酒,"竹林七贤"为:嵇康、阮籍、阮咸、山涛、向秀、王戎、刘伶。其中的刘伶嗜酒如命。民谚云:"刘伶饮酒,一醉三年。"东晋时代的隐逸田园的诗人陶渊明,更是与酒结下了不解之缘,留下了多首饮酒的诗歌。唐代的文人中曾有"酒中八仙"之美誉,"酒中八仙"为:贺知章、李琏、李适之、崔宗之、苏晋、李白、张旭、焦遂。其中的大诗人李白,留下"钟鼓馔玉不足贵,但愿长醉不复醒"的诗句。唐代被誉为"草圣"的大书法家张旭,则传说他往往大醉之后,呼喊狂走,然后挥笔,因而写下了大量龙飞凤舞的狂草书法杰作,至今在江苏省苏州市的张旭祠中有一副楹联:"书道入神明,酒狂称草圣。"被誉为"诗圣"的杜甫也终生嗜酒。因杜甫诗中句"性豪业嗜酒",被当今的大诗人郭沫若谥为"酒豪"。有人统计过,在李白、杜甫的诗集中,言及酒的诗,李白占17%,杜甫则占21%。宋代大文学家欧阳修曾在安徽滁州城外的山亭中宴饮后,自称"醉翁",这个山亭也被他命名为"醉翁亭",并写下了《醉翁亭记》这篇千古传诵的美文,其中的"醉翁之意不在酒,在乎山水之间也"的名句,传诵至今。宋代另一大文豪苏轼也嗜酒如狂,他的许多著名诗词赋中也多沾有酒的韵味,富有强烈的艺术魅力。

在中国的诗词史中,以酒抒怀,以酒解忧、以酒咏物的诗词歌赋曲,何止千万篇。三国时代的曹操的诗中说:"对酒当歌,人生几何?譬如朝露,去日苦多。慨当以慷,忧思难忘。何以解忧,唯有杜康。"晋代诗人陶潜则有:"忽与一觞酒,日夕欢相持。"唐代李白则有:"花间一壶酒,独酌无相亲。举杯邀明月,对影成三人。"宋代的苏轼则有:"明月几时有,把酒问青天。"词客则有:"天上人间酒最尊,非甘非苦味通神。一杯能变愁山色,三盏全迥冷谷春。"总之,酒对文人来说是"文思泉",酒能启迪文思和灵感。所以有"李白斗酒诗百篇"、"酒肠无酒诗不流"的诗句。中国历代的文人学士,如屈原、陶渊明、李白、杜甫、苏轼、柳永、李清照、陆游、辛弃疾等大诗人,都留下了有关酒的诗词或逸闻。

此外,中国酒的魅力还表现在其他方面。例如:

酒能壮勇助胆,故而古人称酒为"英雄胆"。《三国演义》中描写了"关云长温酒斩华雄"和"曹操刘备煮酒论英雄"的动人故事。

古代帝王们常用酒来作"犒三军、励士气、赏群臣、示恩宠、慰天下、饰太平、笼络人心"的统治工具。所以有宋太祖赵匡胤的"杯酒释兵权"之举,就是利用酒"赏功臣、示恩宠"来解除了众将帅的兵权。

酒也是沟通人际关系的"交谊桥"。常言道:"酒逢知己千杯少,话不投机半句多。"

第二节 酒的种类及名称

一、酒的种类

中国酒的种类繁多,其名称更是难以数计。我们仅把著名的酒类及名称简述如下:

1. 黄酒。始于中国的商代。多用黄米作原料,酒色呈黄色,因而称之为黄酒,至今已有三千多年的历史了。由于黄酒可保健养生,故誉之为"神液"。现在流行的黄酒有"绍兴黄酒"和"加饭酒"。黄酒也可以用来调味,因而又称之为"料酒"。

2. 白酒。古代称"烧酒"、"火酒"。始于中国的东汉盛于唐宋,流行于当代。当代的白酒品名繁多,仅以全国有名的白酒名称及产地简述如下:

(1)茅台酒,产于贵州省仁怀县茅台镇。

(2)五粮液,产于四川省宜宾市。

(3)泸州老窖特曲,产于四川省泸州市。

(4)杏花村汾酒,产于山西省汾阳市。

(5)西凤酒,产于陕西省凤翔县。

(6)洋河大曲,产于江苏省泗阳县洋河镇。

(7)古井贡酒,产于安徽省亳州古井镇。
(8)全州大曲,产于四川省成都市。
(9)宝丰酒,产于河南省宝丰县。
(10)双沟大曲,产于江苏省泗洪县。
(11)郎酒,产于四川省古蔺县二郎镇。
(12)董酒,产于贵州省遵义市。
(13)武陵酒,产于湖南省常德市武陵县。
(14)剑南春,产于四川省绵竹县。
(15)黄鹤楼酒,产于湖北省武汉市。
(16)宋河粮液,产于河南省鹿邑县。
(17)沱牌曲酒,产于四川省射洪县。
(18)杜康酒,产于河南省伊川县。
(19)文君酒,产于四川省邛崃县。
(20)习酒,产于贵州省习水县。
(21)兰陵美酒,产于山东省苍山县兰陵古镇。
(22)刘伶醉,产于河北省徐水县。
(23)古遂醉,产于河北省徐水县。
(24)九江封缸酒,产于江西省九江市。
(25)丹阳封缸酒,产于江苏省丹阳市。
(26)滏阳春,产于河北省磁县。
(27)衡水老白干,产于河北省衡水市。
(28)竹叶青酒,产于山西省汾阳市。
(29)琼花露酒,产于江苏省扬州市。
(30)巴陵冬酒,产于湖南省岳阳市。
(31)龙岩沉缸酒,产于福建省龙岩市。
(32)浏阳河小曲,产于湖南省浏阳市。
(33)赊旗酒,产于河南省南阳市。
(34)酒鬼,产于湖南省湘西吉首市。
(35)惠泉酒,产于江苏省无锡市惠泉。
(36)桂花陈,产于北京市。
(37)鼓浪洞天,产于福建省厦门市。

(38)二锅头酒,产于北京市。
　　(39)小糊涂仙,产于贵州省茅台镇赤水河畔。
　　(40)口子窖,产于安徽省淮北市。
　　(41)蒙古王,产于内蒙古自治区通辽市。
　　(42)一亩泉,产于河北省保定市。
　　(43)孔府家酒,产于山东省曲阜市。
　　(44)京酒,产于北京顺义县。
　　(45)玫瑰露,产于河南省洛阳市。
　　(46)莲花白,产于北京市海淀区。
3. 中国药酒。用各种白酒泡各种药材而成。例如:
　　(1)虎骨酒,产于北京市。用白酒泡虎骨而成。(因保护野生动物,已停产。)
　　(2)鹿茸酒,产于吉林省长春市。用白酒泡鹿茸而成。
　　(3)枸杞酒,产于宁夏回族自治区银川市。用白酒泡枸杞子而成。
　　(4)人参酒,产于吉林省长春市。用白酒泡人参而成。
　　(5)三蛇酒,产于广东省广州市。用白酒泡白花蛇等三种蛇而成。
　　(6)三鞭酒,产于山东省烟台市。用虎鞭(指阴茎)、牛鞭、狗鞭泡酒而成。
　　(7)陕县养生酒,产于河南省陕县。用白酒泡茯苓、山药等而成。
　　(8)龟茸酒,产于海南省三亚市。用白酒泡龟及鹿茸而成。
　　(9)三七酒,产于云南省昆明市。用白酒泡三七而成。
　　(10)龟龄集酒,产于云南省昆明市。用龟甲泡酒而成。
　　(11)长春酒,产于广东省汕头市。用白酒泡多种药材而成。
　　(12)菊花酒,产于北京市。用白酒泡白菊花而成。
　　其他药酒:当归酒、地黄酒、雄黄酒、茵陈酒、菖蒲酒、柏酒、黄芪酒、五加皮酒、艾酒、松花酒、神虫葆真酒等。
　　4. 葡萄酒。中国汉代就生产葡萄酒。如《史记》中有"蒲陶酒"的记载。唐诗中有"葡萄美酒夜光杯"的诗句。葡萄酒最早来自西域各国(即

现在的中国新疆地区)。现在流行的名品有以下几种葡萄酒:

(1)张裕葡萄酒,产于山东省烟台市。

(2)长城葡萄酒,产于河北省宣化市。

(3)通化葡萄酒,产于吉林省通化市。

(4)王朝葡萄酒,产于天津市。

5.果酒,以普通水果作原料配制的饮料。例如:

(1)苹果酒,产于辽宁省盖平县。

(2)山楂酒,产于辽宁省沈阳市及北京市。

(3)黑加仑酒(又名紫梅酒),产于黑龙江省尚志县。

(4)红豆酒,产于内蒙古牙克石。

(5)猕猴桃酒,产于四川省灌县青城山。

(6)都柿酒,产于内蒙古牙克石。

(7)木瓜酒,产于广东省佛山市。

(8)佛手酒,产于广东省中山市。

(9)桑椹酒,产于河南省信阳市。

(10)莲桂酒,产于湖南省常德市。

(11)枸杞酒,产于宁夏银川市。

6.啤酒,1900年引自俄国。现代流行的啤酒品名有:青岛啤酒、北京五星啤酒及燕京啤酒,还有五洲啤酒、雪花啤酒、醴泉啤酒等。

二、酒的乳名、学名、别名及绰号

在中国酒的发展史中,和人一样,有早期的乳名,后来又有学名、别名和绰号,下面分述之。

1. 酒的乳名

中国酒在初始期曾有许多乳名,例如:

(1)酋(qiú),在商代指熟酒和管理酒的官员。

(2)酉(yǒu),酒在早期的乳名,见于甲骨文。

(3)鬯(chàng),古代祭祀用的一种酒。

(4)醴(lǐ),甜酒,也是古代酒的乳名,甲骨文中已有其雏形。

2. 酒的学名

在古代文献中出现很多酒的学名,例如:

(1)酿(niàng),指好酒,如佳酿。

(2)醇(chún),指味道纯正的酒。

(3)盎(àng),泛指酒。

(4)醨(lí),指薄酒。

(5)酎(zhòu),指重酿的醇酒。

(6)醅(pēi),指没有过滤的酒。

(7)醑(xǔ),古代指美酒。

(8)醍(tí),古代指精炼的酒。

(9)醝(cuō),也指没过滤的酒。浊酒。

(10)醪(láo),也称甘醪,指醇酒。

(11)醽(líng),指美酒。

(12)醪醴(láolǐ),对各种酒的总称。

3. 酒的别名

在古代文献中,也出现了许多酒的别名。例如:

(1)酝(yùn),指酿造的酒。

(2)酤(gū),指薄酒;清酒。

(3)酐(gān),指苦酒;酸酒。

(4)酌(zhuó),泛指酒饭。

(5)酴(tú),古代指重酿的酒。

(6)浊醪(zhuóláo),指浊酒。

(7)醇醪(chúnláo),指美酒。

(8)醇酿(chúnniàng),指好酒,醇酒。

(9)醽醁(línglù),指美酒。本作"酃渌",原产湖南省酃县(今炎陵县)一带。

(10)春醪(chūnláo),酒的别称,指一般酒。

(11)屠苏,指古代的春酒。

(12)釃(shī),指过滤的酒。

(13)九酝(jiǔyùn),指美酒。

4. 酒的绰号

酒的绰号也很多,多流传于民间。例如:

玉液琼浆　忘忧　欢伯　天禄　天乳
神液　　般若(bōrě)　伯雅　太平君子
杯中物　文思泉　透瓶香　出门倒　祸泉
解愁丹　黄汤　洞庭春色　九酝春

三、酒器及名称

中国的酒器所用质料不同。夏商周三代多用兽角、铜器、陶器盛酒,春秋时代多用瓷器,秦汉时期多用漆器,唐宋多用金、银、玉石、象牙,明清时代又用水晶、玛瑙、玻璃等制作酒杯。酒器的名称繁多,古今不同。例如:

1. 古代的酒器名称

觚(gū)　觥(gōng)　觯(zhì)　樽(zūn)　角
觞(shāng)　爵(jué)　斝(jiǎ)　鼎(dǐng)
瓴(líng)　瓿(bù)　卣(yǒu)　彝(yí)
盉(hé)　罍(léi)

2. 近代及现代的酒器名称

釜　罐　盆　钵　碗　椀　盏　盅
杯　盃　壶　罇

四、与酒有关的词

与酒有关的名词也很多。例如:

酒店　酒楼　酒肆　酒旗　酒幌　酒厂　酒席　酒筵
酒宴　酒会　酒令　酒拳　酒诗　酒谈　酒友　酒徒
酒鬼　酒仙　酒圣　酒德　酒疯　酒醉　酊酩　酒巷
酒馆　酒客　酒歌　酒杯　酒罈　酒壶　酒桌　酒酬
酒橱　酒柜　酒碗　酒盅　酒吧　酒家　酒水　酒帐
酒旗　酒帘　酒力　酒色　酒食　酒钱

第十五章　数词表达的文化含义

数词在中国产生得很早,大约在五千年前的原始社会的仰韶文化中便有数的刻画符号。在殷商时期的甲骨文中,数词已相当完备,从一到十,数目齐全,而且还有十进位制,甚至有百千万等数字。英国的科学史家李约瑟在《中国科学技术史》中对商代的记数法给予了很高的评价,他说:"中国商代的数字系统比同一时代的古巴比伦和古印度、古埃及更为先进,更为科学。"

数词在汉文化中,占有重要地位,它有丰富的文化内涵。数词的产生本来没有任何神秘色彩,它来源于狩猎时代。数词的基本功能用于计数,即表示事物的数量关系。然而在中国历史文化背景下,由于汉民族在古代对语言灵物的崇拜,同样引起对数词的灵物崇拜,认为有些数词能给人们带来幸福和财富,有些数词则被认为会给人们带来灾难和不幸,因此,数词便有吉凶褒贬的神秘意义色彩。这种数词的神秘观念也受古代阴阳五行理论的影响。古人把十以内的数分成两大数列。认为奇数一、三、五、七、九为阳,具有为天、为刚、为夫的象征意义;偶数二、四、六、八、十为阴,具有为地、为柔、为妻的象征意义。这种带有神秘色彩的奇数和偶数又称作"玄数"。

数词的这种神秘观念也反映到汉语的词汇中来,因为由数词组合的复合词语非常可观。下面仅以基数词为例分别说明。

一、数词"一"的文化含义及其词语

汉民族自古尊崇数词"一",认为"一"是万数之始,万物之祖,万事之源。因为"一"和"元"、"始"、"初"同义。《老子》第四十二章说:"道生一,一生二,二生三,三生万物。"朱熹也说:"一分为二,二分为四,四分为八。"这种崇拜"一"的民族文化心态,反映到汉语的词语中,便形成了众多的含"一"的词语。常用的辞典中,"一"打头的词条很多。如《现代汉语词典》"一"打头的词就有 263 个,《国语活用辞典》以"一"打头的词有 346 个,《汉语词典》(《国语辞典》的简本)以"一"打头的词有 645 个之多,《中国成语大辞典》(上海辞书出版社)"一"打头的成语有 426 个之多。

二、数词"二"的文化含义及其词语

数词"二"是偶数之首,其他偶数均为"二"的倍数。汉民族的原始宗教和道教也都尊崇偶数,认为偶数是大吉大利之数。《易经·系辞》说:"易有太极,是生两仪,两仪生四象,四象生八卦。"所谓"太极"是指宇宙天地万物的根源,太极分为阴阳二气,阴阳化合而生万物。太极图像就是一对旋转的阴阳鱼合为一个圆体,象征宇宙万物的生成和变化,反映了古代"合二而一"的辩证的哲学思想。这种二元思想观念反映到生活方面,即是事事讲究对偶和对称,并且喜欢事物的成双成对。

由"二"、"两"、"双"组成的词语多含褒义。但由"二"组成的词语中也有含贬义的,如:二把刀、二赖子、二愣子、二流子、二傻子、二百五(讽刺有些傻气的人)、二五眼(能力差的人)、二进宫(借京剧剧名,借指二次进监狱的犯罪者)等。古时候把前代王朝的臣子为异姓王朝服务的人称作贰臣。清朝编有《贰臣传》,收录明朝降清并为之服务的臣子 125 人。

在文化生活方面,旧诗词及对联讲究对偶、对仗;从建筑艺术到城市布局(如北京城及故宫的格局)、民间工艺(陶瓷、刺绣、蜡染、剪纸、年画、雕塑等)等,都讲究对称均衡之美。这种文化心态和审美情趣还可以追溯到汉字产生对称结构,如小、火、水、赤、辩、喆、囍、喜等字,都是追求对称之美,并含有"双双见喜"、"双喜临门"之意。人们在相互送礼物时,也讲究"送双不送单",以取"成双成对"的吉利之意。如:二龙戏珠、双双对对、双蝶共舞。

三、数词"三"的文化含义及其词语

数词"三"也是具有神秘色彩的玄数。《周易》六十四卦,每卦六爻,阴爻称六,阳爻称九,六、九都是三的倍数。通过这六九变爻,相互移易以显示宇宙变化无穷的千品万类。这大概是老子所说"三生万物"观念的体现。所以数词"三"自古就表示生发、吉祥之义。汉族的先哲认为:宇宙乾坤是由"三维"构成的,所谓"三维",有的说是"天地人"三才;也有的人认为由"三辰"(日、月、星)衍化而来,因为自然环境无论发生什么变化,但天上的日月星辰总是伴随着人们,这容易引起人们对"三"产生崇拜的心理。

由于"三"是表示吉祥的"玄数",所以自古代以来的事物多以"三"命名,天文、学法、律吕、度器以及宫殿建筑、王朝设官等,无一不以"三"为法度。例如古代象征国家社稷的鼎有三足,汉族的始祖称为"三皇"(伏羲氏、燧人氏、神农氏),最早的朝代称"三代"(夏、商、周),官位有"三公"(太师、太保、太宰),军有"三军"(古为中、上、下三军),教有"三教"(儒、道、佛三教),祭祀有"三牲"(牛、羊、猪),节日有"三节"(端午节、中秋节、年节),礼教有"三纲"(君为臣纲、父为子纲、夫为妻纲)等。其他含"三"的词语如:

　　三宝　三才　三昧　三味　三星　三朝　三友　三春
　　三夏　三伏　三冬　三九　三国　三思　三角　三绝
　　三通　三史　三玄　三师　三迁　三藏　三礼　三光
　　三戒　三更　三时　三生　三王　三世　三古　三元
　　三尺　三纲五常　三阳开泰　三朝元老　三生有幸
　　三从四德　三顾茅庐　三姑六婆　三叩九拜　三坟五典
　　三教九流　三头对案　三心二意　事不过三　三分鼎足
　　三思而后行　三句话不离本行　三过家门而不入
　　三年不窥园

"三"与"两"组成的词语多表示少数。如:

　　三三两两　三言两语　三冬两夏　三杯两盏

"三"与"五"、"六"组成的词语则表示多数、多次等。如:

　　三令五申　三番五次　三五成群　三年五载　三三五五
　　三头六臂　三茶六饭　三推六问　三班六房　三媒六证
　　三灾六难　三妻四妾　隔三差五

"三"与"四"组成的词语则多含贬义。如:

不三不四　低三下四　朝三暮四　颠三倒四　丢三落四
说三道四　挑三拣四　三朋四友

四、数词"四"的文化含义及其词语

"四"是"二"的倍数，也是偶数，可成双成对，所以"四"也是表示吉祥的"玄数"。汉民族的礼俗，讲究"四平八稳"，室内要挂四扇屏，送礼物要送四样（四个或四种），请客吃饭讲究四盘八碟。中国的许多事物往往与"四"相配。如：四德（孝、悌、忠、信）、四行（仁、义、礼、智）、四书（《论语》、《大学》、《中庸》、《孟子》）、四术（诗、书、礼、乐）、四大（道、天、地、王）、四史（《史记》、《汉书》、《后汉书》、《三国志》）、四司（司空、司马、司徒、司寇）、四大江河（长江、黄河、黑龙江、珠江）、四大湖泊（洞庭湖、鄱阳湖、青海、太湖）、四大佛山（五台山、普陀山、九华山、峨眉山）、四大发明（指南针、造纸、印刷术、火药）、四大名亭（滁州的醉翁亭、长沙的爱晚亭、北京的陶然亭、苏州的沧浪亭）、京剧四大名旦（梅兰芳、程砚秋、尚小云、荀慧生）、四大须生（马连良、谭富英、杨宝森、奚啸伯）、四大名镇（朱仙镇、景德镇、佛山镇、汉口镇）、四大金刚、四喜丸子。风景有四景（风、花、雪、月）、四都（东都洛阳、西都西安（长安）、南都南京、北都北京）、文房四宝（笔、墨、纸、砚）、四大石窟（大同云冈石窟、洛阳龙门石窟、敦煌莫高窟、天水麦积山石窟）、四库全书（全书分为经、史、子、集四部）、黄山四绝（奇松、怪石、云海、温泉）、国画四君子（梅、兰、竹、菊）、书法四体（真（楷）、草、隶、篆）、文人四艺（琴、棋、书、画）等。

由"四"组成的词语很多，常用的有：

四方　四面　四边　四周　四邻　四郊　四围　四处
四野　四海　四季　四散　四时　四体　四肢　四类
四书　四行　四术　四库　四言　四声　四呼　四胡
四则　四岳　四德　四配　四家诗　四言诗　四史　四维
四面八方　四通八达　四平八稳　四山五岳　四分五裂
四海为家　四海飘零　四面楚歌　四邻八舍　四大皆空
四面埋伏　四处游说　四世同堂　四维空间　四喜丸子

在一些方言区,因"四"与"死"、"十四"与"实死"谐音,所以都忌讳说"四"。例如在粤语、闽语方言区,医院里不设四号病房,公共汽车没有四路,汽车牌号也没有"四",大厦楼层没有四层或十四层,送礼物忌送四种等。

五、数词"五"的文化含义及其词语

在汉文化中,数词"五"也是吉祥的"玄数"。古代有"五行"之说,即金、木、水、火、土五行运行,和东、南、西、北、中五方相配:木—东,金—西,火—南,水—北,土—中。"五"被赋予无所不包的概念,"五行"有相克相生的功能、属性,金生水,水生木,木生火,火生土,土生金;金克木,木克土,土克水,水克火,火克金,因而"五"这个数词带有神秘色彩,并成为人们崇拜的数字。人们在总结或命名事物时喜用"五",因此,汉语词汇中有很多是由"五"组成的,常用的含"五"的词语就有:占卜有"五行"、"五卜",方位有"五方",天有"五星",地有"五材",古有"五帝",史有"五代"、"五霸",地有"五洲"、"五湖",山有"五岳"、"五岭",人伦有"五常"、"五伦",寿有"五福",祭祀有"五牲"、"五鼎",行政有"五官",官署有"五坊"、"五均",爵位、刑罚有五等,刑具有"五刑",兵器有"五兵",人体有"五官"、"五脏"、"五内",手有五指,书有"五经"、"五典",诗有"五言",音乐有"五律"、"五声"、"五音"、"五线谱",中医有"五风"、"五阻"、"五劳"、"五虚"、"五气"、"五损"、"五诊",粮食有"五谷",家畜有"五畜",味有"五味"、"五香",色有"五色",文采有"五彩",药有"五毒",行业有"五工",动物有"五兽"、"五虫",道德有"五德",酒有"五粮液"。成语有:

五光十色　　五花八门　　五彩缤纷　　五湖四海　　五劳七伤
五零八落　　五行八作　　五大三粗　　五体投地　　五子登科
五经四书　　五世同堂　　五世其昌　　五零四散　　五马分尸
五谷不分　　五颜六色　　五十步笑百步　　五福临门
五福庆寿

六、数词"六"的文化含义及其词语

数词"六"也是汉民族所偏爱的偶数。"六"是"二"和"三"的倍数,

因此"六"也象征吉祥,常说"六六大顺"。古人喜欢用"六"命名,如:自然有"六气"(阴、阳、风、雨、晦、明)、宇宙有"六合"(天地四方)、中央政府有"六部"(礼部、户部、刑部、吏部、兵部、工部)、人有"六欲"(生、死、耳、目、口、鼻)、"六情"(喜、怒、哀、乐、爱、恶)、"六亲"(父、母、兄、弟、妻、子)、"六神"(道教认为人的心、肺、肝、肾、脾、胆各有神灵主宰)、古代皇后的寝宫有"六宫"、粮有"六谷"(稻、粱、菽、麦、黍、稷)、婚仪有"六礼"(纳采、问名、纳吉、纳征、请期、亲迎)、典制有"六典"(治典、教典、礼典、政典、刑典、事典)、汉字造字法有"六书"(象形、指事、会意、形声、转注、假借)、诗经有"六义"(风、雅、颂、赋、比、兴)、人体有"六腑"(指胆、胃、大肠、小肠、膀胱、三焦,自舌的下部沿胸腔至腹腔的部分中医分别称上焦、中焦、下焦为三焦)、典籍有"六经"(诗经、书经、礼记、乐经、易经、春秋)、学有"六艺"(礼、乐、射、御、书、数)、佛家讲"六根"(眼、耳、鼻、舌、身、意)、社会有六婆(牙婆、媒婆、师婆、虔婆、药婆、稳婆之总称)、兵法有"六韬""六略"、妇女怀孕称身怀"六甲"(旧说女子在甲子、甲寅、甲辰、甲午、甲申、甲戌日最易怀孕)、家畜有"六畜"(马、牛、羊、猪、鸡、犬)、中医称外感致病的六种因素为"六淫"(风、寒、暑、湿、燥、火)、近代法律有"六法"(宪法、民法、商法、刑法、民事诉讼法、刑事诉讼法)。

与"六"有关的词语还有:

六弦琴　六亲不认　六亲无靠　六欲不绝　六神无主
六十甲子　六尺之孤　六畜兴旺　六根清净　六月飞霜
六气损伤　六阳魁首　七情六欲　吆五喝六　骈四俪六

七、数词"七"的文化含义及其词语

"七"在基数里虽是奇数,但自古却被汉民族崇为神圣数。

《周易·复卦》中有"反复其道,七日来复,利有攸往"之说。《象传》解释这句话说"反复其道,七日来复,天行也"。意思是"七日"是天道循环往复运行的周期数,传说世界是经过七日创造出来的,因此定七日为一周,古今不变。古人认为"七"这个有限的奇数象征无限的时间,是个大无穷的宇宙极数。

"七星"反映日、月、金、木、水、火、土,又指北斗星。又有"七曜"、"七纬"之说。中国古代人以正月初七为人日。《北史·魏收传》引晋代董勋《答问礼俗》解释说:"正月一日为鸡,二日为狗,三日为羊,四日为猪,五日为牛,六日为马,七日为人。"前六种动物与六合方位相应,如鸡、狗、羊、猪正是东、南、西、北四方居住者崇拜的四种动物图腾,而牛耕于地下,马行空于天,人占据中央,中央也是神圣的第七位。

"七"既然是极数、圣数,自然也是大吉大利之数。所以在中国,万物与"七"有不解之缘。图书典籍方面,有儒家经典集成《七经》,汉代刘歆有《七略》,南朝王俭有《七志》,阮孝绪有《七录》等。文学方面,西汉时有东方朔吊屈原辞《七谏》,赋有枚乘的《七发》,后人仿其作有《七激》、《七辩》、《七启》、《七释》、《七讽》、《七济》、《七训》、《七要》、《七命》、《七征》、《七励》等。东汉末建安年间有"建安七子"(孔融、陈琳、王粲、徐干、阮瑀、应玚、刘桢)、魏晋之时有"竹林七贤"(嵇康、阮籍、阮咸、山涛、向秀、王戎、刘伶),音乐音律有"七始"、"七律"、"七声"、"七音"、"七旦"、"七弦琴"、"七部乐"等。中医有七大学派,方济有"七方",诊病有"七情"、"七伤"、"七窍",针灸有"七星针",中药有"七厘散"等。颜色有"七色"、"七彩",光学仪器有"七色板"。家庭生活有"七件事"——柴、米、油、盐、酱、醋、茶。味有"七味"、"七香"。节日有"七夕"(七月七日),是中国古代的情人节、妇女节。古代以"七"为祭日,即人死后每七日设祭一次,至七七四十九日止,故"七"与丧事有关。

在四字成语中,"七"常和"八"相配,多表示杂乱之意,故常含贬义。例如:

七零八落	七零八碎	七扭八歪	七高八低	七差八错
七青八黄	七折八扣	七上八下	七上八落	零七八碎
七嘴八舌	七手八脚	七拼八凑	乱七八糟	乌七八糟
七言八语	七行八作	七孔八洞	七长八短	七老八十
七横八竖	七高八低	七颠八倒		

"七"也表示多数。闻一多在《七十二》中说:"在十五足数的系统中,五是半数,五减二得三,是少数,五加二得七,是多数。"古书中说到"三"或"七",往往是在这种意义上,作为代表少数或多数的象征数字。

所以有"七擒七纵"、"七进七出"等词语。

八、数词"八"的文化含义及其词语

数词"八"是"二"、"四"的倍数,也是成双成对的偶数,当然也是象征吉祥的玄数。由于"八"象征吉祥喜庆,所以民间在结婚或庆贺喜事时,常设"八八"宴席(即喜庆宴要求上八碟和八碗菜肴)招待宾客,寿宴有"八仙庆寿",也是要上八种菜,中间还有大寿桃。

事物命名也喜用"八"字。由"八"组成的词语如:方位有"八方",占卜有"八卦",神话有"八柱",尧舜有"八伯",传说神仙有"八仙",佛教有"八宝",文章有"八股",才学有"八斗",节气有"八节",食品有"八珍",音乐有"八音",韵文有"八言",远称"八荒",对长辈行礼有"八拜",结义有"八拜交",清朝有"八旗兵",乐器有"八音琴",桌有"八仙桌",鼓有"八角鼓",阵势有"八卦阵",鸟有"八哥儿",婚约有"八字帖儿",烹调有"八大菜系",酱菜有"八宝菜",粥有"八宝粥",酒有"八大名酒",佛教、道教有"八大名山",庙有"八大金刚",神话有"八仙庆寿",北京有"燕京八景"、"八大处",清代书画家有"扬州八怪",成语则有"八面玲珑"、"八面威风"、"八面埋伏"、"八花九裂",俗语有"八抬大轿"等。

由于"八"和"发"谐音,在广东话里同音,因"发"又有"发财"的意思,所以人们希望发财而喜欢"八"这个数词。在门牌、房号、汽车牌号、账号、电话号码等中,人们特别喜爱"八"这位数。在1988年8月8日,香港、澳门、台湾一些城市,都热烈庆贺这一天,像过佳节一般,原来他们认为这一天是一连四个"八"字,是个非常吉利的日子,因为四个八的谐音是"发、发、发、发",含有"大大发财"的意思,怎不欢庆呢?据《中国青年报》报道,在重庆举行的移动电话(俗称"大哥大")特殊号码拍卖大会上,"908888"这个被认为最吉祥、易记的号码被争相抢购,经过激烈的角逐,终于以五万元的高价被一个不愿透露单位和姓名的人买去,可见"八"这个与"发"谐音的数字是多么具有吸引力。

九、数词"九"的文化含义及其词语

"九"是基数中的最高数,"九"与"久"同音,所以"九"也是人们喜欢的吉祥数。《素问·三部九候论》说:"天地之至数,始于一,终于九焉。"意思是说,从一到九的基数中,从"一"开始,"九"是最高数。因为再往上超过"九",就要进一位又回到"一"了,而"十、百、千、万"则超出基数了。自古至今,"九"表示最高、最多的意义,因此古代有"天为九天,地为九州,月行九道,日有九光"之说,认为天最高分为九重,故有"九重天"一语,也有"九重霄"及"九霄云外"之语。

由于"九"是表示最高、最多的大数,又因"九"与"久"谐音,人们往往用"九"表示"长久"之意。因此在封建时代"九"便同最高统治者——皇帝联系在一起,用"九"象征皇权至上,崇高神圣,所以古代称皇帝为"九重天",即至高无上的天子之尊。

《史记·武帝本纪》说:"禹收九牧之金,铸九鼎,象九州。"意思是古代夏禹统治中国时,曾把全国九牧(牧为行政区)的金属(青铜)收集在一起铸成九尊鼎,以九鼎象征九州的中国。"九鼎"是传说中的"传国之宝","九州"则成为中国的旧称。"九鼎""九州"均以"九"数命名,取其"皇权至上,长治久安"的意思。

历代帝王都崇拜"九",希望他的统治长治久安。因此,皇帝喜穿"九龙袍";明代永乐皇帝定都北京,北京城建有九个城门;在紫禁城内和北海公园均造"九龙壁";皇宫的三大殿(太和殿、中和殿、保和殿)的总高度为九丈九尺,象征"九重天",宫殿的台阶也是九层或九的倍数层,紫禁城内的房间总数为九千九百九十九间,紫禁城的角楼是"九梁十八柱"的建筑结构,大门门钉也是横九排、竖九排,每排九颗,共有九九八十一颗门钉,也取"重九"吉利之意。天坛内的圜丘为祭天所用,天为九重,所以坛面、栏杆、台阶所用的石块、栏板的尺度和数目及阶层,都是取"九"或九的倍数。古代帝王祭祀祖先要立"九庙",官分"九卿",官阶设九级或九品。

词语中有"九流"、"九族"、"九泉"、"九星"、"九日"、"九方"、"九土"、"九山"、"九河"、"九门"、"九光"、"九色"、"九府"、"九品"、"九锡"、"九服"、"九九"、"云霄九"、"九成"、"九窍"、"九秋"、"九冬"、"九归"、"九连环"、"九头鸟"、"九回肠"、"九成九"、"九宫格"、"九龙壁"、"九重天"、"九泉之下"、"九世之仇"、"九天九地"、"九霄云外"、"九鼎大吕"、"九流宾客"、"九儒十丐"、"九牛一毛"、"九牛二虎"、"三教九流"、"九死一生"、"小九九"、"九千岁"(皇帝之下,万人之上的权臣)、"九九归一"、"九九重阳节"、"九九艳阳天"等。

"九"的倍数"十八"、"三十六"、"七十二"、"八十一"等数词组成的词语有:"十八般武艺"、"十八层地狱"、"十八罗汉"、"就地十八滚"、"女大十八变"、"三十六计——走为上计"、"七十二行,行行出状元"、《西游记》有"孙悟空七十二变"、"十八洞"和"八十一难"。

十、数词"十"的文化含义及其词语

汉民族自古就有追求完美、圆满的审美心理,而"十"是完美圆满的象征,故有"十全十美"之说。"十"又是偶数之冠。

汉民族崇尚数词"十"之风,大约可追溯到春秋战国时代。

由于"十"表示"多"和"满"的意思,因此表示"多"和"满"的词语也多加"十"的语素。如:

　　十分　十成　十足　十全十美　十恶不赦　一目十行
　　十年树木　十年寒窗　十拿九稳　十方　十样锦　十番
　　十目十手　以一当十　十亲九故　十有八九　十风五雨
　　十万八千里　十死一生　十世同居　十室九空　十羊九牧

因"十"代表吉祥的数目而受到人们的喜爱,对一些事物也往往以"十"名之。例如:古代有十大圣人(文圣孔子、武圣关羽、书圣王羲之、草圣张旭、画圣吴道子、史圣司马迁、医圣张思邈、诗圣杜甫、酒圣杜康、茶圣陆羽)。此外还有十大古典名著、十大兵书、十大喜剧、十大悲剧、十大名山、十大名寺、十大名花、花中十友等。当今又有十大影星、十大歌星、十大笑星、十佳运动员、世界十大新闻、十年大庆等。

十一、数词"百、千、万"的有关词语

在汉语的单位数中,"百、千、万"都是"十"的倍数,也都为汉民族所喜用的吉祥数。

1. "百"是"十"的十倍,表示数量之多。由百组成的词语很多,如:

　　百般　百分　百分数　百分比　百姓　百家姓　百家衣

百货公司　百科全书　百年大计　百代过客　百世流芳
百事大吉　百感交集　百折不挠　百里挑一　百依百顺
百废俱兴　百尺竿头　百事无成　百发百中　百无禁忌
百无一长　百炼成钢　百步穿杨　百无聊赖　百鸟朝凤
百川归海　百思莫解　百战百胜　百战不殆　百家争鸣
百花齐放　百读不厌　百万雄兵　百孔千疮　百货俱全
百家诸子　百足之虫死而不僵　百闻不如一见

2. "千"是"十"的百倍数,也是表示多的吉祥数。由"千"组成的词语很多,如:

千夫　千秋　千古　千岁　千字文　千里马　千金
千仞　千里眼　大千世界　千钧一发　千篇一律
千载难逢　千虑一失　千虑一得　千里鹅毛　千夫所指
千载一时　千钧重负　千里迢迢

"千"和"百"、"万"组成的成语,表示多义。如:

千奇百怪　千愁百恨　千锤百炼　千疮百孔　千方百计
千山万水　千秋万代　千秋万世　千秋万古　千秋功罪
千差万别　千头万绪　千村万落　千军万马　千辛万苦
千真万确　千年万载　千思万想　千姿百态　千态万状
千言万语　千呼万唤　千难万险　千变万化　千娇百态
千叮万嘱　千仇万恨　千刀万剐　千金一诺　千金一刻
千金一笑　千里之行,始足下　千门万户　千家万户
千丝万缕　千山万壑　千岩万谷　气象万千

3. "万"是"十"的千倍,与"万"组成的词语表示极多。例如:

万古　万福　万岁　万分　万般　万千　万金　万幸
万方　万夫　万顷　万一　万寿　万安　万物
万年　万国　万卷　万钧　万世　万花筒　万年青
万事通　万金油　万年学　万能胶　万事如意　万里长城
万寿无疆　万古长青　万无一失　万马奔腾　万马齐鸣
万劫不复　万人空巷　万众一心　万紫千红　万家灯火
万死一生　万载千秋　万岁千秋　万象更新　万死不辞
万水千山　万事大吉　万事亨通　万全之策　万念俱灰

万全之计　万里鹏程　万籁无声　万箭攒心　万古流芳
万夫莫当　万不得已　万代千秋

十二、"零"的有关词语

现代计数系列离不开"0"。1050 跟 150 或 105 或 15 的区别,全在"0"的有无及位置。古代计数不用"0",有时用"有(又)",如五百有七(507);有时不用,如一千四人(1004),一千四十(1040)等。成书于公元 718 年的《开元占经》以点表示空位。成书于公元 1247 年的《数学九章》以△表示空位。到宋代,用飘零的"零"表示零头,如"五十一万六千贯有零"(包拯奏章);或数的空位,如"两时零五刻"(周密《齐东野语》)。明代后期程大位的《算法统宗》用"一千零零一"表示 1001。

"〇"与汉字数字夹用,是最近几十年的事。

"零"的本义是雨露降落,引申为凋落(花木枯萎)。所以,含"零"的词,有不少是贬义词。如:

零丁　零落　凋零　畸零　零度　涕零　孤零　飘零
零数　望秋先零

第十六章　颜色词的文化含义

汉语的颜色词蕴含着深厚的汉民族的文化心态和感情色彩,因此,颜色词多数具有丰富的文化象征意义。

汉语自古代就有丰富多彩的颜色词。《说文解字》"糸"部关于丝帛的颜色词就有 24 个,例如"红、绿、紫、绛(深红色)、绯(鲜红色)、绀(深青色)、绢(白色)、缥(白青色)、缇(丹黄色)、缁(黑色)、素"等。这说明汉语的颜色词大部分与中国古代的丝染纺织业有着密切关系。另一方面也说明汉语颜色词的文化象征意义是通过客观事物的色彩联想而生发出来的。所以汉语的颜色词各具有不同的象征意义,并且不同的时代,某颜色词的象征意义不同。在中国历史上,不同的朝代崇尚不同的颜色,如夏朝崇尚黑色,商朝崇尚白色,周朝崇尚赤色,秦朝崇尚黑色,汉朝崇尚赤色,隋、唐、宋、元、明、清各代均崇尚赤色[①]。总之,颜色词与社会文化思想有密切关系。

一、黄色词语及其文化含义

黄色是汉民族崇尚的颜色之一。汉语的黄颜色,细分种类很多,例如:

正黄　金黄　淡黄　土黄　蛋黄　橙黄　橘黄　蕉黄
鹅黄　韭黄　芩黄　苍黄　葱黄　蜡黄　米黄　石黄
鸭黄

黄色自古就是中华民族的代表色。在古代,黄色象征神圣、皇权、尊贵、崇高、庄严、土地、国土等文化含义。

两千多年前,汉民族就用五种颜色代表五行,即金、木、水、火、土

---

① 《明史·舆服志三》云:"洪武三年,礼部言,历代异尚,夏黑、商白、周赤、秦黑、汉赤、唐以后,取法周、汉。唐、宋,服色所尚,于赤为宜。"

五种物质,同时五色也代表"五方",即东、南、西、北、中央五个方位。其中"五行"的"土"和"五方"的"中央"都用黄色代表。正如宋代思想家朱熹所说:"黄,中央土之正色。"所以黄色象征着中央皇权和社稷,同时它也象征生长万物的土地。又因汉民族的始祖之一黄帝轩辕氏有"土德之瑞",传说他经常穿黄衣,戴黄冕,所以黄色后来便成为帝王之色。中国古代帝王多穿黄袍,从而禁止庶民百姓穿黄色的衣服。这种制度大概从隋唐时代开始。宋代王懋《野客丛书·禁用黄》记载:"唐高祖武德初,用隋制,天子常服黄袍,遂禁士庶不得服,而服黄有禁自此始。"此后历代皇帝均穿黄龙袍,黄色成为天子的专用色,如帝王所居住的宫殿都是用黄色琉璃瓦,宫内的宝座及一切装饰均用黄色,所乘的车辇也是黄色的。汉代为天子供职的官署也称"黄门"。满族八旗制度,黄族最高。

古人认为黄色代表永不变易的自然之色,班固在《白虎通义》中说:"黄者,中和之色,自然之性,万世不易。"华夏汉族自古生活繁衍的黄河流域,也是汉文化的发源地,所以称黄河为中华民族的摇篮。黄河又称"黄龙"。汉民族几千年来生活在黄河流域,耕种在黄土地,吃的是黄米,饮的是黄河水,生成黄皮肤,总之,这一切使得黄颜色与汉民族结下了不解之缘。

黄色又与黄金同色,所以黄色又象征富贵、辉煌等含义。富贵官宦人家,常佩戴各种金制的首饰,使用各种金色器皿,显示出金光耀眼、富丽堂皇的富贵之气。

因黄金的珍贵,人们常把最宝贵的时间称作黄金日、黄金周、黄金月,一刻千金,黄金季节,把人的青春年华称之为黄金时代。

在中国戏剧脸谱艺术中,黄色代表勇猛或干练的性格,如三国戏中黄盖、典韦等人物的脸谱以黄色为主。

东汉时期,道家推崇黄(帝)老(子)之术,因此道教的道士所穿的道袍和所戴的道冠均为黄色。汉末的太平道(黄老道)首领张角组织的起义军便是头裹黄巾,被称为"黄巾军"。

藏传佛教格鲁派,以黄衣袍、黄僧帽为其标志。北派俗称黄教。佛教的法师所披袈裟也多为黄色。

黄纸,道教用黄纸画驱鬼避邪的符咒,也用黄纸祭祀神灵。黄纸还用来刊印御准学书(世称"黄学"),旧时用黄纸书写官方文告或编造户簿。

黄色的贬义色彩来源于美国。18世纪以来,美国多用黄色纸印刷出版一些色情淫秽的书刊,因此称作黄色书刊。传到中国后,黄色有了反动、色情、淫秽等含义,因而产生了一批含贬义色彩的词语,如:

> 黄色书刊　黄色画报　黄色小说　黄色电影　黄色录像
> 黄色音乐　黄色歌曲　黄色舞厅　黄色酒吧　黄色发廊
> 黄色咖啡厅

最近几年,政府号召清除社会上的公害而出现"扫黄"这个词,随之又连续出现一批由"黄"组成的新词语,如:

> 黄源　黄根　黄货　黄窝　黄潮　黄害　嗜黄　贩黄
> 倒黄　拒黄　制黄　黄毒

二、红色词语及其文化含义

红色也是汉民族最常用也最喜用的一种颜色。在古代,红色又称作"赤、朱、丹、绯、绛"等。红色的种类很多,例如:

> 大红　火红　血红　猩红　枣红　粉红　水红　朱红
> 炭红　石榴红　玫瑰红　鸡冠红　玛瑙红　高粱红
> 珊瑚红　紫红　肉红　棕红　桃红　柿红　橘红
> 胭脂红　海棠红　紫檀红　女儿红　鸡血红　樱桃红
> 椒红　茶红　锈红　铜红　砖红　栀子红　山楂红

汉民族自古喜爱红色。人们可从红色联想到太阳和火的颜色,因烈日如火,所以中国人的祖先,对太阳有一种本能的依恋和崇拜。他们知道,只有在太阳光的照耀下,万物才能生机勃勃,太阳光是生命的保护神。又由于太阳和火可给人们带来光明和温暖及幸福,所以人们自古至今喜欢用红色来象征幸福、喜庆、吉祥、欢乐、热烈等义,并由此引申出兴旺、发达、顺利、成功、运气好、福利、成就等含义。

汉民族在庆贺传统的重大节日时,如春节、元旦等年节,人们喜欢在大门两旁贴上红对联(又称春联),在大门上贴红"福"字,象征洪福;在门窗上贴红吊钱,在白纸窗上贴红窗花(又称红剪纸),门口挂红灯笼,晚上点红烛,燃放红炮等。

人们把结婚称作红喜事,所以新娘子要穿红衣裙,头上要盖红盖头,新郎要披红绸带,胸前要戴大红花,大门上要贴红喜联,屋内要贴红囍字,晚上要点红烛,宾客要吃红豆包,送喜钱或结婚礼物要用红纸或红布包裹,婚前的婚帖也是用红纸写的。总之,结婚时处处离不开红色,以红色表示喜庆、吉祥、幸福和欢乐。

民间把生孩子也看作是喜事,妇女怀孕称作"有喜",产妇要吃红鸡蛋,系红腰带,以表示孩子将来要走"红运"的。

红色可象征事业的兴旺、发达、顺利、成功、圆满等含义,所以在庆贺企业开业或商业开业、展览会开幕或工程奠基仪式及落成典礼等时,往往用红绸结彩然后剪彩,以表示祝贺成功、顺利、圆满等含义。在这方面常用的词语,也常用"红"作语素,组成的词语有:红利、红运、分红、红榜、红标、红包、开门红、满堂红、红日高照。

由红色的顺利、成功等象征义又可引申为受社会好评,受群众爱戴、欢迎,受上级领导的重视或重用等含义。用"红"组成的词语有:

大红人　很红　唱红了　演红了　走红　红得发紫

红极一时

由红色的成功、顺利、受欢迎、受重用等含义,又引申出羡慕、嫉妒等含义,如"眼红、红眼病"。

古代的女子,多用胭脂红化妆,所以又称美女为"红颜"。

佛教把人间世界称为"红尘",因此有"看破红尘、迷恋红尘、堕入红尘"等语。

红色在中国戏曲脸谱艺术中,往往象征忠义、勇武、坚毅、坦诚等品性。因此以忠勇、坚毅品格著称的历史人物,如三国时代的关羽、宋代的赵匡胤、关胜等,脸谱多为红脸或以红色为主。

"红"还表示热情和正义。如元代名著《西厢记》里好心的丫环就叫红娘,她满怀热情和正义,是她冲破封建礼教的阻隔成就了张君瑞和莺莺小姐的姻缘,她让人联想到热情和成人之美的品德。

由于从红色可以联想到战火和鲜血的颜色,而革命斗争往往是流血斗争,所以近代常用红色来象征革命斗争。含有"红"的词语例如红旗、红军、红区、红都、红心、红五星、红星、红领章、红袖章、红领巾、红小鬼、红色政权、红色娘子军、红色宣传员、红色根据地、红色资本家等。在"文革"时期曾出现带"红"的新语词，如红卫兵、红宝书、红像章、红五类、代代红、红海洋、红色组织、一棵红苗等。在文教科技界有"红色专家、又红又专、只专不红"等。

三、绿色词语及其文化含义

在汉民族的文化生活中，绿色也是人们喜爱的颜色。绿色的种类很多，一般常见的有碧绿、翠绿、黛绿、品绿、油绿、草绿、葱绿、豆绿、军绿、深绿、墨绿、苹果绿、翡翠绿、鹦鹉绿等。

绿色也称青色，例如青草、青松、青山、青藤、青苗、青杏、青菜、青果、青稞、蛋青、石青、青苔等，其中的"青"就是绿色。

绿色是植物的生命色，是草木及一切植物最茂盛的颜色。

由绿色可以联想到春天、草地、森林、湖泊、翡翠、绿宝石等。所以自古人们常用绿色象征春天、生命、青春、和平、希望、安全、幸运、恬静、新鲜等含义。

在古代，人们就用绿色象征春天。如"春风又绿江南岸"，是宋代王安石歌颂春天的著名诗句。现代人仍把为防风防沙而植树造林的工程称作"绿色工程"。

汉民族和国际上其他民族一样，用绿色象征安全、希望、和平，用绿灯表示安全通行的信号，邮政部门用深绿色作为标志色。由于绿灯是表示安全通行的信号，在汉语词语中便有"开绿灯"这个词语，表示上级领导给下级某些许可或方便条件或放宽限制条件等含义。

古代民间神话传说中有位主持科举文运的文奎星（又称文曲星）总是穿绿袍，因绿色表示希望和幸运，文奎星能给旧时参加科举考试的书生秀才带来中举的希望和运气。

绿色在中国古代也表示"低微"、"下贱"、"不名誉"等含义。唐代官制规定：官七品以下穿绿服或称"青衫"。如白居易在《琵琶行》诗中有："座中泣下谁最多，江州司马青衫湿。"其时白居易被贬为江州司马，官为九品，所以他身穿"青衫"。再如白居易的《忆微之》诗中有"折腰俱老绿衫中"句，意思说到了弯腰驼背的老年，仍屈身于低微的"绿衫"行列,说明官运不好。宋元时代,绿衣、绿巾也是低贱人的服装,乐人、伶人、乐工都穿绿服。元明时代规定:娼妓和歌乐家男子必须戴绿巾。明代郎瑛《七修类稿》:"吴人称人妻有淫者为绿头巾。"吴地指今苏州、昆山一带。近代以所谓"戴绿帽子",当来源于此。也有人说"戴绿帽子"与绿色的龟头有关系,俗称"当王八",也是不名誉的称法。所以"青、绿"又为古代贱色。在戏曲中,穿绿色官服的,多为品行不正或者官位低者,如京剧《四进士》中,刘题为县令,在四人中官位最低,穿绿袍。

清朝入关后规定:地位低贱的汉族兵举绿旗,以区别于满蒙族由黄、白、蓝、红等颜色组成的八旗子弟兵。

戏剧脸谱艺术中,绿色多表示凶恶,如阴曹地府的青面鬼。

四、黑色词语的文化含义

黑色在古代象征尊贵、刚毅、严正、憨直、深沉、神秘等褒义。黑色曾是夏代和秦代所崇尚的正色。因为黑色象征着尊贵和庄严,所以夏秦两代的公卿大夫的官服、礼服、祭服,都是黑色。

又因黑色和铁色相似,所以黑色往往象征刚毅、严正、铁面无私等含义。在戏剧脸谱艺术中,往往用黑色脸谱象征人物的刚直不阿、严正无私或憨直的性格。如唐代的尉迟恭,宋代的包拯、李逵,明代的徐延昭等历史人物的舞台形象,都是黑色脸谱。

又据古代的"五方"、"五行"之说,即把天地空间分为东、西、南、北、中五个方位,它们又分别属于木、金、火、水、土五行。五方、五行又分别具有青、白、赤、黑、黄五色。北方属水,具黑色。黑色又与夜色相似,因此黑色又象征深沉、肃穆、神秘等含义。

屈原《九章·怀沙》有"变白以为黑兮,倒上为下"句,这大概是最早黑白对举表示感情色彩的例子。此外,黑色还与中国古代的"黥"这种墨刑有关系。《周书·吕刑》:"爰始淫为劓、刵、椓、黥。"先秦时代在犯人的额上或脸上刻画或刺字,然后用黑墨涂之,这样就在犯人的脸上留下永远抹不掉的耻辱,至今有"抹黑"一词,因此,黑色就含有不光彩的附加意义。

传说中的阴曹地府,也称地狱,是暗无天日的所在,和光明相对,所以黑色又象征着黑暗、死亡、邪恶、阴险、恐怖等贬义。在"文革"时期,黑色又是与反革命、反动等含义相联并带有政治色彩的贬义词语。例如黑帮、黑会、黑手、黑帽、黑牌、黑纲领、黑后台、黑干将、黑参谋、黑秀才、黑笔杆、黑文章、黑五类等。黑色还表示奸恶、阴险等含义,如黑手、黑心、黑爪牙等。又从"黑暗"义引申出非法、欺骗等含义,如社会上流行的词语:黑社会(指不守法纪的团伙帮派)、黑户(没有正式户籍的人家)、黑车(无驾驶牌照的汽车)、黑人(没有上户籍的人)、黑货(未纳税或走私的货物商品)、黑市(进行非法交易的场所)等。

"黑"又有狠毒义,如手狠心黑,卖货高价坑人也叫"黑"。

五、白色词语的文化含义

白色也称素色。白色的种类很多,如雪白、月白、蛋白、玉白、葱白、银白、灰白、藕白、粹白、花白、鱼肚白等。

白色由于和白云、白雪、白玉同色,自古人们常用白色象征高洁、纯洁、明亮、明净、高雅、素雅、纯净、坦白、光明等。成语有清白无邪、洁白如玉、白璧微瑕、白鹤仙子、白衣仙子、白衣秀士等。近代又有把护士称作"白衣战士"的说法。古代迷信者认为,突然出现的白色禽兽为祥瑞之物,如白鹿、白鹤、白狼、白雉、白燕、白雁等。

白色的象征义也有表示低贱、凶丧、反动、愚蠢、无利可得、奸险等贬义。

中国自汉代至唐宋,"庶人以白为服",所以"白衣"多指庶人百姓。古代称没文化、没功名地位的人为"白丁",称穷人的茅屋为"白屋"等。

白色又有象征凶丧的含义。这与中国古代的五方、五行、五色的观念有关。古人认为西方属金,具白色。星占家以二十八宿象四方,西方七星合称白虎。在生活中,人人怕虎,甚至"谈虎色变"。又因西方为"白虎"而具白色,所以"白色"就象征凶兆,人们把凶恶的人也称为"白虎星"。

古人又根据农作物的生长和气候的变化规律,认为春在东方,夏在南方,秋在西方,冬在北方。这样西方属秋,而秋天则是枯黄、死亡的季节,所谓"西风肃杀,万物凋零",给人以悲凄之感。中国古代处死犯人也多在秋天,因而把代表"秋"的西方白色视为不吉利,汉人将死亡说成"一命归西"。总之,白色是汉民族文化习俗中的忌讳色。《礼记·郊特牲》云:"素服(白衣),以送终也。"所以自古以来,亲人死亡,其家属要穿白丧服,晚辈子女的白服称为"孝服",并设白色灵堂,出殡时要打白纸幡,撒白纸钱。民间称婚丧大事为"红白事","白事"指丧事。

由白色的"凶丧"义,又引申出衰败、腐朽、反动、落后等贬义。

白色和红色相对,所以称革命性的事物为"红",而称反动的事物为"白"。过去称国民党统治区为"白区",称国民党政府为"白色政权",称国民政府军为"白军",称祸害人民的匪徒为"白匪"、"白狗子"。把反动派对革命者的屠杀、镇压政策称为"白色恐怖"。有时把资产阶级也称作"白色",如在 20 世纪 50 年代,高等学校批判所谓"资产阶级专家教授"的学术思想为"拔白旗",把当时不关心政治、只钻研业务的倾向称作"只专不红"的"白专道路"等。

白色也象征失败、徒劳、愚蠢等含义。如在战争中失败的一方总是打着白旗表示投降。

把愚蠢、智力低下的人称作"白痴"。

白色在戏剧脸谱艺术中象征奸邪、阴险等。如秦代的赵高、三国时代的曹操、明代的严嵩、李良等人物都是白色脸谱。

第十七章　汉族人的姓名与文化

人们初次见面时总要先问:"您贵姓?""怎么称呼?"这说明在人们的社会交际中,姓名是非常重要的,它是人们在信息交际中的重要符号。

汉族人的姓名排列顺序不同于欧美国家。汉族人姓在前,名在后。例如"王汉","王"是姓,"汉"是名。

要问汉族人的姓名是怎样产生的,姓名又有什么文化含义,这要从汉族人姓名的来源及其变化谈起。

第一节　汉族人的姓氏

一、汉族人姓氏的起源

汉族的姓氏的形成有其悠久的历史,它的发展与中国社会的历史文化有紧密联系。

汉族自古以来非常重视姓氏,尤其对"姓",简直到了崇拜的地步。这与姓的起源有关系。

"姓"字由"女""生"组成,说明"姓"产生于中国上古时代的母系社会。传说上古时代的神农氏的母亲叫女登,因此这个部落的人便姓"女",或者以"女"字旁为姓。例如炎帝姓"姜",黄帝姓"姬",其他如"姚、姒、姞、妘、妫、妊、娀"等,均为"女"字旁的古姓。这说明在母系社会,人们以母亲的姓为姓。由此可知,古代把姓与生育联系起来。正如《说文解字》所说:"姓,人所生也。"班固在《白虎通·姓名》中也说:"姓者,生也,人禀天气所以生者也。"这样,"姓"又与天意有关,有了神圣感,因而形成了人们对姓氏的崇拜。

一个姓在古代往往是一个部落的族号。社会生产力发展了,男子逐渐成为社会的主要劳动力,于是便出现了以男子为主体的父系社会。母系社会发展到父系社会,"姓"也变为以父系的血缘关系为主,不再从"女"旁了。如相传黄帝为姬姓,轩辕氏,他有二十五个儿子,为四母所生,分为十二姓:姬、姞、酉、祁、己、滕、箴、笱、任、僖、儇、依。这十二个胞族后来散居各地。十二个姓中只有两个是从"女"字旁,反映了母系社会的遗迹。

姓和氏在古代是不同的。司马光在《资治通鉴·外纪》中说:"姓者,统其祖考之所自出;氏者,别其子孙之所自分。"这表明,"姓"是一个大宗族的标志,"氏"是同姓大族的分支。例如商朝人的祖先是"子"姓,后来其子孙后代又分出"殷、时、宋、空、同"等氏称。宋代郑樵在《通志·氏族略》中对姓氏之分又进一步说明:"三代之前,姓氏分为二:男子称氏,妇人称姓。……氏所以别贵贱,贱者有名无氏。氏亡则与夺爵失国者同也。姓则区别婚姻,氏同姓不同者,婚姻可通;姓同氏不同者,婚姻不可通。三代之后,姓氏合而为一。"由此可知,在夏、商、周时代,姓氏是社会等级贵贱和血统关系的标志,三代之后即秦汉以来姓氏混在一起,即姓氏合一了。这说明秦汉时废除周代的宗法分封制,产生一大批新族,打破了旧的姓氏等级制度。在周代有姓氏之分,只有贵族才有姓氏,而一般平民则无姓氏,只能称名。秦汉之后,社会的等级发生了变化,有的贵族变为平民,平民也普遍有了自己的姓氏。

关于中国汉民族姓氏的来源主要有如下几个方面。

1. 由祖先崇拜的图腾为姓。在原始社会,人们崇拜的图腾多为当时自然现象或动物,如云、龙、熊、牛、马、鹿、骆、羊、鱼等,所以后来便出现云姓、龙姓、熊姓、牛姓、马姓、鹿姓、骆姓、羊姓等。

2. 以祖先的谥号为姓。如周朝的文王、武王,他们的后代除姬姓外,还有姓文、姓武的。

3. 以祖先建立或受封的国家或封地为姓。公元前 1066 年,周武王灭商,建立周王朝,大封同姓及异姓为诸侯,各诸侯国的后人便以国名为姓。如姜、秦、楚、齐、鲁、吴、越、宋、郑、卫、陈、晋、燕等姓。在诸侯国内又有以封地为姓,如晋国的范氏、荀氏、隋氏、赵氏、韩氏、魏氏等,楚国的上官氏、屈氏等。

4. 以祖先的爵位为姓,如王、公、侯等。

5. 以祖先的官职为姓,如司马、司徒、司空、上官、尉、史等。

6. 以祖先的字或名为姓。如郑国的公子偃,字子游,其子孙便姓"游"。楚国的伍员(yún),其后人便以"员"为姓。

7. 以祖先的住地为姓,如东门、西门、东部、东方、西部、南宫、百里、池、江等。

8. 以祖先的职业为姓,如陶、卜、祝、巫、师、祀、商、乐等。

9. 以皇帝赐姓为姓,如唐初名臣李勣,原姓徐,因战功卓著,太宗赐姓李,后代沿袭李姓。

10. 因避讳或其他原因而改姓。如原来的丘姓,因避讳孔子的名字"丘"而改姓"邱"。再如原来的"庆"姓,因避皇帝讳名而改姓"贺"。在清灭明之后,明代皇族的后代为免杀身之祸,有的便改"朱"姓为"李"姓。

11. 以少数民族姓氏的译音为姓。如呼延、宇文、慕容等。

12. 有的少数民族汉化改姓汉姓。如清亡后,皇族(满族)爱新觉罗氏的后代有的改姓"金"、"罗"、"艾"、"率"、"洪"、"胡"等汉姓。

二、汉民族姓氏的发展

汉族人大部分是炎黄子孙。据说,汉族人的祖先黄帝姓姬,炎帝姓姜,所以姬、姜两姓是上古时代的大姓。

从古代的姓氏中,如姬、姜、姚、姒、姞、妘、妐、妊、娍等均从"女"旁的现象,可反映出氏族社会早期还有母系社会的痕迹。

秦朝统一中国后,姓氏逐渐成为家族的标志,并且传至子孙,永远不变。

从姓氏出现的量来看,古今姓氏有一个由少到多的过程。上古时代氏多姓少,氏是氏族的标志,西周时代大约有上百个氏,还有几千个姓,如姬、姜、子、姒、嬴、己、偃、芈(mǐ)、祁、隗、风、曹、任、姚、常、姞、董、归、允等。

到秦汉时代,姓氏也为平民所有,从此姓氏逐渐增多。

后经过魏、晋、南北朝及元、清各代,由于少数民族文化向汉族文化认同,纷纷改为汉姓,如胡、哈、甘、元、艾、金、舒、罗、慕、拓、折(shé)、傅等姓。

三、汉族姓氏的数量及分布

汉族人的姓氏有多少?北宋初年编成的《百家姓》共收单姓、复姓共有 438 个,南宋郑樵编的《通志·氏族略》共收姓氏 2259 个,明代陈士元编的《姓觹》收姓氏 3625 个,清代王圻的《续文献通考》增至 4657 个。自古至今共有多少姓氏?前不久台湾省有关部门统计结果认为有 9180 个姓氏。中国科学院遗传研究所研究员杜若甫、袁义达认为汉族的姓氏总数达万余个。前中国文字改革委员会根据北京、上海、沈阳、武汉、成都、重庆六大城市户籍资料调查,共有 2587 个姓,其中单姓 2490 个,复姓 97 个。杜若甫等人的研究表明,中国目前使用的汉字姓氏共有 3050 个,可以说日常所用的 3000 多个汉字大部分都是姓氏。

在当今的 3000 多个姓氏中,有一批为数不多的大姓。杜若甫、袁义达根据国家统计局提供的 1982 年全国人口 0.5/1000 随机抽样资料(57 万余人)以及 1970 年台湾省出版的《台湾地区人口之姓氏分布》进行统计分析,结果表明:占汉族人口二分之一以上的大姓共有 19 个:李、王、张、刘、陈、杨、赵、黄、周、吴、徐、孙、胡、朱、高、林、何、郭、马。这些大姓总人口加起来约占汉族人口的 55.6%,其中李、王、张姓最多,分别占 7.9%、7.4%、7.1%。如果把人数最多的前 100 个姓加起来,覆盖面可达汉族的 87%。这与民间传统的说法"张、王、李、赵遍地刘"是很相近的。考察这些姓族庞大的历史原因,与中国历史上有众多的名门望族有关,特别是"刘、李、赵"三大姓分别是汉朝、唐朝、宋朝的国姓,而统治者的子孙繁衍又较快。可见当代汉族人的姓氏现状和古代姓氏的演变有着一脉相承的关系。

现代姓氏中,哪些姓氏使用频率较高呢?1987 年 5 月 3 日《人民日报》根据抽样资料统计,公布"百家姓"的新座次是:

李　王　张　刘　陈　杨　赵　黄　周　吴　徐　孙　胡
朱　高　林　何　郭　马　罗　梁　宋　郑　谢　韩　唐

冯	于	董	萧	程	曹	袁	邓	许	傅	沈	曾	彭
吕	苏	卢	蒋	蔡	贾	丁	魏	薛	叶	阎	余	潘
杜	戴	夏	钟	汪	田	任	姜	范	方	石	姚	谭
廖	邹	熊	金	陆	郝	孔	白	崔	康	毛	邱	秦
江	史	顾	侯	邵	孟	龙	万	段	雷	钱	汤	尹
黎	易	常	武	乔	贺	赖	龚	文				

其中以"张、王、李、赵、刘"这五大姓氏人口最多。

第二节 汉族人的名字及其文化含义

一、汉族的名、字、号

汉民族自古不仅崇拜姓氏,而且非常尊重个人的名字。姓氏和名字的区别在于:姓氏是宗族的共称,名字则是个人的特称。

然而,名字作为个人的特称,它与每个人的关系十分密切,因为个人的荣誉、成功、人格、品性等都与自己的名字联系在一起。所以人们非常重视命名。为了给人命名的慎重起见,春秋时代还讲究"命名之道"。《左传·桓公六年》记载:"名有五:有信,有义,有象,有假,有类。以名生为信,以德名为义,以类命为象,取于物为假,取于父为类。"甚至把人的命名作为"礼"的一部分。

古人把为子孙取名视为重要的事情,非常讲究。人们认为:"赐子千金,不如教子一艺;教子一艺,不如赐子好名。"名重千金,似乎名字将决定子孙一生的前途命运。古人重"名"不重利,所以自古人们都珍惜自己的名字和声誉,并努力用自己的行动去维护自己的名誉。所谓"名垂千古"、"万古流芳"、"青史留名"、"人生自古谁无死,留取丹心照汗青"等古训,都是为激励人们珍视自己的名字。而"臭名昭著"、"身败名裂"、"遗臭万年"、"名落孙山"等成语,从反面告诫人们不要玷污自己的名字。

人的名称通常包括:小名(乳名)、名、字、号(别称)。古代人可同时拥有这四种名称,这四种名称之间有内在联系。

小名即乳名,指婴儿时取的名,如曹操的小名阿瞒,刘禅的小名阿斗,陶渊明的小名为溪狗等。

"名"是个人的正式名字,又称"大名"、"学名",以区别于小名。所谓"尊姓大名",便是询问别人的正式的名字。

汉族人的命名传统是既有"名",又要有"字"。"名字"在现代是一个词,但在古代却是两个词,"名"和"字"不是一回事。在古代,人先有名,后有字。"名"和"字"有一定的意义关系。《礼记·曲礼》说:"男子二十,冠而字。""女子许嫁,笄而字。"这是说,按周代礼制,男子到二十岁时结发加冠(帽),才能取"字",往往由父亲在宗庙里主持冠礼,然后由来宾取"字";女子到十五岁结发加笄(jī,束发用的簪子)方能取"字"。所以"字"是男女成年后加取的名。用"字"表示成人受到的尊重。《曲礼》还说:"冠而字,敬其名也。"意思是男女成年取"字"后,就不能直呼其"名",而要称其"字",以示尊重。晚辈对长辈、位低对位高者,均尊称其字,以表示敬重;平辈之间也可以彼此以字相称,以示礼貌。所以古代对成年人直呼其名是不礼貌的。

"字"还可作姓氏。以祖父的"字"作为孙子辈的"氏",是先秦姓氏来源的一个重要方面。"字"还表示地位,古代用"字"来表示社会地位。一般而言,平民百姓有名无字,只是到了后来,这一点才被打破。

古人名与字常并举,记载人名字时往往先写名后写字,如《史记》:"项籍,字羽,下相人也。"

古人起名取字,方式多种多样,概括地说有以下几种:

扣合式:名与字扣合严密,共同表示一个深刻的内容。例如屈原(战国时代楚国的爱国诗人),其名平,字原,扣合而为"平原"。北宋散文家曾巩,字子固,扣合为"巩固"。

并列式:名与字是等同事物或同一属性的两个方面。例如儒家的代表人物孟子,名轲,字子舆,"轲"与"舆"都同"车"有关系。再如东汉文学家王充,字仲任,"充"与"任"属性相同。

相对式:名与字对立相匹,对照强烈。例如南宋哲学家朱熹,字元晦,"熹"与"晦"明暗相对。又如现代戏剧家洪深,字浅哉,"深"与"浅"相对。

注释式:名与字有互相注释的作用,使道理讲得透彻。如东晋思想家葛洪,字雅川,有"大川洪涛"之意,寓有履行常规惯例,遵循和师法先贤道德规范之意,表达了远大的志向。

同用式:名与字用相同的字表示。如明代小说家冯梦龙,字犹龙,同用一个"龙"字。明末清初戏曲家李玉,字玄玉,同用一个"玉"字。

因果式:名与字互为因果关系,揭示出事物的规律。如南宋大诗人辛弃疾,字幼安,从小根除病疾,自然会获得安康。又如元代诗人马致远,字千里,寓有"骏马奔驰可致千里"之意。

推导式:以其名而推其字,反之亦然。例如唐代诗人张九龄,字子寿,"九龄"正属"童子之寿"也。又如唐代诗人李贺,字长吉,古语有"吉宿长临,正应庆贺"。

呼应式:名与字互相呼应,揭示出意义。例如东晋文学家郭璞,字景纯,正是"璞玉"同"纯良"相呼应。清代戏剧家孔尚任,字举重,"任"同"重"呼应,寓有"任重道远"之意。

仿照式:名字仿效前人,互为使用。例如南宋诗人陆游,字务观,其名字仿效了北宋词人秦观,字少游。西汉大诗人司马相如,原小名为"尤子",因羡慕战国时代的蔺相如而改名为"相如"。

相通式:名与字义相通。例如三国时代的诸葛亮,字孔明,"亮"与"明"相通。又如孙权,字仲谋,"权"与"谋"相通。赵云,字子龙,因"龙腾于云",所以"云"与"龙"相通。

古代一个人除了名、字之外,有的还有"号",又叫别号,这是"名字"之外的别称或自称。封建社会的士大夫阶层常有取号的习惯,尤其是文人隐士,更喜欢取号。取"号"往往根据自己的生活环境或志趣而定,以示风雅。例如:

诸葛亮,字孔明,号卧龙(隐居卧龙冈而取号)

杜甫,字子美,号少陵野老

贺知章,字季真,号四明狂客

李商隐,字义山,号玉谿生

王安石,字介甫,号半山

陆游,字务观,号放翁

辛弃疾,字幼安,号稼轩

朱熹,字元晦,号晦庵

杨万里,字廷秀,号诚斋
文天祥,字履善,号文山
马致远,字千里,号东篱

有很多文人以"居士"或"山人"为自号。例如:
李白,字太白,号青莲居士
白居易,字乐天,号香山居士
欧阳修,字永叔,号六一居士
苏轼,字子瞻,号东坡居士
范成大,字致能,号石湖居士
李清照,号易安居士
唐寅,字伯虎,号六如居士
蒲松龄,字留仙,号柳泉居士

这些号的取定都有一定的来源,如欧阳修晚年号六一居士。"六一"是指一万卷书、一千卷金石文、一张琴、一局棋、一壶酒,加上他是一老翁合为六个"一"取号。

以"山人"取号的,例如:
吴承恩,字汝忠,号射阳山人
朱耷(dā),字人屋,号八大山人

以"道人"取号的,例如:
汤显祖,字义仍,别号清远道人
王夫之,字而农,别号一壶道人

现代名人也有名、字、号之称,例如:
康有为,原名祖诒,字广厦,号天游化人
孙中山,本名文,字逸仙,号明德
沈尹然,本名君默,后改尹默,字中,号秋明
鲁迅,本姓周,名树人,字豫才,号戎马书生
毛泽东,字润之,号任之
茅盾,本姓沈,名德鸿,字雁冰,号醒狮山民

一个人除了小名、大名、字、号之外,还有笔名、艺名、化名、法名等。号又有官号、地望号、尊号、外号、道号、堂号、室号、雅号、绰号、谥号、年号、庙号等。

二、汉民族取名字的文化观念

1. 崇祖观念。汉族人自古有崇拜祖先的传统，形成了崇祖观念，这也体现在人名用字上。

由于"华夏""中华"均为汉族的原始祖称，后来汉、唐又是中国封建社会鼎盛时期，因而人名常用"华、夏、中、汉、唐"等字。

汉族人常以"炎黄子孙"自称，"炎"指炎帝即神农氏，"黄"指黄帝轩辕氏。又有伏羲氏与女娲氏相婚而生华夏族的传说，唐尧、虞舜、夏禹等是贤德的首领，后代为了崇拜纪念他们，人名常取"炎、黄、羲、虞、舜、禹"等字，反映了汉民族崇尚贤明、不忘祖先的民族精神。近代还有光宗、耀祖、显祖、祖英、祖荣、宗英等名。

2. 崇儒观念。汉民族长期受孔孟儒家思想的影响，崇尚伦理道德观念，所以人们命名取字也多是仁、义、礼、智、信、忠、孝、节、温、良、恭、俭、让、敬、正、恩、德、贤、明、慈、善、悌、惠、谦、廉、勤、敏、奉、慕、贞、操、守、训、光、宗、耀、祖等。

3. 建功立业观念。汉族自古提倡"功崇惟志，业广惟勤"，"丈夫皆有志，会见立功勋"。前句意思是"功绩伟大是由于有志向，事业成功是由于勤奋工作"。后句意思是"大丈夫都有远大的志向，必将看到功勋的建立"。所以男子取名多用勇、武、胜、功、刚、强、志、荣、远、高、英、雄、文、武、殿、臣、卿、品、第、俊、杰、威、豪、剑、超、卓、越、广、才、伟、业、勋、建、立、飞、治、世、天、章、浩、波、涛、雷、猛、震、昂、扬、奋、进、虎、彪、炳、炎、昭、龙等。

4. 汉民族自古崇尚纯洁、坚毅、公正、光明等品格和情操，也反映在人名用字上。如坚、毅、清、洁、白、光、明、亮、石、山、川、峰、岩、松、柏、梅、菊、兰、鹰、翔、辉、鹏、云、素、彦等。女子则多用贤、淑、静、慧、贞、凤、鸾、娥、婷、娜、婵、娟、云、秀、婉、妙、娇、婕、燕、晴、霞、倩、素、雅、雪、巧、佳、芳、芝、兰、莲、菊、花、华、芬、馨、娴、媛、丽、英、莉、香、芷、雯、月、艳、彩、绮、绵、美、晔、曼、浩、惠、怡、颖、梅、蓉、薇、玫、瑰、妍、嫱、娉、姝、姗、珍、琼、玉等字。

5. 名字中的宗族观念。姓是宗族的标志，在名字中也体现了宗族观念。首先表现在名字排行字辈上,一个大的宗族不同辈分的宗亲的名字,用不同的汉字来区别,这个汉字便称为"字辈"。一些大的家族都有一个家谱,家谱就是宗族按字辈排列的谱系。自古以来,排行字辈的家谱最有代表性的是孔氏和孟氏家谱了。《清稗类钞》记述曲阜孔氏家族名字排行字辈情况,孔子之后,各代都有排行字辈。如元代孔子的五十四代孙都用"思"字,五十五代孙用"克"字。到了清代,乾隆皇帝又赐给孔氏宗族 30 个辈分用字,即:希、言、公、彦、承、宏、闻、贞、尚、衍、兴、毓、传、继、广、昭、宪、庆、繁、祥、令、德、维、垂、佑、钦、绍、念、显、扬。1920 年,孔子的第七十六代孙衍圣公孔令贻,又在以上 30 字后续了 20 个字:建、道、敦、安、定、懋、修、肇、益、常、裕、文、焕、景、瑞、永、锡、世、绪、昌。孟氏家族乃至曾氏家族大致仿此。

孔氏家族人名的辈分用字,表现了汉民族宗族连续的尊卑有序,维护了宗族的团结。不论同一宗族的人居住在什么地方,只要通过名字便可知是同宗族的人,分清长幼。例如:孔克昌为孔子五十五代孙,孔希范为五十六代孙,孔祥熙是孔子七十五代孙,孔令智为七十六代孙,孔德章为孔子七十七代孙等。

孔子的学生颜回、曾子以及后世的孟子,后代也一律按孔氏家族排行字辈命名。

总之,在过去时代,从帝王到平民百姓,修有家谱的宗族,在命名时都要按家谱字辈排行。

6. 吉祥观念。汉民族自古向往吉祥、福寿、安康、兴旺发达等理想,因此人的命名取字也多用吉、祥、庆、福、禄、祯、裕、兴、隆、泰、昌、盛、茂、嘉、祝、贺、禧、景、旺、发、达、春、秋、太、平、健、康、安、寿、长、祺、吉、利、永、鹤、松、玄等。

7. 崇玉观念。因"玉"性质晶莹坚硬,出产稀少,价值昂贵,玉成为古代统治阶级重要佩饰物。玉又是古代政治权力的象征,如玉玺是传国之宝。因此历来人们视玉为珍宝。自古人们喜用"玉"字及带"玉"旁的字命名就顺理成章了。《说文解字》收有"玉"旁字 131 个,加上宋初徐铉新附 15 个,共 146 个,其中相当部分曾用于人名。《红楼梦》中,和贾宝玉同辈的兄弟取名都从"玉"字旁,如:琏、珍、珠、环、瑞、琮、璜、瑀、珩、璘、琛、琼等。历代人物的名字用"玉"旁的也很多,如三国时代的周瑜、刘璋、刘琮、刘琦、蒋琬、诸葛瑾、蔡琰、陈琳等。其他人名常用的带"玉"旁的字还有"璞、琪、玲、玮、珺、珂、璐、瑗、璎、璇、珑、瑚、珏、珊、玫、玺"等。当代人的名字用"玉"的就更多了。例如：祥玉、景玉、素玉、国玉、贵玉、清玉、漱玉、曼玉、碧玉、玲玉、凤玉、美玉、秀玉、振玉、玉英、玉祥、玉宇、玉莲、玉荣、玉山、玉贞、玉洁、玉兰、玉瑞、玉庆、玉春、玉华、玉玲、玉光等。

8. 爱马的观念。汉民族自古也爱马。因为马有跑得快、跑得远的特性，人们称这种跑得快的好马为"骏马"，更有一日千里之称的"千里马""千里驹"。因此，历来人们常用"马"来象征人的"前程远大"。曹操《龟虽寿》诗有"老骥伏枥，志在千里"的名句。人们在取名时也喜用从"马"旁的字。例如骏、驹、骥、骅、驷、骊、驰、骐等字，均为历代人名常用之字。

9. 新时代的取名用字。在新中国成立初期，人们取名用字多是建设国家、振兴中华之义。所以在50年代出生的人多用"建、国、中、华、振、兴、强、耀、昌、盛、光、荣、富、立"等字命名，例如：建国、建华、振华、兴华、卫华、忠华、爱华、光华、耀华、国华、兴国、振国、卫国、立国、耀国、强国、振邦、国强、国昌、国盛、国茂、国荣、国光、国平、国富、国兴、国旺、国发等。

"文革"时期则突出红色，一切"革旧立新"，多用"红"、"东"等字，"红"代表革命，"东"则指伟大领袖毛泽东，因此，这时期出生的人取名多用"红、东、卫、新、军"等字。例如：志红、卫红、永红、晓红、亚红、继红、向红、红兵、红志、卫东、继东、晓东、向东、忠东、卫青、学锋、学红、学军、革新、立新、永新、志新、更新、文革、永革等。这些带有政治色彩的名字成为"文革"时期的时代特色。

文革以后又出现带"晓"字的名字。最初小名是"小"字，成年后把"小"改为"晓"字。例如：晓青、晓红、晓刚、晓龙、晓康、晓庆、晓东、晓邦、晓明、晓光、晓敏、晓燕、晓丹、晓梅、晓华、晓玉、晓兰、晓月、晓霞、晓云等。

总之，名字可以反映出时代的风貌。

第三节 笔名及其他

一、作家的笔名

历代文人作家,由于政治、社会、心理或时代背景的原因,在发表文章、作品时,有时不署自己的真实姓名,而用笔名。如明代的小说《金瓶梅》的作者署名为兰陵笑笑生,清代《唐诗三百首》的编选者署名为蘅塘退士等,真名反而不可考。现代很多作家,往往也用笔名发表作品。

笔名和别号一样,很大程度上也是由各人所好而定,随意性很大。但从现代文艺界出现的众多笔名现象中,我们可以看到社会时代环境的影响,正如老作家艾芜所说:"在当时的社会环境下,作家写作很不自由。"[①]为了自身的安全,也为了使作品能通过当局的审查,或为参加文艺问题争辩的方便,作者往往不愿透露其真实姓名,便在作品发表时临时随意取一个笔名,后来成名之后仍用其笔名。如鲁迅便是以笔名行世,他除了用鲁迅这个笔名外,曾用过128个笔名,如晓角、洛文、巴人、乐雯、丰瑜、封余等。再如茅盾,原名沈德鸿;巴金,原名李尧棠;冰心,原名谢婉莹;郭沫若,原名郭开贞;老舍,原名舒庆春;夏衍,原名沈端先;艾青,原名蒋海澄;丁玲,原名蒋冰之;曹禺,原名万家宝;等等。

有些笔名是临时性的。如毛泽东发表《体育之研究》署"二十八画生"(繁体字"毛澤東"三个字共28画)。鲁迅有的笔名只用过一两次。

"文革"中,一些集体单位发表文章时署一个类似人名的名称。如"梁效"为清华大学和北京大学两校大批判组,"唐晓文"为"党校文"的谐音,上海的"罗思鼎"与"螺丝钉"谐音等。

与笔名类似的还有化名。因为不是发表文章用,不叫笔名。化名同样用以隐蔽真实身份。如1947年在陕北时,毛泽东化名李得胜,周

[①] 丁国成等《中国作家笔名探源》,第7页,时代文艺出版社,1986。

恩来化名伍必成。孙中山本名文，曾化名中山樵，后以化名中的"中山"二字行世。

二、改名

在文艺界，有些人根据自己的理想或职业，随时改换名字或取号。如作家践耳，原名朱荣实，后来因为特别崇拜音乐家聂耳，便改今名，取"走聂耳的道路，实践聂耳的理想"的意思。相声演员马季，本名马树槐，调到中央说唱团的时候，侯宝林对马季说，这个名字，作为演员，不好。当时正在上映匈牙利影片《牧鹅少年马季》，侯宝林说："就叫马季吧！"笑林，原名赵小林，师从马季学相声之后，便改名为赵笑林，后来又接受歌唱家李谷一的建议，索性以"笑林"作为常用名，逗得人们笑口常开。女游泳运动员庄泳，原名庄咏，最初她父亲曾希望她能成为一名歌唱家而取名"咏"，可是后来她成了游泳池中的"蛟龙"，因而便改"咏"为"泳"。

三、谥号、尊号、庙号、年号

谥号是古代帝王将相贵族大臣等死后，依据他生前的事迹给予的称号。如诸葛亮死后皇帝赐予他的谥号是"忠武"；岳飞被害，平反后所赐的谥号是"武穆"。唐代张守节著《史记正义》，"谥法解"一项，列一百九十四条谥号的含义，如"经纬天地曰文"，"刚强直理曰武"，"圣善周闻曰宣"，"去礼远众曰炀"等。

尊号和庙号是封建帝王所特有的称号。尊号是皇帝生前所爱的敬称，如唐玄宗的尊号是"开元神武皇帝"。庙号是皇帝死后在太庙中立室奉祀时特立的名号。唐代皇帝的庙号依次是唐高祖、唐太宗、唐高宗、唐中宗等。

年号，明代和清代的皇帝还以其年号相称。如明代开国皇帝朱元璋的年号为洪武，后人便称他为洪武皇帝。清高宗弘历的年号为乾隆，世称他为乾隆皇帝。

四、官号、地望号、绰号

人的官号、地望号、绰号等,往往是别人给取的号。

1. 官号。所谓官号,在古代是人们根据某人所任或曾任的官职名来称呼他。例如唐代大诗人杜甫又号杜工部,是因为他曾任工部员外郎的官职。王维曾任尚书右丞,后人又称他为"王右丞"。宋代政治家包拯,人称他为"包龙图",这是因为他曾任龙图阁直学士的官职。明末政治家、军事家史可法,又称他为"史阁部",因为他曾任礼部尚书兼东阁大学士的官职。

2. 地望号。在古代,对一些名人可根据他的出生地名相称。例如宋代文学家王安石和明代剧作家汤显祖,都是江西临川(今江西省抚州市)人,后人便称他们为"王临川、汤临川"。王安石的著作总集称为《王临川全集》,汤显祖的传奇《紫钗记》、《邯郸记》、《还魂记》、《南柯记》合称"临川四梦"。清末思想家康有为是广东南海(今广州市)人,世人便称他为"康南海",他的文集为《康南海文集》。

3. 绰号。绰号是人们根据某人的行为外貌或性格特征而取的称号。例如《水浒传》中的人物几乎都有绰号,如:

及时雨宋江　豹子头林冲　花和尚鲁智深

黑旋风李逵　鼓上蚤时迁　赤发鬼刘唐

有的绰号,实际上是含有贬义的恶名。例如唐代权臣李林甫,表面待人温柔和蔼,暗中却陷害中伤别人,时人称他为"笑中刀"、"人猫"等绰号。清代曾国藩残酷镇压农民起义军太平军时,杀人无数,时人给他的恶名绰号"曾剃头"。

五、堂号和堂名

堂号是姓氏族门的代称。例如古代结婚时写轿封就有"述古命子亲迎,金树淑女于归"之句。"述古"是彭姓堂号,一看就知道是彭氏男子结婚,金树是田姓堂号,也知道是田氏女子出嫁。绍兴鲁迅的老家的堂号是"爱莲堂",一看就知道鲁迅是姓周不姓鲁。周姓取"爱莲"二字为堂号,出自北宋哲学家周敦颐的著名散文《爱莲说》,周之后人均以"爱莲"为堂号。

再如赵姓称为"半部堂",典出北宋宰相赵普的"半部《论语》治天下"的故事。赵普曾拥赵匡胤为帝,后官至宰相之职,他精通孔孟之书,颇具谋略,政绩昭著,曾两代为相。

姓王的称"三槐堂",出自"王祜植三槐,自知子必贵"的典故。宋人王祜曾在院内植三株槐树而铭志曰:"吾之后世,必有三公者,此其所志也。"后来,王祜的三儿子王旦果然中了进士,官至宰相。

杨姓则称"四知堂"。典出东汉荆州刺史杨震的故事。他有一次赴莱州路过昌邑县,县令王密是杨震保举他做官的,王密为报上司之恩,夜里送黄金给杨,杨震坚决不收,王便说:"时在深更,无人可知,是我一片心意,决不损大人名誉。"杨震说:"无人可知,自有天知,地知,你知,我知。"王密只好携金告退。杨震死后,时人在他的墓碑上刻下了这句话。自此,杨的后人便以"四知"为杨姓的堂号。

其他诸如张姓的"百忍堂",刘姓的"明德堂",郑姓的"玉麟堂",毛姓的"保德堂",陈姓的"三益堂",胡姓的"惊叙堂",黄姓的"怀德堂",常姓的"惠风堂",颜姓的"福圣堂",高姓的"聚庆堂",吴姓的"三让堂"等等。简单的,如弟兄四人,没有分家就叫"四合堂"等。中国的每个姓氏基本都有个堂号,每个堂号都有个典故。

总之,堂号是中国古代一种特有的文化现象,它往往反映了姓氏祖先某人的业绩或功德,以示光宗耀祖,激励后人。

第四节 书斋名称

中国的文人,包括学者、作家、书画家、艺术家等,都有自己的书斋,并给自己的书斋起一个雅俗共赏的好名字,即书斋名,以励其志,抒其情,明其节。从斋名可看出其人的文心底蕴。

我们把书房通称书斋,而这个"斋"字,就寓有高洁清雅之意。《说文解字》云:"斋,戒洁也。"古人又云:"夫闲居平心,以养心虑,若以此而斋戒也,故曰斋。"因之,古代文人若有一间书房,花卉扶疏,几卷图书,笔墨齐备,窗明几净,人居于内,就会觉得摆脱了尘俗,心神具静,修身养性,就如同佛家、道家的斋戒一样。

纵观中国历代文人学士,都非常重视这读书修养的书斋,但从不为自己的书斋简陋而羞愧,正如唐代诗人刘禹锡在其《陋室铭》中所说的:"山不在高,有仙则名;水不在深,有龙则灵。"晋代大诗人陶渊明说:"结庐在人境,而无车马喧。"关键在于有一个不受外界干扰的环境。他们追求的不仅仅是一个物质的空间,更重要的是一个精神的家园。若置身于书斋之中,可以读书,可以赏画,可以明理,可以养性,可以超脱,可以神游;上可以神会古代之先哲,下可结交当代之俊贤;既可以神游于八方,也可以思驰于八极。总之,书斋之名往往雅俗共赏,或以言志托情,或以自勉明志,或以自得其乐。古今书斋之命名可说是形形色色,异彩纷呈。斋名概括起来则有亭、庐、斋、堂、室、房、馆、阁、舍、庵、楼、居、轩、屋、庄、龛、坡、村等等,均有文人以之命名。下面举例说明之。

以"亭"命名书斋的有西汉文学家杨雄的"玄亭",当代文学家鲁迅的"且介亭"(当时住于租界,省去"禾"和"田")等;以"庐"命名的有三国时代政治家军事家诸葛亮的"茅庐",张维屏的"听松庐",沈涛的"匏庐",黄遵宪的"人境庐",当代作家金克木的"梵竺庐",冯宗璞的"风庐"等;以"斋"命名的有宋代杨万里的"诚斋",明代高则诚的"柔克斋",尤袤的"四当斋",陈与义的"简斋",清代朱彝尊的"静志斋",洪亮吉的"更生斋",王鸣盛的"耕养斋",现代还有周作人的"苦雨斋",王力的"龙虫并雕斋",钱君匋的"无倦苦乐斋",梁实秋的"雅斋",吕叔湘的"未晚斋",梁漱溟的"勉仁斋",姚雪垠的"无止境斋"等;以"堂"命名的有唐代杜甫的"浣花草堂",白居易的"庐山草堂",宋代李清照的"归来堂",明代李东阳的"怀麓堂",清代的钱谦益的"半野堂",王士祯的"带经堂",纪晓岚的"阅微草堂",钱大昕的"潜研堂",俞樾的"春在堂",当代的有陈寅恪的"寒柳堂",冯友兰的"三松堂",魏建功的"独后来堂",丰子恺的"缘缘堂",蒋天枢的"仪顾堂",宋云彬的"深柳读书堂",李可染的"师牛堂"等;以"室"命名的有唐代刘禹锡的"陋室",现代则有梁启超的"饮冰室",陈衍的"石遗室",李伯元的"芋香室",蒋天枢的"惜梦室",徐复的"鸣谦室",胡适的"养晖室",曹聚仁的"听涛室",吴湖帆的"宝董室"等;以"房"或"山房"命名的有明代胡应麟的"少室山房",

宋濂的"青萝山房",清代吴敬梓的"文木山房",袁枚的"小仓山房",陈宏绪的"酉阳山房",管世铭的"读雪山房",彭惟孝的"彭氏山房"等;以"馆"命名的有王维的"文杏馆",龚自珍的"病梅馆",陈寅恪的"金明馆",茅盾的"逃墨馆",齐白石的"惜山吟馆",荀慧生的"留香馆"等。以"阁"命名的有朱熹的"清邃阁",明代范钦的"天一阁",袁中郎的"雪涛阁",李沂的"秋星阁",毕自严的"振衣阁",朱亚夫的"楼中阁",秦瘦鸥的"晚清阁"等;以"舍"命名的有清代潘祖荫的"八求精舍",汪献唐的"双行精舍"等;以"庵"命名的有范仲淹的"咒钵庵",柳亚子的"活埋庵",周作人的"苦茶庵",宋云彬的"昨非庵"等;以"楼"命名的有清代瞿镛的"铁琴铜剑楼",丁丙的"八千卷楼",陆心源的"丽宋楼",钱穆的"素生楼",朱维铮的"破壁楼",张恨水的"北望楼",夏衍的"蜗楼",阮章竞的"苦噪楼",冯亦代的"听风楼"等;以"居"为名的有方薰的"山静居",张彦云的"梅蜷竹亚之居",萧军的"蜗蜗居",杨树达的"积微居",启功的"坚净居"等;以"轩"命名的有归有光的"项脊轩",郑板桥的"橄榄轩",姚鼐的"惜抱轩",黄仲则的"两当轩",洪亮吉的"上下三千年纵横二万里之轩",王亚南的"野马轩",胡天游的"傲轩",王瑶卿的"古瑁轩"等;以"屋"命名的有陈垣的"励耘书屋",梅兰芳的"梅花诗屋",毛泽东的"菊香书屋"等;以"庄"为斋名的有梁寅的"书庄",何汶的"竹庄"等;以"龛"命名的有傅山的"霜红龛",苏曼殊的"燕子龛"等;以"坡"命名的有苏轼的"东坡"、查为仁的"莲坡"等;以"村"为斋名的有作家贾平凹的"静虚村"等。

第五节　人及事物的雅称或别称

人和某些事物的名称,除了一般的称谓之外还有雅称或别称。

一、年龄的雅称

自古以来,中国人对人生各个重要年龄阶段,都有不同的雅称,例如:

襁褓——指不满周岁的婴孩。

孩提——指两三岁的幼童。

始龀——是指七八岁的儿童。

总角、垂髫——均为童年的泛称。

豆蔻年华——指十三岁左右的少女（相当现代的中学生）。出自杜牧的《赠别》诗："娉娉袅袅十三余，豆蔻梢头二月初。"也有人泛指十三至十八岁。

待年——指女子成年待嫁。古代女子到了十五岁，会把头发梳起，插上簪子，表示已到出嫁年岁。又称"待字"或"待字闺中。"语出《后汉书·曹皇后纪》："小者待年于国。"

弱冠——指二十岁男子。古代成年男子二十岁，须行冠礼，表示已成年。语出《礼记·曲礼上》："二十曰弱冠。"二十岁的女子则称"桃李年华"。

志学之年——指十五岁的少年。语出《论语·为政》："子曰：'吾十有五而志于学。'"

而立之年——指三十岁的成年人。语出《论语·为政》："子曰：'三十而立'。"即能独当一面，坚守自己的志向。

不惑之年——指四十岁壮年人。语出《论语·为政》："子曰：'四十而不惑'。"即智慧成熟，因明白事理而不被迷惑。古代壮年也称为"强仕之年"，"春秋鼎盛"。

知命之年——指五十岁。语出《论语·为政》："子曰：'五十而知天命'。"指明白天地万物运行的规律，包括生命的本身。五十岁也可称为"知非之年"（分清是与非）、"艾服之年"、"大衍之年"。

耳顺之年——指六十岁。语出《论语·为政》："子曰：'六十而耳顺'。"指个人的修行成熟，没有不顺耳之事，任何话都能听进去而不计较。六十岁也称为"花甲之年"、"杖乡之年"（还乡之年）；六十岁以上已可称"耆年"。

古稀之年——指七十岁。语出唐代杜甫《曲江》诗句："酒债寻常行处有，人生七十古来稀。"

喜寿之年——指七十七岁。

耄耋之年——指八九十岁。"耄"音"mào"，"耋"音"dié"。耄耋是年纪很大的人。语出汉代曹操《对酒歌》:"耄耋皆得以寿终,恩泽广及草木昆虫。"

米寿之年——指八十八岁。

白寿之年——指九十九岁。

期颐之年——指百岁以上。语出《礼记·曲礼上》:"百年曰期颐。"因此今天祝愿夫妇"白头偕老",也可以说"期颐偕老"。

茶寿之年——指一百零八岁。取"艹"二十、"人"(八)和"木"(十八)。茶字的上部"二十"和下部"八十八"相加正是一百零八。

二、教师的别称

教师在中国古代有很多别称。例如:

师傅:古代教师的通称。《谷梁传·昭公十九年》:"羁贯成童,不就师傅。"在封建王朝东宫太子的教师即称"太子师傅"。

博士:秦时官职,掌古今史事侍问及书籍典守。汉代始称太学中的教师。唐宋时有专业,故而有"算学博士"、"书学博士"、"律学博士"之称。现为最高学历之名。

经师:汉代指儒学学官,后泛指传授儒学家经典的教师。南朝梁任昉《王文宪集序》有:"经师人表,久资望实。"

教习:明代翰林学院学员兼教师。清末兴办学堂,其教师沿称"教习"。

教授:宋以后学官名称,掌管学校课试等事。现在作为高等学校教师最高的职称。

助教:学官名,始于晋,其后各代均在国学中设助教。现代成为高等学校教师的职称。

先生:按《礼记》注:"先生,老年教育者。"《孟子》注:"学士年长者,故谓之先生。"

夫子:古代对男子的尊称,后用为尊称教师。

老师:原意指年老而资深的学者,科举时代用于尊称教授生徒者。

祭酒:汉代设博士祭酒,为博士之首,相当于现在的国立大学的校长。

司业：古代协助祭酒管儒学训导方面的工作，相当现在国立大学的副校长。

三、古代医生的别称

医生在古代也有很多别称。例如：

疾医："掌养万民之疾病。"(《礼记》)周代医官名，相当现代的内科医生。

医师：医官，首见于《礼记》。

药医师：始于唐代，负责采办诸药调和制剂等。

医生：此称呼始于中国的唐代，现在沿用此称。

医士：本名始见于中国的北宋时代，相当现在的医生。

郎中：始于中国的宋代，皆称医治病者为郎中。

大夫：始于中国的宋代，至今仍用。

四、结婚周年的别称

从结婚周年开始，每隔5年就有一个名称，吸收西方习俗，现在有下列名称：

1周年，称作纸婚。

5周年，称作木婚。

10周年，称作锡婚。

15周年，称作水晶婚。

20周年，称作磁婚。

25周年，称作银婚。

30周年，称作珍珠婚。

35周年，称作碧玉婚。

40周年，称作红宝石婚。

45周年，称作蓝宝石婚。

50周年，称作金婚。

60周年，称作金刚钻婚。

70周年，称作钻石婚。

五、故乡的别称

"故乡"一词,最早见于《史记·高祖本纪》:"大风起兮云飞扬,威加海内兮归故乡。"古代文人雅士给予了故乡种种别称。例如:

桑梓:桑树和梓树是中国古代家宅旁边常栽的树木,游子在外见了别人家的桑梓也引起对自己父母和故乡的怀念,后来就把桑梓作为对故乡的代称。如唐代柳宗元的《闻黄鹂》诗:"乡禽何事亦来此,令我生心忆桑梓。"

故园:故乡都有田园,故也称故乡为故园。如李白《春夜洛城闻笛》诗云:"此夜曲中闻折柳,何人不起故园情。"

故国:故乡也称故国。如唐代杜甫的《上白帝城二首》诗云:"取醉他乡客,相逢故国人。"

故里:故里在古代也指故乡。如南朝梁时代的诗人江淹的《别赋》云:"视乔木兮故里,诀北梁兮永辞。"

故土:在古代故土也是故乡的代称。如唐代柳宗元的《钴鉧潭记》中云:"孰使予乐居夷而忘故土者,非兹潭也欤?"

家山:在古代家山也是故乡的别称。如唐代钱起的《送李栖桐道举擢第还乡省侍》诗云:"莲舟同宿浦,柳岸向家山。"

乡关:乡关在古代也用来指代故乡。如唐代崔颢的《黄鹤楼》诗云:"日暮乡关何处是,烟波江上使人愁。"

乡井:在古代故乡也可用乡井来代称。如唐代崔桐的《酬李补阙雨中寄赠》诗云:"白发还乡井,微官有子孙。"

乡曲:古代也可用乡曲来称代故乡。如西汉司马迁的《报任少卿书》中云:"仆少负不羁之才,长无乡曲之誉。"

乡国:乡国在古代也指称故乡。如宋代苏轼的《游金山寺》诗云:"试登绝顶望乡国,江南江北客人多。"

梓里:古代也用梓里称故乡。如清代女作家陈端生的小说《再生缘》第九回云:"伤心已感年华改,弹泪偏逢梓里遥。"

家园:古代人也用家园来代称故乡。如《后汉书·桓荣传》云:"常客佣以自给,精力不倦,十五年不窥家园,至王莽篡位乃归。"

井间：在古代井间也是故乡的别称。如宋代梅尧臣的《上马和公议》诗云："井间已是经时隔，亲旧全如远别来。"

枌榆：枌榆为两种树木名，多用作屋梁，又为汉高祖刘邦故乡名，后人用为故乡的代称。如宋代郑江的《西溪草堂图》诗云："仙源在枌榆，余胡久淹留？"

六、春天的雅称

冬去春来，万物复苏，春暖花开。在古代，春季有许多雅称。例如：

三春：古人习惯称农历正月为孟春，二月为仲春，三月为季春，合称为"三春"。所以古代诗文中提到的"三春"，其实就是指春天。如唐代孟郊的《游子吟》诗句有"谁言寸草心，报得三春晖。"

九春：春季三个月共九十天，十天为一春，故称春季为"九春"。如晋代阮籍的《咏怀》诗云："悦怿若九春，磬折似秋霜。"

青春：因春天草林极青，一派葱葱郁郁，因之称春天为"青春"。如杜甫诗《闻官军收复河南河北》云："白日放歌须纵酒，青春作伴好还乡。"

青阳：春天的空气清爽新鲜，阳光温和明媚，因而春天又有"青阳"之美称，如唐代诗人陈子昂《感遇》诗云："白日每不归，青阳时暮矣。"

芳春：春天天气渐暖，百草萌发，万木滋长，奇花异草斗芳菲，于是春天又有了"芳春"的雅号。如宋代诗人陆游《长安有狭邪行》诗云："烈心厉劲秋，丽月鲜芳春。"

艳阳：因春天阳光明媚，草鲜花艳，故又称"艳阳"。如南北朝时诗人鲍照《学刘公干体》云："艳阳桃李节，皎洁不成妍。"

阳春：我国江南一带，春天阳光和煦，百花盛开，所以人们给春天以"阳春"或"阳春三月"的美称。如李白《春夜宴从弟桃李园序》一文中"阳春召我以烟景"之句，正是对春天的绝妙写照。

此外，春天还有"苍灵"、"阳节"、"昭节"、"淑节"等别称。

在中国民间，百姓根据节气、农事又分别称春天的正月为"早春"，二月为"酣春"，三月为"晚春"、"暮节"与"末春"等。

七、夏天的别称

我国古人给夏季赋予了诸多的称谓,也相当有趣。例如:

三夏:古人称四月为孟夏,五月为仲夏,六月为季夏,简称"三夏"。古乐府诗集《子夜四时歌·夏歌》云:"情如三夏热,今日偏独甚。"

九夏:夏季三个月共九十天,遂名"九夏"。晋代陶渊明《荣木》诗序有"日月推迁,已复九夏"之句。

长夏:本指农历六月,亦泛指夏季,是谓夏季的白昼特别长。唐代杜甫《江村》诗云:"清江一曲抱村流,长夏江村事事幽。"

朱明:《尔雅·释天》称:"夏为朱明。"《汉书·礼乐志》云:"朱明盛长,敷与万物。"

朱夏:《尔雅·释天》以"夏为朱明",后人由此引申为"朱夏"。晋赋云:"应青春而敷蘖,逮朱夏而诞英。"

昊天:《尔雅·释天》云:"夏为昊天。"

炎节:梁元帝萧绎《纂要》称:"夏天曰昊天,风曰炎风,节曰炎节。"

长赢:《尔雅·释天》称:"春为发生,夏为长赢。"刘昼《刘子·履言》释云:"夏之得炎,炎不信,则草木不长;草木不长,则长赢之德废。"赢,通盈,谓使草木长盈者为夏。

槐序:槐树夏季开花,故名夏为"槐序"。明代杨慎《艺林伐山·槐序》云:"槐序,指夏日也。"

八、秋天的别称

入秋时节,顿感秋高气爽,怡然自适。古时一些文人曾给秋天起了不少雅称。例如:

三秋:古时把七、八、九三个月分别称为孟秋、仲秋、季秋,简称"三秋"。亦指秋季的第三个月,即农历九月。唐代王勃《滕王阁序》中就有"时维九月,序属三秋"之句。

九秋:秋季共为九十天,故称为"九秋"。晋代张协的《七命》诗中曾有"唏三春之溢露,溯九秋之鸣飙"之句。

金天:按"五行"推演,秋属金,故称金天或金秋。唐代陈子昂诗曰:"金天方肃杀,白露始专征。"

素节:又称素秋,有时专指重阳节,有时则泛指秋天。宋代欧阳修有诗云:"我来夏云初,素节今已届。"

素商:按"五行"之说,秋天色尚白,又称"五音"之中"商"的音阶,故有此称。元代马祖常的《秋夜》诗中有云:"素商凄清扬微风,草根之秋有鸣蛩。"

西陆:晋代司马彪《读汉书》云:"日行西陆之秋。""西陆"即二十八宿中昴宿之别名。唐代骆宾王有诗云:"西陆蝉声唱,南冠客思深。"

九、冬天的别称

在中国的古代,冬天也有很多别称。例如:

玄英:秦代以前,用玄英来称冬天。如《尔雅·释天》云:"冬为玄英。"

隆冬:古代也称冬天为隆冬。如《晋书·王献之传赞》:"观其字势,如隆冬枯柯。"

三冬:古代以十月为孟冬,十一月为仲冬,十二月为季冬,简称为"三冬"。如唐代杜荀鹤的《溪居》诗云:"不说风霜苦,三冬一草衣。"

九冬:冬季共九十天,故称冬天为"九冬"。如南朝梁代沈约的《夕行夜间鹤》诗云:"九冬霜雪苦,六翮飞不住。"

严冬:南朝梁简文帝集《大同十一月庚戌》诗云:"是节严冬景,寒云掩落晖。"

冬节:古时指冬至而言。如《南齐书·武陵昭王晔传》:"冬节间讯,诸王皆书,晔独后来。"有时用"冬节"泛指冬天。如《后汉书·马融传》:"方涉冬节,农事闲隙。"三国时曹操的《却东西门行》诗云:"冬节食南稻,春日复北翔。"

十、古代旅店的称谓

旅店的出现,在我国已有数千年的历史,其存在形式和称谓,也是随着社会的发展而不断的演变。旅店的演变中有以下几种称谓:

逆旅:是中国出现最早的旅馆称谓,大约出现在原始社会末期,当旅者在旅途上遇到风雨或身体不适等困难时,只好停下来住在某处,旅者给住处主人一定的酬谢。

驿传:殷商时供传递文书的驿卒及客宾居住的处所。

客舍:周朝官办旅店,主要供四方诸侯来往都城途中住宿。

驿馆:战国时期官员及传递文书的驿卒食宿的地方。投宿时,需有官方发给的证件,如"铜虎节"、"龙节"等。

客馆:战国时期的旅店,设施比较完善,并分有等级的客房。

邸店:南北朝时为客商提供的住所,除食宿外,还备有存货的货栈和交易场所。

驿站:唐代官方在四通八达的水陆驿道上为驿卒或宾客开设的旅店,往来驿站之间需要特殊的旅行证件"银牌"。

客店:明清时的一种小型旅店,主要供进京应试的穷学子住宿。

会馆:明清时期同乡人在外地或京城开设的家乡旅店,优惠或免费供给同乡人住宿。

番馆:清初广州等地为外国人开设的旅店,设施豪华,类似现代的宾馆。

鸡毛店:清代最低一级的旅店,专门供给贫苦流民住宿。因店内没有被褥,仅用鸡毛取暖,所以叫鸡毛小店。

第十八章 地名文化及其词语

地名也是一种民族文化现象。因为地名真实地反映了民族的地理、历史、语言文化,同时也反映出民族的心态和风俗等。研究地名的科学叫地名学,属于人文科学。语言学家对地名及其文化含义特别重视。英国语言学家帕默尔(L. R. Pamer)说:"地名的考察实在是令人神往的语言学研究工作之一,因为地名本身就是词汇的组成部分,并且地名往往能提供重要的证据来补充并证实历史学家和考古学家的论点。"[①]地名是一种语言符号,它借助语言中的词汇表示一个地理部位如省、城市、县、农村、河流、湖泊以及山脉等。因此,地名也是文化词汇学的研究对象,是文化词汇的重要内容。

第一节 中国的国名及由来

中国又称"中华",古代则称"华夏"、"九州"、"神州"、"赤县"等。外国人又称中国为"支那"。

"中国"一名,由来已久。商代的领土包括黄河流域和长江流域的广大地区。但是商王朝直接统治的地区只有黄河中下游一带(包括现在的河南省、山东省大部分),更大范围的地区分封给各诸侯国或一些部族管理。到了后期,人们只把以王都为中心的王朝直接统治的区域称为"商"。而"商"位于东、西、南、北四方土地的中央,成为国中之国,所以当时称商为"中国"。到了西周时期,把帝王所在的京都或中原地区也称为中国。如《诗经·大雅·民劳》中就有:"惠此中国,以绥四方。"其意是先爱护京都的百姓,进而再抚慰周围四方。所以"中国"这

---

① 帕默尔《语言学概论》第134页,商务印书馆,1983。

一名称含有京都及地区位于中央的意思,同时也指政治、文化的中心。"中国"一词在古代也指华夏民族居住的地区。例如《诗经·小雅·六月》序:"《小雅》尽废,则四夷交侵,中国微矣。"意思是《小雅》完全废弃,就要受到四方的少数民族的侵略,中国的领土会越来越小。又如《礼记·大学》说:"屏诸四夷,不与同中国。"意思是说,要阻挡住四方周围的少数民族的侵扰,不让他们到中国。这些都是指黄河流域的中原地区。

"中华"两个字最早见于晋代桓温《请还都洛阳疏》:"自强胡陵暴,中华荡覆,狼狈失据。""中"指"中国",指黄河流域的中原地区;"华"字则来源于"华夏"。"华夏"是中华民族的古称。由于华夏民族兴起于黄河流域一带,并位于东、西、南、北四方的中心,所以又称"中国"为"中华"。又据《魏书·岩昌传》说:"其地东接中华,西通西域。"意思是说这个地方东边和中原地区相接,西边直通西域。公元1905年,以孙中山为首的革命先驱在日本成立的中国同盟会的纲领就有"恢复中华"的说法。

"华夏"是中国的古称。夏,大也。指中国是具有文明礼仪之大邦。《尚书·武成》"华夏蛮貊(mò)",唐孔颖达疏曰:"大国曰华夏。夏谓中国也。"又释《左传·定公十年》"裔不谋夏,夷不乱华"说:"中国有礼仪之大,故称夏,有服章之美,谓之华,华夏一也。"意思是说,中国讲文明和礼仪,规模很大,地区很广,所以称为夏;中国人的服饰和诗文音乐非常美,所以称作华。近代大学者章太炎对"华夏"的来源有新的说法,他认为"华夏"的"华"指华山(即西岳华山,今陕西省东部河南省西部),"夏"指夏水(即今湖北省内的汉水)。华山和夏水又都在中原一带,所以称中国为"华夏"。

"九州"得名于上古时代。大禹治水后曾把中国版图划为九个州,当时他指点名山大川作为各州的疆界,所以后世相沿称中国为"九州"。但历代对"九州"的名称说法不一。《尚书·禹贡》为"冀、豫、雍、扬、兖、徐、梁、青、荆";《尔雅·释地》为"冀、雍、豫、扬、兖、徐、幽、营、荆"(有"幽、营"二州,无"青、梁"二州);《周礼·夏官·职方氏》为"幽、并、冀、豫、雍、扬、兖、青、荆"(有"幽、并"而无"梁、徐")。唐代诗人王昌龄《放歌行》诗有"清乐动千门,皇风被九州"句,宋代诗人陆游《示儿》诗有"死去原知万事空,但悲不见九州同"句。这些诗句中的"九州"都概指中国。

"赤县"、"神州"是中国战国时代齐国的思想家邹衍在他的地理学说中为中国起的名字。他说:"中国名曰赤县神州。赤县神州内自有九州,禹之序九州是也,不得为州数。中国外加赤县神州者九,乃所谓九州也。"意思是说中国又名赤县神州,是因赤县神州在内才有九州,古时大禹把中国划序为九个州,但不足九个州,中国外加赤县神州,才够九个州的数,所以才称中国为九州。晋代诗人刘琨在《答卢谌诗》中说:"火燎神州,洪流华域。"南北朝时期诗人江淹在《游黄蘖山》诗中说:"南州饶奇怪,赤县多灵仙。"这两首古诗中的"神州"、"赤县"、"华域"都是指中国。毛泽东在《浣溪沙·和柳亚子先生》词中有"长夜难明赤县天"句,在另一诗《送瘟神》中有"六亿神州尽舜尧"句,"赤县"、"神州"也都是指中国。

"支那",世界上许多国家称中国为支那、脂那、至那(Cina,Chin,Sinae)等。追根溯源,"支那"是由古代秦朝的"秦"字演化而来的。公元前221年秦灭六国统一中国,同时也积极开展对外域的联系,影响很大,当时西域各国泛称中国人为"秦人"。"支那"的读音来源于印度,印度语"支那"的意思为"秦地"。初作"至那",唐代玄奘《大唐西域记》卷五记,印度戒日王对玄奘说:"尝闻摩诃至那国有秦王天子……"《宋史·天竺国传》记载:"天竺表来,译云:'伏愿支那皇帝福寿圆满。'"据《翻译名义集》解释,"支那"的含义是"脂那——云支那,此云文物国"。由此可知,印度的"支那"的意思又指"文明的国家",是一种尊崇的称呼。但近代日本称中国为支那则含贬义。后来中国的瓷器传入欧洲,"瓷器"的英文是china,所以欧洲人称中国为China,也表示"来自文明国家"的意思,含有褒扬之意。"China"与"支那"读音相近。

欧美各国称中国人,除了称"秦人",也称"唐人"。这是因为唐朝是历史上对世界影响较大的王朝之一。当时唐朝积极开展外交活动,中外文化交流盛况空前,中国的文化对世界影响很大。因此近代欧美各国,把华侨或有中国血统的人往往称为"唐人",把他们聚居的街区称为"唐人街"或"中华街"。如美国的纽约、旧金山,英国的伦敦,法国的巴黎,意大利的罗马等大城市均有"唐人街",日本的神户、横滨等地则有"中华街"。

第二节 中国的省、自治区名称来源

中国各省的命名有多种来源。
1. 因所处的地理位置而得名
河北省(冀)
战国时代,黄河以北的齐国土地称为河北。汉代设河北县,唐代设河北道。古代河北辖区与今有出入。1928年设河北省。
因河北相当于我国最早的地理著作《禹贡》中的冀州,故简称"冀"。
山西省(晋)
元代开始称太行山以西为山西,设河东山西道宣慰司,这是山西作为行政区名称的开始。明代设山西省。又因春秋时代的晋国所在地,故简称"晋"。
河南省(豫)
古称黄河以南地区为河南。唐代设河南道,宋代设河南路。元设河南江北行省。明初设河南省。又因汉代在该地曾设豫州郡,故简称"豫"。又因地处中原,又称"中州"。
山东省(鲁)
因位于太行山以东,金代在开封以东地区设山东东路、山东西路,这是山东作为行政区名称的开始。清初设山东省。又因该地为春秋时鲁国辖区,故简称"鲁"。
湖北省(鄂)
宋代在洞庭湖以北至荆山设荆湖北路,简称湖北路。元明两代设湖北道。清代设湖北省。又因该地隋唐时为鄂州,故简称"鄂"。
湖南省(湘)
唐代在洞庭湖以南设湖南节度使,始出现湖南一名。宋设湖南路。元明两代设湖南道。清代设湖南省。又因湘江纵贯全省,故简称"湘"。
陕西省(陕或秦)
陕西一名,源于周代周、召二公"分陕而治"。当时的陕西是陕塬

(今陕县)以西的渭泾平原。唐代设陕西节度使,陕西始转为行政区名。宋设陕西路。元设陕西行省。清设陕西省。取全称中的"陕"为简称。又因春秋时为秦国地,故又简称"秦"。

云南省(滇)

因在云岭以南而得名。元设云南行省,清设云南省。因昆明有滇池,故简称"滇"。

江西省(赣)

唐代设江南西道,简称江西道,江西由此得名。宋设江南西路。元设江西行省。明清均设江西省。又因赣江纵贯全省,故简称"赣"。

海南省(琼)

因位于中国南疆海域,又是南海域内最大岛屿而称海南岛。原属广东省。1988年设为海南省。因秦以后称这一带为琼台、琼州或琼崖,故简称"琼"。

2. 以境内地名而命名

江苏省(苏)

清康熙六年(1667年)设江苏省,取当时两江总督驻地所江宁(今南京市)和巡抚驻地所苏州(今苏州市)两府首字而命名为江苏省。取全称中的"苏"字作简称。

安徽省(皖)

清康熙年间,取当时的政治中心安庆(今安庆市)和经济都会徽州(今歙县)二府的首字命名为安徽省。又因安庆府是春秋时皖国故地,故简称"皖"。

福建省(闽)

唐开元年间设福建节度使,管辖福、建、泉、漳、汀五州,福建是由前两州的名字组成。元设福建行省。明清两代设福建省至今。因该地古代为闽越族聚居地,故简称"闽"。又说,因境内有闽江,故简称"闽"。

甘肃省(甘或陇)

甘肃一名源于11世纪西夏王朝设置的十二监军之一,辖甘州(今张掖县)肃州(今酒泉)二州,取二州首字组成甘肃。元设甘肃行省。清代设甘肃省。因西夏时行政中心在甘州,故简称"甘"。甘肃古时别称陇西,故又简称"陇"。

台湾省(台)

三国时称"东夷",元时称"王留求"。明代称今台南市附近安平镇为大员,闽南话读作 Tyouan 或 Tayuvan,转记为台湾。明万历年间正式在公文上使用"台湾"一名。清代设台湾省。取全称中的"台"字作为简称。

3. 取境内的江河湖泊名而得名

黑龙江省(黑)

因境内有黑龙江而得名。清代为抵御沙俄东侵,在黑龙江沿岸筑黑龙江城(今黑河旧城),设黑龙江将军,管辖黑龙江流域。1907年改为黑龙江省至今。取全称中的"黑"字作简称。

浙江省(浙)

战国时浙江指今天的富春江、钱塘江和新安江。东汉时将浙江分为浙东、浙西两个地区。唐代将这两个地区转为政区名称。明初设浙江省,沿用至今。取全称中的"浙"字作为简称。

贵州省(黔或贵)

因境内有贵山而得名。一说因宋代以前设矩州,因当地语音"贵""矩"难分,故也叫做贵州。元初正式命名为贵州。清设贵州省。取全称中的"贵"字作简称。又因该地唐代属黔中道,或境内有黔灵山,故也简称"黔"。

四川省(川)

因境内有长江、岷江、沱江、嘉陵江四条大川而得名。一说因宋代设西川路和峡路,后将西川、峡二路分为益州、梓州、利州、夔州四路,合称"川峡四路",简称"四川路",由此得名。元时合并四路,设为四川行省。清代设四川省。取全称中的"川"字作为简称。

青海省(青)

因境内有青海湖,故得名青海省。据《水经注》记载:早在公元5世纪时,这里就称青海了,唐以后多以青海为正名。1928年设青海省。因境内有青海湖故简称"青"。

4. 因历史或纪念意义而命名

宁夏回族自治区(宁)

公元5世纪初,匈奴贵族赫连勃勃自以为是夏后氏后裔,故将建立的政权定国号为"夏"。宋代,党项族拓跋氏首领李元昊称帝,定都兴庆府(今银川市)。元灭西夏,取"平定西夏永远安宁"之意,在此设宁夏行省。1958年设宁夏回族自治区。取全称中的"宁"字作为简称。

新疆维吾尔自治区(新)

古时称西域,汉代和唐代都曾设都护府。清朝平定了准噶尔部叛乱后,在天山南北设伊犁将军。清光绪年间改为新疆省,意为"故土新归"。1955年,设新疆维吾尔自治区。取全称中的"新"字作为简称。

辽宁省(辽)

北宋时,在今河北、辽宁一带,契丹族建立辽国。辽金时代设辽阳府,元设辽阳行省。明设辽东都司。清设辽东将军。后因辽河流域为清朝发源地,取"奉天承运"之意,改为奉天省。1929年,取"辽河流域永远安宁"之意,改为辽宁省。因境内有辽河,故简称"辽"。

内蒙古自治区(内蒙古)

蒙古原为部落名。1206年,成吉思汗统一蒙古各部,建立蒙古国。元灭后,蒙古族退居塞北。明清时形成内、外蒙古之称。明清以后,泛指大漠以北为外蒙古,20世纪外蒙古独立,今称蒙古国。大漠以南,长城以北称为内蒙古。1947年成立内蒙古自治区。简称"内蒙古"。

广东省(粤)

"广"是扩大的意思,指由中原扩大拓展的地区。宋代设广南东路,简称广东路,由此出现"广东"一名。元设广东道,明设广东省至今。因辖区汉初为南粤之地,故简称"粤"。

广西壮族自治区(桂)

因宋代设广南西路,简称广西路,"广西"一名由此产生。元代设广西两江道。明时设广西省。因当地为壮族(旧称僮族)聚居区,故1958年设广西僮族自治区,1965年改为广西壮族自治区。因自宋至清代,广西的行政中心在桂州(或桂林府),故广西简称"桂"。

5. 根据少数民族地名的译音而得名

吉林省(吉)

吉林一名源于"吉林乌拉",是满语"沿松花江的城市"的意思。1676年设吉林将军。1907年设吉林省。取全称中的"吉"字作为简称。

西藏自治区（藏）

元时称西藏地区为"乌思藏"。"乌思"是藏语"中央"的意思。"藏"为"圣洁"的意思。明代设两个都指挥使司。清代称西藏东部为"康"（喀木），中部为"卫"，西部日喀则一带为"藏"。因其位于中国西部，故称西藏。1965年设立西藏自治区。取全称中的"藏"字作为简称。

第三节　中国部分城市名称的由来

中国各大城市的命名也有历史地理等文化因素，仅以北京、上海、天津、武汉、桂林、广州、香港等为例来说明。

北京是历史悠久的古都。古代称蓟，春秋战国时为燕国都城。辽代称燕京，金代称中都大兴府，元代称大都，明朝永乐元年（1403）明成祖将其做燕王时的封地北平府改为顺天府，并从南京迁都于此，改称北京。明清两代正式名称为京师，习惯上称北京。1927年国民政府定都南京，次年把北京改名为北平。1949年9月新中国成立时又恢复称北京，并设为直辖市，取全称中的"京"为简称。

上海，位于中国东海的上洋，"上洋"就是当时渔民、商船出海的地方，"出海"又说"上海"，宋代在此设有上海镇，元代改镇为县。因此而得名。1949年上海设为直辖市。古时上海地区渔民发明了一种捕鱼工具"扈"，因此这一带称为"沪渎"，故上海简称为"沪"。又因春秋战国时上海是楚国春申君封邑的一部分，故上海又别称"申"。

重庆，南宋淳熙十六年（1189）称恭州为重庆府，一直沿用至今。1929年设市，1997年设立中央直辖市。隋时此地为渝州，故重庆简称"渝"。

天津，古代曾称作直沽，元代曾称海津镇。明初永乐皇帝曾经在这里率军南下直取南京，终于在南京争得帝位，即为明成祖。他为了纪念这件事，就下令把"海津"改名为"天津"，其意是"天子所经过的渡口"。明永乐2年（1404年）设天津卫。天津之名沿用至今。1949年设为直辖市。取全称中的"津"作为简称。

武汉市，武汉市原为武昌、汉口、汉阳三个城市，又称三镇。1949年以后把这三个城市合为一个行政单位，定名武汉市。取全称中的"汉"作为简称。

桂林市，古时因这个地方桂树成林而得名。取全称中的"桂"为简称。

广州市，自三国时代吴永安七年(264)设广州州治。元代以后广州又设路、府治，直到1921年成立市政厅，1925年正式设市。传说古代曾有五位仙人乘五色羊手拿六枝谷穗到这里，人们以为这是祥瑞的事情。以后，在广州的州厅梁上绘画五仙人和五羊像，因而广州的别称为"羊城"，或"五羊城"，简称"穗"。

香港，香港最早属广东省宝安(已撤销)，宋元以后，岛上有个"香港村"。又因宝安盛产莞香(也称沉香)，这里是香木香料集散的港口，因此称作香港。1997年回归后成立香港特别行政区。

澳门，明代称此地为"蚝镜澳"，因隶属广东香山，亦称"香山澳"。又因本地内港的妈祖庙，隔海同湾仔的银坑相望而形成的海峡很像门，所以称为澳门。1999年回归祖国，并成立澳门特别行政区。

第四节 地名反映的社会文化

中国的地名的由来、发展和变化，反映了汉民族的社会文化风貌，体现出汉民族的文化心态和民间习俗等。

一、反映了重宗族的社会心态

汉族社会是一种宗族的社会，可以说宗族是社会构成的重要支柱。皇帝把天下当做皇家的王土，老百姓自然把本宗族的居住地当做本族的乐土。广大农村长期处在一家一户的小农经济中，人们的宗族观念很深，往往同族同姓的人家聚居在一起，形成一个村落，这些村落的名字便以聚居的宗族大姓命名。长期以来，中国许多村庄以姓氏命名，表现了汉民族重宗族的社会心态。以"李"姓为名的地名就有：

李村　李庄　李家店　李家镇　李家集　李家街　李家沟
　　李家山　李家寨　李家峁　李家湾　李家桥　李家屯
　　李家埠　李家坪　李家堡　李家嘴　李家口　李家塘
　　李家铺　李家岗　李家坊　李家屯　李家渡　李家营

再如"王"姓地名：
　　王村　王庄　王家营　王村堡　王家店　王家井
　　王家屯　王家坪　王家岗　王家集　王家场
　　王家桥　王家镇　王家岩　王家嘴　王家坡
　　王家坨　王家港　王家渡　王家沟　王家圪台

其他如：
　　赵家庄　张家营　陈家湾　郑家屯　刘家镇　杨家庄
　　徐家埠　胡家寨　毛家冲　冯家岭　韩家坞　石家庄
　　周家冲　宋家镇　朱家寨　宋家岭　马家峪　何家沟
　　吴村　罗家营　安家堡　常家庄　彭家坪　苏家港
　　孙家墟　吕各庄　黄家谷　齐家湾　崔家集　杨家岭
　　翟家集　杜村　郭家营　曹家峁　蔡岗村　刘村　齐庄

中国姓氏数百家，几乎每姓都存在很多地名，遍及全国各地。

二、反映过去商业活动情况

地名中的"集"、"市"、"店"、"铺"、"场"、"墟"等，均表示农村贸易、商业中心所在地。今华北一带农村的贸易中心仍称"集、市、店"等，四川称"场"，浙江一带多称"店"，而湖南、广东一带称"墟"、"圩"。如：
　　草市　花市　张飞店　张良店　长辛店　窦店　瓦房店
　　崔庙集　双堆集　辛集　崖头集　六里铺　长圩铺
　　茶园铺　袁浦场　长林场　鹿角场　金圹墟　圣堂墟
　　陶墟　陈墟

有些地名则反映了历史社会经济、手工业、商业的状况。北京的许多街名、胡同名，就同明清时代的社会市场、商业、手工业、畜牧业等经济活动有联系。

年蔺相如为回避大将军廉颇的拦阻而回车转道的地方。

南京的秦淮河原为六朝时代歌楼妓馆比较集中的地方。今已修整一新,成为南京名胜之一。

北京的许多名园,大都是清朝皇家或王公贵族的园林及私宅府第,如颐和园、圆明园、清漪园(今清华大学内)、畅春园(今北京大学内)、玉泉山的静明园、香山的静宜园、北海公园及养心斋、天坛、中山公园内的五色土、劳动人民文化宫内的清王朝的太庙、故宫内的御花园、恭王府、景山公园、钓鱼台等。

六、反映汉族与其他民族语言接触形成的历史遗迹

北京、天津等地的"胡同"便是元代从蒙古语音译而来。蒙古语的"胡同"一词指水井,今天蒙古族居住的地方有井仍称"忽洞"(胡同),如"赛音忽洞"(好井)、"哈业忽洞"等。元代北京人喝水靠水井,许多胡同因水井而得名,至今北京市的许多胡同名就是汉语词+"胡同"的混合地名,还有少数胡同名是蒙语音译+"胡同"或满语音译+"胡同"。如北京鼓楼附近的沙拉胡同,"沙拉"是蒙语"珊瑚"的意思,在元代这里是珠宝市。再如北京的义溜胡同,"义溜"是蒙语"风景优美"的意思。北京的北海、什刹海、后海、中南海,这些"海"字来自蒙古语。蒙语的"海"包括湖泊、水潭在内。

七、反映人民的愿望和感情

历史上的中国长年战乱,社会上普遍产生一种求天下太平、安宁、求福寿、昌盛的心态,把安居乐业、福寿康泰、和平昌盛的生活当做美好的向往。这种心态也反映到地名上。全国各地的市名、县名、乡镇村名多取太平、安宁、福寿、康、泰、祥、和、吉、昌、盛、永、禄、顺、利、富、惠、宝、华、德、清、明等字。如福建省的 67 个市名和县名中,取"福、泰、安、宁、和、平、清、明、龙、节"等字的就占二分之一。广州市的街名中,带"福、禄、寿、恩、惠、华、德"等字的也很多,如同德路、同福路、惠福路、长寿路、惠爱路、吉星路、文德路、宝华路等。再如北京市的长安街、平安里、和平里、永安里、永宁里、太平庄、太平街、长椿街、安定门、

复兴门、永和里、泰安里、永康里、太平桥、万寿山、万寿路、永定路等。

在全国的分省地图集所标地名中，取名"太平"的有54处，取名"永安"的有29处，取名"永宁"的有26处，取名"昌盛"的有25处，取名"兴隆"的有24处。（参阅李如龙《地名的分类》，《地名知识》1985年第3期）。

此外，又如：

长春	吉宁	泰安	安庆	安顺	平安	福溪	金山
玉树	永宁	吉安	富春	福州	福山	珠海	金华
寿春	永和	福田	福禄	昌明	永吉	福庆	福昌
宜昌	昌乐	昌吉	吉祥	永祥	永明	寿宁	平安
平祥	海昌	福海	福寿	延庆	延安	延吉	

这些县市名，也反映了人民对平安、幸福、吉祥、康寿等理想生活的渴求和向往。

八、地名由俗变雅反映了人民的求雅心理

台湾省基隆，原称鸡笼，反映了当时生产状况，1883年改为基隆。高雄市原名打狗港，1920年改名高雄。

近代以来，许多城市的街道、胡同、巷里的名称中，把过去一些俗陋的名字改为比较文雅的名字。改名而保持原有的音，大部分采取谐音的方法。如北京的一些胡同名，原名很粗俗，便用谐音的方法改为比较文雅的新名。如母猪胡同改为墨竹胡同，哑巴胡同改名为雅宝胡同，猪尾巴胡同改名为朱苇箔胡同，牛蹄胡同改名为留题胡同，屎壳郎胡同改名为史可亮胡同、狗尾巴胡同改名为高义伯胡同等。

至于"文革"期间，"红色浪潮"席卷中国大地，许多城市的街名、胡同名一概换上"红色"新地名。如北京王府井改为人民路，长安街改为东方红路，东交民巷改为反帝路，崇内大街改为红旗路，北新桥改为红日路，把新街口改为红云路，耳朵眼胡同改为红到底胡同，还有永红胡同、红卫胡同等，充分反映了当时人们热衷于红色革命的政治心态。随着"文革"浪潮的退落，那些"革命"地名也随之消失了，又恢复了原地名。

九、纪念名人

有些地名,是人民为纪念那些对国家或人民事业做出贡献的历史人物或民族英雄,用他们的名字作地名。例如:

白居易和苏东坡曾先后在杭州任地方官,在他们任职期间给当地人民做了很多好事,杭州人民为纪念他们在西湖筑堤的功劳,便把西湖的两条大堤分别命名为白堤和苏堤。孙中山为广东省香山县人,后来为了纪念他,把香山县改名为中山县。再如山西省的左权县、吉林省的靖宇县、黑龙江省的尚志县,分别纪念抗日烈士左权、杨靖宇、赵尚志,改原辽县、濛江县、珠河县而设立的。北京市的张自忠路、赵登禹路、佟麟阁路则是为纪念抗日将领张自忠、赵登禹、佟麟阁将军而命名的。

十、反映不同时代的社会政治观念

地名有历史的稳定性,因而许多地名能沿袭下来。然而地名并非一成不变。改变地名的现象不仅过去有,现在也有。地名的改变反映了不同时代的社会政治观念的不同。例如内蒙古自治区的首府呼和浩特市,过去汉族统治者推行大汉族主义政策,先后命名为归化(明朝)、归绥(民国初年)等名称。1954年把归绥市改名为蒙古语的音译名呼和浩特市。呼和浩特,蒙古语是"绿色的都市"的意思。再如新疆维吾尔自治区的首府为乌鲁木齐市,清朝初年在平定准噶尔部之后,对当地民族采取安抚政策,于是把他们聚居的这个首府赐名为迪化,即开导归化的意思。1953年把迪化市改名为乌鲁木齐市。乌鲁木齐维语意为美丽的牧场。

为了实行民族团结和睦邻政策,还把一些原来不平等的地名或反映大汉族主义的地名改为平等、团结、和睦、友好的地名。例如把与朝鲜交界的安东市改为丹东市,把广西与越南交界的镇南关先改为睦南关,后又改为友谊关等等。

十一、反映本地的自然环境和地理情貌

和江、河、湖、溪、湾、岛、海、淀、沽等水系有关系的地名,例如:

  靖江 镇江 曲江 三河 清河 芜湖 湖州 龙溪
  胶州湾 青岛 秦皇岛 静海 青海 海淀 白洋淀
  塘沽 大沽 葛沽

与浦、洼、港、澳、埠等有关的地名,例如:

  青浦 合浦 浦口 李洼 团泊洼 澳门 连云港
  香港 蚌埠

与山、岭、川、桥梁、关口有关的地名,例如:

  金山 龙山 铁岭 四川 合川 黄桥 山海关
  嘉峪关 娘子关 张家口 喜烽口 海口 营口

十二、反映人民群众征服自然战胜自然灾害的意愿

  中华民族几千年来一直同自然灾害作斗争,各地的地名反映出人民战胜自然灾害的愿望,如北京西南面的永定河,从前叫无定河,常泛滥成灾。清代康熙皇帝曾想用他的"金口玉言"来使无定河安定下来,永不再泛滥成灾,于是便把无定河封为永定河。可是"永定河"并不服"封",依然泛滥不止。直到1954年修建了官厅水库,才控制了它,使它永远安定下来。再如河北徐水县南边有一条瀑河,因河水湍急,常泛滥成灾。当地人民希望有一天,瀑河水能变为缓慢流过的河水,因此便把"瀑河"改名为"徐水",并以"徐水"定为县名。

十三、反映过去宗教信仰

  在各地的地名中,有许多是反映过去宗教信仰的地名。中国的宗教信仰主要分四大类:

  佛教——佛教的建筑多用寺、庵命名。

  道教——道教建筑多用观、宫、堂、庙、阁等命名。如北京的白云观。

伊斯兰教（清真）——其建筑多称寺，如清真寺或礼拜寺。

天主教、基督教——其教堂称为天主教堂或天主堂、基督教堂或礼拜堂。

各地过去的一些宗教建筑名称后来转化为地名。仅以北京的地名为例来说明。

老北京的地名中，就有很多由这四种宗教建筑转化的地名。

在北京，佛教的寺、庵地名很多，有人考察北京的地名带"寺""庵"等的处所及地名有百余个。例如：

  白塔寺 护国寺 隆福寺 法源寺 天宁寺 五塔寺
  报国寺 广济寺 承恩寺 大乘寺 能仁寺 万寿寺
  延寿寺 黄寺 法华寺 雍和宫 观音寺 广慧寺
  福禅寺 舍饭寺（在西单，已拆） 弥勒庵 观音大士庙
  智化寺 大钟寺（觉生寺） 大慧寺（大佛寺） 砖塔寺
  安国寺街 宝禅寺街 正觉寺街 碧峰寺街
  慧照寺胡同 能仁寺胡同 报恩寺胡同 千佛寺胡同
  净土寺胡同 香山寺 卧佛寺 碧云寺 香界寺
  灵光寺 长安寺 大悲寺 证净寺 云居寺 法海寺
  潭柘寺 戒台寺 大觉寺 佛香阁 万佛延寿寺

据记载，潭柘寺建于晋代，因建于京西潭柘山腰而得名。北京城内的法源寺建于隋唐时代，至今也有一千多年的历史了。

北京的地名中，取道教的观、庙、堂、宫、阁的地名也很多。例如：

  白云观 崇元观 三清宫 妈祖宫 灵济宫 老君堂
  玉皇阁 药王庙 东岳庙 红庙 马神庙 真武庙
  宣灵庙 城隍庙 龙王庙 老虎庙 牛王庙 九天庙
  倒座庙 玉皇阁 观音阁 娘娘庙

其中以白云观最有名，建于元代，是全国最大的道观。复兴门内旧有邱祖胡同，与元代初年埋葬于白云观的长春真人丘处机有关。

天主堂，最早的是宣武门教堂（在宣武门内大街南口），是明末罗马公教耶稣会教士利玛窦（Matteo Ricci）等来到北京兴建的第一个天主堂。其次是位于王府井北大街的法国教堂。还有西什库教堂等。

在北京的地名中还有反映伊斯兰教（又称清真教或回教）的地名。

例如北京牛街的清真寺、东四的清真寺、锦什坊街的礼拜寺(原称普寿寺)等。

其他反映宗教信仰的地名如：

山谷寺	法华寺	洪福寺	法石寺	白水寺	清泉寺
承化寺	幽居寺	观音寺	大明寺	金阁寺	灵境寺
普济寺	华岩寺	将军庙	龙王庙	老母庙	娘娘庙
山神庙	白公庙	吕祖庙	武侯庙	关帝庙	无量观
八仙宫	药王庙	天后宫	真武庙	玄武庙	太清宫
回龙观	土地庙	开元寺	慈济宫		

十四、地域文化词语

所谓地域文化词语，主要指与中国地理环境有关的文化词语，包括与名川大山、名胜古迹有关的成语、俗语、谚语等。

1. 成语

泾渭分明——泾渭是陕西境内的两条河。渭水浊，泾水清，泾水初流入渭水时，两股水相比，清浊分明。以此比喻界限清楚，是非分明。

终南捷径——终南山在今陕西省西安市西南。据说唐代卢藏想做官，先假为隐士，住在终南山，不久果然被皇帝任用做官。后用此成语来比喻谋取官职或名利的便捷门径。

中流砥柱——砥柱指河南三门峡东的一座小山，屹立在黄河的激流之中。古人常以此比喻坚强得能起支柱作用的人或力量。

庐山面目——语出宋代苏轼《题西林壁》诗："横看成岭侧成峰，远近高低各不同。不识庐山真面目，只缘身在此山中。"后以"庐山真面目"比喻事物的真相或人的本来面目。

洛阳纸贵——晋代左思作《三都赋》，当时豪贵之家争相传抄，使洛阳的纸价升高了。后以此语称赞著作风行一时，流传很广，很受欢迎。

邯郸学步——又作"学步邯郸"。邯郸在战国时曾为赵国的都城。语出《庄子·秋水》，说寿陵的少年到邯郸去学走路，结果不但没学成,反而自己不会走路了。比喻模仿别人不成,反把原有的本领忘掉了。

泰山北斗——泰山在今山东省泰安县,为五岳之首,北斗星在众星中最明亮。此语比喻众所尊敬崇拜的人物。

吴牛喘月——语出《世说新语》,说吴地(今江苏省南部)炎热的时间较长,水牛怕热,见到月亮以为是太阳,就害怕得喘起气来。后比喻因疑心而害怕。

蜀犬吠日——蜀是今四川省,语出韩愈《答韦中立论师道书》,说蜀中一带山高多雾,很少见到太阳;每当太阳出来,群犬感到奇怪便乱叫起来。后以此语比喻少见多怪。

天府之国——语出《战国策·秦策一》,指四川省是自然条件优越,土地肥沃,物产丰富的好地方。至今人们仍称四川省为"天府之国"。

长安道上——长安曾是汉唐古都,在今陕西省西安市西北,语出五代无名氏《贺圣朝》:"长安道上行客,依旧利深名切。"后喻名利场所。

长安居大不易——语出五代王定保《唐摭言》。顾况拿白居易的名字开玩笑说:"长安米贵,居大不易。"后以此语比喻在大城市里生活不易。

2. 俗语、谚语

上有天堂,下有苏杭——天堂是神仙的乐园,江南的苏州、杭州则是人间乐园。因为苏州、杭州是山清水秀的鱼米之乡,是中国富饶美丽的城市。

泰山天下圣——泰山是五岳中的东岳。孔子曾登临泰山,历代皇帝多到泰山封禅祭祀,文物古迹甚多,因此泰山有"神圣名山"之称。

华山天下险——是中国著名的五岳中的西岳。因华山非常陡峭险峻,攀登困难,因此有"华山自古一条路"之说。

黄山天下奇——黄山位于安徽省南部,有奇峰、怪松、云海等奇特景观。

峨眉天下秀——峨眉山有翠林秀水,以清秀幽雅著称。

桂林山水甲天下,阳朔山水甲桂林——桂林、阳朔均在广西壮族自治区东北部。自古人们认为桂林的山水之美在中国属第一,"甲天下"就是"天下第一"。而在桂林一带,阳朔的山水之美又是桂林一带的第一。

天无三日晴,地无三里平——指江南一带,特别是云贵高原地区,天气多阴雨,地势多山丘,很少有平原。

不到黄河心不死——黄河是中国北方最大的河流,是古代阻隔南北的天堑。此语比喻不到走投无路的时候不死心。

跳进黄河洗不清——黄河下游的水由于夹带泥沙很多,水总是混浊成黄色。此语比喻受了冤屈又没法解释清楚。

湖广熟,天下足——明清时期,湖广包括今湖北、湖南两省以及广东、广西两省一部分地区,"熟"指粮食丰收。这句俗语是指只要湖南、湖北、广东、广西一带粮食丰收了,全国(天下)人吃饭的粮食就足够了。

第五节　亭文化及其词语

一、亭的由来与园林的关系

亭、台、楼、阁、榭,是中国名园胜景中不可或缺的,尤其是其中的亭,由于其造型各异,更是园林中最多见的一种艺术建筑。亭不仅与园林建筑密不可分,同时它与中国的文学、书画、戏剧均有密切关系,因此便形成了中国的亭文化。

"亭"的历史已有三千多年。在中国古代,"亭"本是"停"的意思,而最早作为行人停留的处所,则始于周代。后来亭多设在边防要塞,作为防卫和瞭望敌情之用,如同长城上的城垛,并有亭吏管理。到了秦汉时代,"亭"开始从边疆向内地扩延,所谓"十里一亭",用来维护地方的治安。汉高祖刘邦早年曾任"泗水亭长"之职。到了南北朝时期,"亭"才开始扩建在旅途之中,供行人休息或迎送客人,因此便有了"长亭送别"之说。如唐代大诗人李白常在长亭迎送客人或朋友,并写下了"何处是归程,长亭更短亭"、"天下伤心处,劳劳送客亭"的诗句。宋代大文豪苏轼则有："十里长亭闻鼓角，一川秀色明花柳。"京剧《野猪林》中林冲与其妻在长亭诀别，词曲委婉，感人泪下。元代王实甫《西厢记》第四本第三折，莺莺与张生在长亭别离，凄凄惨惨，堪称断肠之别。现代艺术理论家、书法家李叔同（后出家称"弘一大师"）曾作《送别》歌词"长亭外，古道边，芳草碧连天"，传唱至今。到了唐代，亭子演变为园林山石间供游人赏景小憩的建筑物，其造型多样，或圆或方，四角形、八角形或多角形，结构奇巧、勾心斗角，飞檐流丹，雄伟绮丽。后来亭子经过园林建筑师们的精心设计，更是美轮美奂，因而各亭子成为中国民族建筑艺术中的精华，使水光山色、园林名胜相得益彰，成为中华民族建筑艺术的民族特色。

中国各地的著名园林中均有"亭"，所谓"无亭非园""名园必有亭"。以北京的名园为例，仅颐和园中就有"知春亭"、"廓如亭"、"铜亭"等。在陶然亭公园内，除了著名的"陶然亭"之外，还有近年增设的"名亭园"，几乎把全国各地的名亭都仿建荟集在其中，供人游览观赏。

二、亭子与文学戏剧的关系

由于亭子在中国具有丰厚的文化内涵和很高的艺术审美价值，因而它与历代文人墨客、文学、书法、戏剧等艺术结下了不解之缘，使其更具有艺术的魅力和审美情趣。例如浙江绍兴的"兰亭"、杭州西湖的"湖心亭"、安徽滁州的"醉翁亭"、苏州的"沧浪亭"、长沙岳麓山下的"爱晚亭"、西安的"沉香亭"、山东济南的"历下亭"、北京的"陶然亭"等，都留下了历代文人或革命先驱的足迹或传说。"兰亭"在浙江省绍兴市，东晋大书法家王羲之曾邀请诗友欢聚于此，饮酒赋诗，王羲之在此一气呵成写下了三百二十五字的千古名作《兰亭集序》，享有"天下第一行书"之誉。"醉翁亭"坐落在安徽省滁州西南，北宋大文学家欧阳修在此任太守时常到此亭饮酒赏景，曾写下了传诵千古的名篇《醉翁亭记》，后由大文豪苏东坡书写"醉翁亭"三个字而得名。"沉香亭"位于西安市的兴庆公园内，建于唐开元二年，全亭均由贵重药材沉香木所构筑，唐玄宗和杨贵妃曾来此亭赏花，李白、杜甫也在此留下了诗篇。济南市的"历下亭"因唐代大诗人杜甫曾在此亭挥笔题诗云"海右此亭古,济南名士多"而闻名。"爱晚亭"位于湖南省长沙市岳麓山下,原名"红枫亭",清代诗人袁枚曾游此亭,并吟咏唐代诗人杜牧的名句:"停车坐爱枫林晚,霜叶红于二月花。"并将此亭改名为"爱晚亭"。毛泽东青年时期常到此歇息或读书,后为此亭书写了"爱晚亭"三个字。"沧浪亭"是宋代文人苏舜钦官场失意后在苏州所建,寓意"逍遥于山水海天之间",现为苏州的名园之一。"湖心亭"建于杭州西湖之中,又有明代学者张岱的名著《西湖梦录》中的赞美,因而名扬于世,成为西湖的一景。"陶然亭"位于北京市的陶然亭公园内,是清代工部郎中江藻所建,以唐代大诗人白居易的诗句"更待菊黄家酿熟,与君一醉一陶然"而命名为"陶然亭"。后来李大钊、陈独秀、毛泽东、周恩来等,曾先后在此亭进行革命活动。

名亭都有耐人寻味的亭柱联语,柱联的内容或释亭名,或取名人诗句,或写景抒情,或劝勉后人,诗情画意,哲理深涵,妙趣横生。例如甘肃省玉门关之南的阳关长亭,亭柱镌有一联:"莫愁前路无知己,西出阳关无故人"。前句出自唐代诗人高适的《别董大》诗句:"莫愁前路无知己,天下谁人不识君";后句则来于唐代诗人王维的《渭城曲》诗中的"劝君更进一杯酒,西出阳关无故人"。又如广东省鼎湖山腰有"半山亭",其亭柱联为:"到此才进一步,愿君勿废半途。"此联看似平淡,而寓意却颇深刻。勉励后人不断进步,切勿半途而废。

中国各地还有很多既富有观赏性,又含有纪念性的亭子。例如广东省潮州市建有纪念唐代文学家韩愈的"韩亭",韩愈曾在此做官,并颇有政绩。四川省成都市的杜甫草堂内有"少陵草堂亭";四川省绵阳市建有纪念白居易的"琵琶亭",因白居易曾写有脍炙人口的长诗《琵琶行》。山东省青州市为纪念宋代政治家范仲淹而建的"范公亭",因范仲淹早年曾在此做官,颇有政声。浙江省绍兴市建有纪念辛亥革命女杰秋瑾的"风雨亭",因秋瑾曾工作并牺牲于此。陕西省骊山建有纪念西安事变的"兵谏亭",蒋介石当时曾避难于此。再如北京清华大学校园内建有"闻亭"、"荷塘月色亭"(也称自清亭)、"晗亭",此三亭分别为纪念闻一多、朱自清、吴晗三位名教授而建,三位教授都是20世纪40年代的民主斗士。

历代文学家描写亭子的著名篇章也很多,例如宋代欧阳修的《醉翁亭记》、《丰乐亭记》,苏东坡的《放鹤亭记》、《喜雨亭记》,苏辙的《黄州快哉亭记》,明代归有光的《沧浪亭记》等,篇篇皆为绝唱。

在古今剧名中,也有很多以"亭"命名的,例如《牡丹亭》、《春秋亭》、《清风亭》、《风波亭》、《凤仪亭》、《望乡亭》、《望湖亭》、《望江亭》、《百花亭》、《酷寒亭》、《紫云亭》、《艳云亭》、《锦亭》等等。每出以"亭"命名的戏剧,都是民间可歌可泣的悲喜剧。

总之,观赏中国的这些名亭,不仅能品味中国亭文化的丰厚的内涵,同时让人念天地之悠悠,发思古之幽情,从而得到美的享受和文化的熏陶。

第十九章　店名文化及其词语

中国的餐馆、饭店、宾馆及商店的命名,非常讲究名号招牌的含义,多含有典雅、吉祥、福顺、兴盛、发达、宏远、平安、康寿等意义,富有汉民族的文化色彩。仅以北京等城市的店铺名为例来说明。

一、京城餐馆饭店的名号

1. 北京的餐馆多以"楼、居、斋、堂、轩、园、馆"等为名号,并配以吉庆、和顺、福祥、安泰、兴旺、丰盛、昌达、康乐或松、鹤、仙之类的名字,祈求吉祥。

(1) 以"楼"取名的饭庄或酒家:

萃华楼	鸿宾楼	泰丰楼	同春楼	正阳楼	致美楼
新丰楼	安福楼	鸿兴楼	丰盛楼	兴华楼	香满楼
满意楼	海鲜楼	碧海楼	登瀛楼	星月楼	迎宾楼
君乐楼	登仙楼	仙居楼	白鹤楼	松鹤楼	广福楼
东风楼	华聚楼	望德楼	惠中楼	春宴楼	同福楼
曲园楼	聚仙楼	颐宾楼			

(2) 以"居"为名的饭庄餐馆:

同和居	柳泉居	广和居	永兴居	天然居	云鹤居
天和居	卧龙居	意和居	合顺居	同福居	福泰居
万福居	蓬莱居	砂锅居	祥云居	八仙居	神仙居

(3) 以"斋"命名的餐馆:

　　知味斋　白云斋　全素斋　真素斋　五芳斋

(4) 以"堂"为名的饭庄:

　　庆和堂　德丰堂　隆丰堂　庆丰堂

(5) 以"轩"命名的餐馆：
　　听雨轩　知春轩　观云轩　东风轩
(6) 以"园"命名的饭庄：
　　丰泽园　万春园　同春园　畅春园
(7) 以"馆"命名的饭庄：
　　听鹂馆　颐春馆
(8) 以"顺"字命名的饭庄（多为"清真"风味）：
　　东来顺　西来顺　又一顺　全来顺　一路顺　富来顺
　　悦来顺
(9) 其他类餐馆的名号：
　　全聚德（北京烤鸭店）　玉华台　都一处　便宜坊
　　仙客来　都来乐　山外山　川外川　四义兴　老正兴
　　大家乐　长乐　都乐　永乐　同乐　兴乐　民乐　安乐
　　快乐　喜乐　众乐　同庆　隆庆　庆丰　泰丰　宏兴
　　兴华　兴民　华兴　振兴　兴旺　兴达　兴华　华欣
　　欣荣　欣欣　福兴　福顺　祥瑞　祥欣　祥和　国泰
　　聚福　德凤　德隆　德福　仁和　义和　福祥　吉祥
　　福乐　鑫乐　鑫荣　鑫欣　雅风　康乐　宏泰　泰兴
　　兴隆　茂欣　金鑫
(10) 仿古名号：
　　仿膳（仿照皇帝用膳的烹调方法）
　　孔膳（仿照孔府用膳的烹调方法）
(11) 以外埠地名风味命名的酒家：
　　蓬莱酒家　峨嵋酒家　泰山酒家　川鲁酒家　淮扬酒家
　　湘蜀酒家　闽风酒家　闽南酒家　粤秀酒家　巴蜀酒家
　　蜀风酒家　贵阳酒家　齐鲁酒家　晋阳酒家　桂林酒家
　　大三元酒家　黄鹤酒家　白云酒家　仙乡酒家

2. 北京的饭店、宾馆名号。北京自20世纪80年代以来饭店宾馆林立，富丽堂皇。这些饭店多以"京、都、燕"字或北京的地名以及其他地名命名，或以"友谊"、"和平"命名：
　　北京饭店　燕京饭店　华都饭店　京都饭店　丽都饭店

京伦饭店　长城饭店　王府饭店　燕都饭店　前门饭店
蓟门饭店　香山饭店　西直门饭店　崇文门饭店
宣武门饭店　西苑饭店　燕翔饭店　西颐饭店　新侨饭店
华侨饭店　民族饭店　国际饭店　胜利饭店　兆龙饭店
建国饭店　昆仑饭店　和平饭店　友谊饭店　台湾饭店
北纬饭店　北辰饭店　远东饭店　侨园饭店　圆山饭店
金龙饭店　晋阳饭店　惠中饭店　凯莱饭店　金陵饭店
越秀饭店　钟山饭店　西颐宾馆　西郊宾馆　首都宾馆
友谊宾馆　和平宾馆　京西宾馆　京丰宾馆　竹园宾馆
体育宾馆　远望楼宾馆　国际大厦　京广大厦

近年来受粤方言的影响,有些饭店也叫"大酒店",如亚运村的五洲大酒店,建国门外的凯莱大酒店。有的还称"城",如"香港美食城"。合资饭店的店名也各有特色。如:

长富宫饭店　天伦王朝饭店　香格里拉饭店
梅迪亚饭店

二、中国药店的名号

1. 中药店老字号多以"堂"称号。中国古代房室前庭为堂,后庭为室。药店设在前庭的堂厅,并有中医坐堂诊病。因此中药店多取"堂"号。例如:

同仁堂　乐仁堂　普仁堂　德仁堂　惠仁堂　达仁堂
长春堂　万寿堂　益寿堂　金德堂　惠风堂　春风堂
万生堂　德风堂　仁寿堂　乐寿堂　同春堂　恒春堂
回春堂　永春堂　寿春堂　松寿堂　惠德堂　和寿堂
益寿堂　庆春堂　知春堂　永寿堂　宏仁堂　同济堂
济安堂　济世堂

2. 现代新中药店多用"药店",例如:

泰和药店　寿康药店　庆春药店　松寿药店　恒春药店
益民药店　回春药店　康如药店　为民药店　健民药店

3. 西药店多用"药房"称号,例如:

康民药房　福康药房　富国药房　康复药房　健民药房
康乐药房　寿康药房　德康药房

三、文物商店的名号

北京的琉璃厂、天津的文化街，都是经营古代文物、书法篆刻字画、文房四宝、古旧书刊工艺美术品等闻名的文物商店街。这些商店的名号多带"阁、斋、堂"等字，以追求古朴风雅。

1. 以带"阁"的名号最多。例如：

萃文阁　来薰阁　汲古阁　艺林阁　艺苑阁　悦雅阁
文苑阁　集珍阁　仿古阁　文林阁　艺华阁　艺云阁
津艺阁　华磬阁　文香阁　琦云阁　韵美阁　颐心阁
元泰阁　文萃阁　华欣阁　琳琅阁　艺盛阁　麒麟阁
凤来阁　天一阁　祥云阁　瑰园阁　怡乐阁　聚宝阁
华艺阁　古苑阁　祥瑞阁

2. 以"斋"字为名号。例如：

荣宝斋　集古斋　古雅斋　宝古斋　汇文斋　观雅斋
文荟斋　存古斋　聚艺斋　修竹斋　文美斋　艺文斋
华宝斋　石古斋　士宝斋　四宝斋　万景斋　乡景斋
雅云斋　古宝斋　艺林斋　文魁斋　怡古斋　复古斋

3. 以"堂"字为名号。例如：

悦古堂　集古堂　鉴古堂　四宝堂　天方堂　艺苑堂
萃文堂　七弦堂　万古堂　万景堂　松柏堂

四、食品、糕点店的名号

1. 食品店老字号也用"楼、斋"，也有用"居、源、房、号"等字为名号。例如：

月盛斋（酱牛羊肉）　福云楼（酱肉）　普云楼（酱肉类）
浦五房（酱肉）　天福号（肉类）　聚宝源（肉类）
六必居（酱菜）　天源（酱菜）

2. 糕点店的命名多用"斋、村"等字。又因糕点制作原料多取于粮谷，所以糕点店又多用"稻、禾"等字，糕点的香味多与稻禾之香或桂花之香相关，所以糕点店也用"桂香"之名。例如：

  稻香村 禾香村 桂香村 桂顺斋 正明斋 桂月斋
  月心斋 桂香斋 宫颐府 大三元 桂月斋

五、以人名或姓氏命名的商店

一些老字号的商店往往以商店老板的名字或姓氏命名。

人名＋行业名。例如：

  盛锡福帽店 同升和鞋店 金九霞鞋店 张小泉刀剪店
  张一元茶叶店 王麻子刀剪店 吴良材眼镜店
  狗不理包子铺 白运章包子铺 王致和臭豆腐店
  魏洪兴板鸭店 造寸服装店（上海服装企业家张造寸开业店名为"造寸服装店"，后来该店从上海迁到北京）

行业＋店主姓氏。这里的店主姓氏又往往为本行业夺魁者的姓氏。例如：

  烤肉季（今改为北京烤肉店） 烤肉宛（今改为牧羊烤肉店）
  馄饨侯 葡萄常（民间工艺品） 果仁张（其五香果仁曾进贡皇宫） 泥人张 风筝魏

以上的"季、宛、侯、常、张、魏"等均为店主姓氏。

第二十章 中国的玉文化及其词语

第一节 中国玉文化概说

在几千年的中华文明史中,玉文化占有重要的地位。其中,玉器则是玉文化中的一颗璀璨的明珠,是中华玉文化的缩影。它是远古先民顶礼膜拜的神物,是森严礼仪等级制度的象征,是古人审美观念的表现,更是中华民族美好品德的化身。中国玉文化绵延七千年而不绝,是世界罕见的文化现象,中华民族以"爱玉"和"尊玉"而著称于世。

早在七千年前的红山文化时期,先民们就开始使用玉器,它比金、银、铜、铁的使用要早几千年。玉器记录了人类的生活、社会的变迁和人类文明的发展。玉器随着社会的发展,逐渐形成了中华玉文化。

古人曰:"玉,石中美者。"由于玉具有质地坚硬、纹理细腻、颜色丰富多彩、晶莹温润等特点,让人赏心悦目、爱不释手。美玉,是大自然赋予人类的宝贵财富。在中国,玉又是纯洁、富贵的代名词,所以有"玉洁冰清"、"金玉满堂"、"琼楼玉宇"、"玉洁松贞"、"玉润珠圆"、"玉堂金马"、"玉液琼浆"、"玉昆金友"等美好的词语。

玉器的雕刻、玉器的大量使用以及人们对玉的普遍推崇,是中国古代形成玉文化的传统特征。

玉器在古代的生活中曾被广泛地应用。从原始社会的旧石器时代就出现了碾磨玉器、彩石石凿、水晶石刀、和田玉斧等。到了氏族社会玉器则由生活工具淡化为沟通天和人的中介神徽,成为祭祀天神的神器。玉器在古代用于祭祀有六大玉器,即玉璧、玉璜、玉琮、玉圭、玉璋、玉琥,这是古人祭天神和地神的重要器皿。

玉器随着社会的发展而发展,玉文化也随之更加丰富多彩。从旧石器时代的碾磨玉器,到新石器时代的玉铲、玉钺、玉龙、玉璧;从商代的玉刀、玉戈,到周秦时代的剑饰、带钩;从汉代的瑞兽到唐宋时代的花鸟发卡;从元明到清代的大件玉雕,特别是清代的玉雕刻技术高度发展,可雕刻成千姿百态的玉器,可以说达到了中国玉雕史上的巅峰。

玉器在生活中不断扩大其使用范围,玉器从祭祀礼器到饰物,以至扩大作为厅堂的摆设。这种作为摆设的玉器,不仅供王公贵族及官人墨客雅赏把玩,同时还兼实用功能,如玉笔筒、玉笔洗、玉笔架、玉镇纸、玉印盒等,今天,玉器不再是帝王将相王公贵族的专利品,平民百姓也买得起玉、戴得起玉。不但自己佩戴玉,而且作为礼品赠送亲戚朋友,而且在男女定情时或儿女婚嫁时,玉器也是最理想的赠品。

总之,随着社会的发展,玉器不仅没有在中国历史上消失,反而在今天发扬光大,成为现代中国人生活中不可缺少的一环。玉器将永远成为中华文明的象征。

第二节　玉文化的象征意义及其词语

玉蕴于山川,因之中国人视玉为天地之精华。古人云:"玉不琢,不成器。"玉若未经人工雕琢,其温润的质地感和迷人的色泽则无从表现出来。因此人们将玉雕琢成各种各样的玉器,并赋予各种文化象征意义。

几千年来,中国社会已经形成一种十分普遍的观念,即相信玉石具有某种神秘的符咒力量,佩戴或使用玉能够消灾避祸,向神灵祈得平安幸福;并且玉还具有净化灵魂、完善道德、陶冶情操、保健养生等功效。现代科学技术也发现玉石中确实含有对人体有益的成分。

一、在中国古代,玉器代表人的不同等级和地位

从夏代开始,统治者佩挂玉刀或玉斧,以显示自己的尊贵。殷商时代的国王和贵族为了炫耀自己的权威,依照当时兵器的样子,用玉石制成各种祭奠礼仪的器具,同时,他们身上还佩戴鸟形、兽状的玉器作为服饰,头上戴玉制的头饰。

周代的天子和王侯为了维护界限森严的阶级秩序和尊卑长幼的等级制度,相当重视礼仪制度。诸侯大臣朝见天子时必须佩戴玉器,各种礼仪都有一套完整的佩玉规定。春秋战国时代就有"六瑞"的规定,即"王执镇圭,公执桓圭,侯执信圭,伯执躬圭,子执谷璧,男执蒲璧"。

战国时期,玉璧作为宝物受到统治者的崇爱。如赵国著名的和氏璧,秦国愿用十几座城来换取它,秦赵两国国王为争夺此玉璧而引发了战争。当时佩玉的种类和形状更加繁多,并日臻完美。

中国古人相信天是圆的、地是方的,于是将玉石雕琢成圆形的玉璧,用以礼拜天神;方形的玉琮则用以礼拜地祇。

龙、凤都是中国古代传说的神灵动物,奉之为氏族的生命之源,所以人们取天地英华而成的玉石,雕琢成龙凤作为佩饰,以祈求吉祥。

先秦时代还用玉石作为流通的货币使用。从秦朝开始,皇帝采用以玉刻玺的制度(玺指皇帝专用的印章),并一直沿用到清朝。

秦汉时期,由于新疆的和田玉石大量输入内地,玉石不再限于礼仪和装饰方面,开始出现了玉剑柄、玉带、玉笏等,玉石的使用范围扩大到生活领域。

二、玉在中国文化观念上,象征着高尚的美德

从中国的奴隶社会到封建社会,玉器被认为不仅是象征神圣等级的佩戴物,而且还信奉"生者佩玉,以示其德,亡者陪玉,以慰其灵"。因之中国人自古便崇尚和钟爱玉石,认为"玉"具有高贵、坚贞、纯洁、智慧、完美等意义。

古人常以玉石的质地坚硬象征刚毅和忠勇;以玉石的洁白象征纯洁和忠诚;以玉石的温润象征仁义和敦厚;以玉石的晶莹象征智慧和机敏。儒家信奉"君子比德于玉"的观念,因此讲究"君子必佩玉"、"无故,玉不去身"等。汉代则有"玉,石之美者,有五德"的说法。所谓"五德",即指玉的五种物理特性:坚韧的质地、晶润的光泽、绚丽的色彩、致密而透明的纹理、舒扬致远的声音。人们用玉的这五种特性来比喻人的五种品德:仁、义、智、勇、洁。

秦汉以后,"玉"从王公贵族开始流入人间,并且出现了丰富多彩的纹饰和玉雕的造型,用来表达祈福、吉祥、避邪、喜庆等观念。所以自古以来,人们多取玉或玉部首的汉字作名字。仅以经典名著《红楼梦》中的人物来说,以玉或玉部字取名的人物就有90多个。例如:贾宝玉、林黛玉、薛宝钗、贾珍、贾琏、贾瑞、贾环、贾珠、贾璜、贾瑀、贾琼、贾珩、贾玑、贾琛、贾璘、贾璎、贾瓒、薛宝琴、薛蟠、周瑞、琥珀、珍珠、宝珠、瑞珠、珊瑚、碧月、碧痕、双瑞、宝官、玉官等。

"玉"在汉字中也得到充分的反映。汉代的许慎在《说文解字》中,"玉"部字共收入146个字,石部共收入48个字(宋代徐铉新附9个,共58个)。其中很多字至今仍然常用。例如"理"字,它的本来意义是"治玉",后又引申出"治理"、"道理"等。"玉"部的字大多以"玉"作义符,其他字素作声符而生成大量的形声字。

第三节　玉及玉器的类别

玉蕴于山川,中国人视玉为天地之精华,因而中华民族自古至今以"爱玉、尊玉、用玉"闻名于世。

一、玉的种类

玉的类别,大致可分为软玉和硬玉两种。

软玉一般指产于新疆和田的和田玉,和田玉又分白玉、青玉和碧玉等;产于福建的寿山石,而其中的田黄石又称为"石中之王"。还有产于东北辽宁吉林一带的岫玉等。

由于软玉色泽多为半透明或不透明,具有参差状的断口和油脂光泽等特征,因而我国古代多用软玉作为服饰佩戴的玉器。

硬玉又称翡翠,多产于缅甸,它具有粒状断口和玻璃光泽,所以多用于作首饰类。

无论是软玉或硬玉,它们的质地均非常坚硬,颜色十分璀璨,故被人们冠以"石中之王"的美誉。玉石的价值本已不菲,再经过巧匠艺人的精工雕琢，就变成了一件件价值连城的宝物。

二、玉器的分类

玉石经雕琢而成器，玉器一般可分为四类：

1. 礼仪玉器。多在祭奠或礼拜神灵、朝见皇帝时所用。例如：圭、璋、璧、环、瑗、琮、笏等。

2. 服饰玉器。多用于服饰佩戴。例如：珩、璜、牙、琚、珠、钗等。

3. 丧仪玉器。用于丧葬仪式。例如：玉蝉、玉豚、握玉、衔玉、金缕玉衣、翁仲等。

4. 装饰玉器。用于装饰住室厅堂。例如：玉屏、玉瓶、玉带、玉如意、带钩等。此外还有玉玺等。

第二十一章 柳、竹、梅文化及其词语

第一节 柳文化及其词语

春到柳先绿,柳是报春的使者。正如古诗中所说:"侵陵雪色还萱草,漏泄春光有柳条。"

柳文化在中华文化中占有一席之地。

在古代,人们把"柳"也称为"杨柳"。据说在公元605年,隋炀帝为南游扬州,下令开挖通济渠,即从开封至扬州的汴河(今称大运河),河堤种垂柳数以千万株。当隋炀帝乘船南游时看到河两岸的垂柳袅娜多姿非常高兴,便把自己的"杨"姓御赐垂柳,并张榜告示民众:种活柳树一株赏细绢一匹。百姓争相植柳,使柳得宠一时,从此,人们称垂柳为"杨柳"。因之,"柳絮"与"杨花"通用。古代诗词中也常用"杨柳"称"柳"。如宋代柳永的《雨霖铃》词中名句"杨柳岸晓风残月"。

自古以来,由于柳是春天的象征,尤其是柳树以婀娜多姿的风采深受人们的喜爱,形成了许多与柳有关的民间风俗和逸闻趣事。例如:插柳迎春、戴柳游春、射柳游戏、折柳赠别、植柳思乡、以柳寄情、以柳喻美、以柳驱邪等。下面分述之:

1. 插柳迎春 在中国古代,民间有插柳迎春的习俗。在寒食节(农历三月清明节前一天)那天,家家门前插柳枝以迎接春天的到来,到宋代这种风俗更盛。至今在民间还有不少人在清明节扫墓时,常把柳条插在坟头上以示纪念。

据《风土记》载,插柳习俗相传起源于春秋时代晋国的爱国忠臣介子推功成隐退的故事。晋文公赏赐他患难时的功臣,介子推却辞官隐居绵山,晋文公为引他出山而下令烧山,最后他与母亲一同烧死在一棵柳树下。人民为纪念他,每逢寒食清明节时,就折柳枝插在屋檐或门楣上以示怀念。因而清明节也称"柳节",今天为"植树节"。中国南方有些地方还将插柳演化为井边插柳的习俗,成语"井井有条"则与此习俗有关。

2. 戴柳游春　中国民间戴柳游春之俗始于唐代。清代富察敦崇《燕京岁时记》说:"至清明节戴柳者,乃唐玄宗三月三日祓禊于渭水之滨,赐群臣柳圈各一,谓戴之可免虿(chài)毒。""虿"指蝎子蜈蚣之类的毒虫。唐人杨韫华在《山塘棹歌》中描写这一风俗:"清明一霎又今朝,听得沿街卖柳条。相约比邻诸姐妹,一枝斜插绿云翘。"古时戴柳之俗,取其生机勃勃之意。戴柳的花样也很多,有把柳条编成圈扣在头上的,有把柳条皮脱下来挂在耳根上的,有用彩纸把柳条系在胸前的。故民间有"清明不戴柳,红颜成皓首"的谚语,即清明若不戴柳,会未老先衰的。时至今日,每逢清明节时,华夏域中男女老少结伴到郊外进行踏青戴柳的春游活动。

3. 射柳游戏　春天射柳之俗始于战国时代,盛于汉代。《史记·周本纪》说:"楚有养由基者,善射者也,去柳叶百步射之,百发而百中之。"到了唐宋时代,射柳已成为一项正式比赛。后来射柳发展到将装有鹁鸪鸟的葫芦挂在百步之外的柳树上,以箭射葫芦鹁鸪受惊飞出,以鹁鸪飞的高低决定胜负。如今,在中国一些少数民族地区仍流行这项活动,在每逢清明节这天进行射柳比赛活动。

4. 折柳赠别　折柳赠别之俗始于汉代。据汉代人写的《三辅黄图》书中说:"灞桥在长安东,跨水作桥,汉人送客到此桥,折柳赠别。"古人送别赠柳,寓意有二:一是柳树易生速长,用它送友意味着无论漂泊在何处,都能枝繁叶茂;而纤柔细软的柳丝则象征情意绵绵,永思不忘。二是"柳"与"留"谐音,折柳赠友含有"挽留"之意。如唐代诗人刘禹锡《杨柳枝词九首》:"长安陌上无穷树,唯有垂杨管别离。"唐人施肩吾《折柳枝》诗:"伤见路边杨柳春,一重折尽一重新。今年还折去年处,不送去年离别人。"经过折尽的柳又萌绿丝,然而去年送走的亲人今在何处?怎不叫人思念?唐人杜牧《独柳》诗云:"含烟一株柳,拂地摇风久。佳人不忍折,怅望回纤手。"唐王维《送元二使安西》诗:"渭城朝雨浥轻尘,客舍青青柳色新。劝君更进一杯酒,西出阳关无故人。"用绿柳烘托送别之情。宋代诗人秦观在《江城子》词中云:"西城杨柳弄春柔,动离忧,泪难收。犹记多情,曾为系归舟。"以上这些诗句无不表达了诗人与亲友之间依依惜别之情,均以柳表述之。

经过朝朝代代,"折柳赠别"这一习俗已成为中国习俗文化的组成部分。

5. 以柳寄情 由于垂柳婆娑袅袅,万缕柔丝,因而它被视为绵绵爱情的象征。唐人孤独及《官渡柳歌》诗云:"远客折杨柳,依依两含情。"写情人在柳下相赠柳枝,倾诉心中柔情。唐人刘禹锡《杨柳枝》诗云:"春江一曲柳千条,二十年前旧板桥。曾与美人桥上别,恨无消息到今朝。"唐人雍裕之《江边柳》诗云:"袅袅古堤柳,青青一树烟。若为丝不断,留取系郎船。"写一位伫立江边的女子,希望绵绵柳丝能系住丈夫远行的船。王昌龄《闺怨》诗云:"闺中少妇不知愁,春日凝妆上翠楼。忽见陌头杨柳色,悔教夫婿觅封侯。"少妇见柳色而思念外出做官的丈夫。唐人白居易则有《杨柳枝》咏道:"依依袅袅复青青,勾引春风无限情。白雪花繁空扑地,绿条丝弱不盛莺。"等等。民间广为流传的梁山伯与祝英台的戏名为《柳荫记》,也可能与借柳寄情,托付终身有关系,因为"多情最是杨柳条"。

6. 以柳喻美 由于柳枝轻柔细长,又婀娜多姿,十分动人,所以古人多以柳比喻美丽的女子,如用"柳腰"来形容女子身材的苗条,腰肢柔软得像柳条;用"柳眉"来形容女子的眉毛细长秀美,像初生的柳叶。如唐人白居易《长恨歌》中有"芙蓉如面柳如眉"之句;在其另一首《不能忘情吟》诗中则有"樱桃樊素口,杨柳小蛮腰"之句。

由于柳絮也称杨花,春季时满天飘飞如雪,所以唐诗中有"春城无处不飞花"之句。晋代才女谢道蕴年少时曾以"未若柳絮因风起"来比喻白雪纷飞,比其兄之"撒盐空中"的喻雪妙多了,传为美谈。专咏柳絮的诗词当首推苏轼的《永龙吟》词:"春色三分,二分尘土,一分流水。细看来,不是杨花,点点是离人泪。"清代诗人张惠言的《木兰花慢(杨花)》词:"寻他一春伴侣,只断红相识夕阳间。未忍无声委地,将低重又飞还。"这显然也是咏杨花柳絮的。

由于柳枝柔曼,迎风起舞,给人以"柔弱"的感觉。因之也用柳枝比喻受人凌辱的弱女子。例如在千年以前的《敦煌曲子词》中,描写一位曾受凌辱的女子发出了痛苦的呻吟:"莫攀我,攀我心太偏。我是曲江临池柳,这人折了那人攀,恩爱一时间。"这位弱女子之所以用柳自喻，与古人折柳的风俗也有一定的关系。

7. 植柳思乡　唐代文成公主远嫁西藏（唐时称吐蕃）松赞干布时，特地从长安带去一些柳树，种植在拉萨大昭寺周围，以表达对柳树成荫的故乡长安的思念。因此，拉萨的这些柳树被称为"唐柳"或"公主柳"，现已成为汉藏人民友好交往的历史见证。唐代诗人张九龄在《折杨柳》诗中说："一枝何足贵，怜是故园春。"

8. 名人与柳　自古以来，不少名人与"柳"结下了不解之缘，留下了许多与柳相关的轶事趣闻。

晋代大诗人陶渊明虽然嗜菊如命，同时也十分爱柳。他在自家宅前栽柳五株，并自称为"五柳先生"。

唐代文学家柳宗元在任柳州刺史时，既亲自种柳，又大力倡导民间百姓在柳江和城周围广植柳树。当他看到翠柳成行、绿荫展姿、民众欢跃时，他作诗自嘲："柳州柳刺史，种柳柳江边。"

宋代另一文学家欧阳修在任扬州太守时，曾在平山堂前亲手栽柳，并在一首诗中写道："手栽堂前垂柳，别来几度春风。"后来称此柳为"欧公柳"。

宋代另一文学家苏东坡在杭州任州官时，曾主持疏浚西湖的工程，并将湖泥筑起一道长堤，继而在长堤上植柳数千株，使西湖倍增秀色，这就是后来西湖十景之一的"苏堤春晓"。

明末清初的南京秦淮才女柳如是，就是因她钟爱柳而取名的，她后来嫁给著名文学家、诗人钱谦益，夫妇经常评诗或唱和，她留下诗文集传世。现代国学大师陈寅恪先生在晚年用尽最后的心血完成巨著《柳如是传》共分上、中、下三册，几百万字。

清初的小说家蒲松龄著有传世名著《聊斋志异》，他在山东淄州满井庄时临泉而居，并在泉边宅前植柳多株，因之自号"柳泉居士"，北京的百年老店"柳泉居"酒楼也因此而命名。

当代著名画家、文学家丰子恺，在浙江上虞春晖中学任教时，曾在居室墙边栽种柳树一株，当小柳树生机盎然、展现风姿时，他欢愉地为其居室题名"小杨柳屋"。

1943年春，贺龙与警卫员一道在司令部所在的大院里种垂柳六株，并在柳树中间空地上安放石桌石凳，用以读报喝茶，贺总幽默风趣地称其为"六柳亭"。

9. 柳与佛教　在古人心目中的柳树还可以除邪驱恶。当佛教传入中国后,受佛教的影响,柳已成为圣物。观音菩萨一手持杨柳枝,一手托甘露净瓶,所谓"柳枝净水,遍洒三千",一扫人间烦恼垢浊,普度众生。僧人极信仰杨柳,他们在诵经礼之前,必先用杨柳枝疏牙刮舌,务令清洁。因之,柳自然成为僧侣对宗教虔诚的象征。

总之,自古至今,柳与我们文化和生活关系密切。

第二节　竹文化及其词语

中国是竹的故乡。在大江南北,不论是山间湖滨,还是村寨园林,处处均能看到丛丛翠竹,随风飘洒,令人流连忘返。

几千年来,中华民族与竹结下了不解之缘。不仅人们的物质生活离不开竹,而且在人们的文化精神生活中竹也占有极其重要的地位,因而便形成了内涵丰厚的竹文化。

一、竹与人们的物质生活

竹又称为"筠"、"篁"等。中国的竹种类很多,常见的竹类就有毛竹、绵竹、金竹、紫竹、苦竹、斑竹、凤尾竹、文竹、富贵竹等等。

自古以来,中华民族的衣、食、住、行、用等日常生活都离不开竹。诸如:竹布、竹笠、竹笋、竹碗、竹杯、竹筷、竹勺、竹屋、竹楼、竹竿、竹床、竹席、竹枕、竹帘、竹柜、竹桌、竹箱、竹椅、竹凳、竹书架、竹衣架、竹箩、竹筐、竹篓、竹筛、竹箕、竹扫帚、竹屏风、竹扇、竹门、竹窗、竹担、竹绳、竹篱、竹笆、竹船、竹筏、竹排、竹篙、竹板、竹琴、笛、箫、笙、京胡、二胡、竹签、笔、纸、竹笔筒、筲、筲箕等。药用的有竹叶、竹茹(淡竹或青竹茎秆干燥中间层刮下的纤维)、竹沥(指淡竹的茎经火烤所沥出的新鲜汁液)。此外,还有各种用竹作原料的工艺品。现代还可用竹制作建筑模板、汽车模板、包装模板等。总之,竹的经济价值越来越不可估量。

二、竹与人们的精神生活

由于竹具有坚韧、挺直、有节、中空、四季常青等特性,所以自古以来人们常用"竹"来象征人的坚贞、正直、气节、谦虚、坚强等高尚的品德。竹被人们誉为"岁寒三友"(即"松、竹、梅")之一,又被誉为"花卉四君子"(即"梅、兰、竹、菊")之一。

因之历代诗人、画家、文学家、书法家均把竹作为题材而咏竹、画竹、写竹等,出现了大批咏竹的诗词、画竹的中国画、写竹的书法作品和描写竹的散文作品。

生活在绿竹的环境中,不仅能使人产生对人生的感悟,更能使人拥有高风亮节、坚贞正直、虚怀若谷的高尚情怀。

唐代的诗人刘禹锡曾以"陋室"为荣,然而更多的文人雅士则有以"不可居无竹"为居住环境的高雅意愿。

晋代书法家王子猷(即王羲之子王徽之)曾借住他人的空宅,他第一件事就是让人在庭院里种竹。有人对他说:"你只是借住别人的房子,何必这样劳神费心?"王子猷指着新种的竹说:"何可一日无此君?"可见他把竹当做一日不可分的知音了。宋代大文豪苏轼也说过:"宁可食无肉,不可居无竹。无肉令人瘦,无竹令人俗。"宋代画竹大家文同则为画竹、看竹而在窗前专种一丛翠竹,于是留下成语"胸有成竹"的故事。宋代散文家王禹偁被贬官到盛产竹的黄州,他便择地建了两间竹楼,并作《黄州竹楼记》,文中描述了他居其楼的新奇感受:"夏宜急雨,有瀑布声;冬宜密雪,有碎玉声;宜鼓琴,琴调虚畅;宜咏诗,诗韵清绝;宜围棋,子声丁丁然;宜投壶,矢声铮铮然;皆竹楼之所助也。"

清代"扬州八怪"之一的郑板桥则以画竹著称,并且他对竹情有独钟。他在题画中说:"茅屋一间,新篁数竿,雪白纸窗,微侵绿色,此时独坐其间,一盏雨前茶,一方端砚石,一张宣州纸,几笔折枝花。朋友来至,风声竹响,愈喧愈静;家僮扫地,侍女焚香,往来竹阴中,清光映于画上,绝可怜爱。何必十二金钗、梨园百辈,须置身于清风静响中也。"他在题画竹诗云:"衙斋卧听萧萧竹,疑是民间疾苦声;些小吾曹州县吏,一枝一叶总关情。""乌纱掷去不为官,囊橐萧萧两袖寒;写取一枝清瘦竹,秋风江上作渔竿。"好个清风竹响的世界,春夏秋冬,白昼夜晚,品茗作画,迎朋送友,须臾不离萧萧翠竹。

《红楼梦》中的林黛玉则以竹为友。当荣国府里的少爷小姐们准备移居大观园时,宝玉问黛玉想挑选哪一处,黛玉笑答:"我心里想着潇湘馆好,我爱那里的几竿竹子,隐着一道曲栏,比别处幽静些。"从此,林黛玉便成了潇湘馆主,她的生命、她的悲欢离合便与潇湘馆的竹子连在一起了。这片翠竹不仅象征着她那坚贞不屈的高尚品格,那潇潇凄清的竹子也征喻了她的孤傲正直的性格,同时也暗喻了她那凄凉悲怆的命运。

历代诗人咏竹的诗词则不计其数。仅摘名句:南朝的鲍照在《中兴歌》中有"梅花一时艳,竹叶千年色"。南朝的刘孝先《咏竹》诗:"竹生荒野外,梢云耸百寻。无人赏高节,徒自抱贞心。"唐代王维的《竹里馆》诗:"独坐幽篁里,弹琴复长啸。深林人不知,明月来相照。"李白《别储邕之剡中》诗:"竹色溪下绿,荷花镜里香。"杜甫在《绝句》中则有:"华轩蔼蔼他年到,绵竹亭亭出县高。江上舍前无此物,幸分苍翠拂波涛。"刘禹锡《赠竹十二韵》诗:"高人必爱竹,寄兴良有以。峻节可临戎,虚心宜待士。"唐人吕太一《咏院中丛竹》诗:"擢擢当轩竹,青青重岁寒。心贞徒见赏,箨小未成竿。"崔道融《郊居友人相访》诗:"不有小园新竹色,君来那肯暂淹留。"宋代林逋诗《竹林》:"人怜直节生来瘦,自许高材老更刚。曾与蒿藜同雨露,终随松柏到冰霜。"苏轼《御史台榆、槐、竹、柏四首·竹》诗:"萧然风雪意,可折不可辱。风霁竹已回,猗猗散青玉。"在《竹坞》诗中说:"晚节先生道转孤,岁寒惟有竹相娱。"吴儆在《西江月》词中有:"山色不随春老,竹枝长向人新。"魏了翁词《水调歌头》中有"古树百夫长,修竹万竿旗"。明代李东阳《画竹》诗:"山风与溪竹,共作一林秋。"清代袁枚《芟竹》诗:"竹性不耐杂,志在干青云。蒙茸依附者,都非贤子孙。"洪升诗:"斑竹一枝千滴泪,湘江烟雨不知春。"郑板桥诗《竹》:"一节复一节,千枝攒万叶。我自不开花,免撩蜂与蝶。"他在《竹石》诗中说:"咬定青山不放松,立根原在破岩中。千磨万击还坚劲,任尔东西南北风。"清代诗人王天骥的《孤坐斋》诗有:"竹翠寒不凋,山光静相对。"黄景仁《题丛竹图》诗有:"竹以丛益茂,丛则竹不孤。"汪琬在《忆洞庭》诗中有:"雨过斑竹千丛绿,潮落芳兰两岸青。"

总之,竹文化的内涵可谓丰富深厚,词语繁多,值得研究与品味。

第三节 梅文化及其词语

一、中国梅文化概说

俗语说:梅开独先天下春,花中气节最高坚。由于梅花的迎霜破雪傲寒绽放,并且最早给千家万户报来春天的信息,因此梅花在中国传统文化中,早已不仅仅是一种花卉,它已成为一定社会背景下人们精神追求的目标。它以广阔、丰富、深邃的文化内涵,构成了中国独特的文化形式。我们所说的"梅文化",就是人们以梅花为对象进行培育、观赏、研究等活动中所创造的物质与精神财富的总和。从一定意义上说,梅文化是各种爱梅赏梅活动所创造的社会价值及其实现的过程,它为中华文化增添了几分瑰丽。

中国是梅树的原产地,梅的种类丰富,种植地域广泛。出土文物证实,中国育梅的历史在四千年以上。梅在历史上最早为食物,后因花形色美成为审美欣赏的对象;又由于梅的耐寒及花的清香等特性,人们进而用梅比德畅情。由食梅、植梅、用梅而艺梅、器梅、颂梅,由梅林、梅景而爱梅、赏梅,由梅品而喻人品,因之而出现的历代梅诗、梅词、梅曲、梅文、梅画、梅乐、梅歌、梅饰、梅具、梅食、梅饮、梅药等层出不穷。随着人们对梅认识的深化,以梅象征中华民族品格的文化心理和以梅为表现内容的文化形式也不断发展。

中国梅文化的影响早已传出国界,在日本、韩国、越南等国家均可寻找到沿袭梅文化的痕迹。在国外的华人华侨中,梅花更是中国的象征、家乡的信物,这也充分表明了中华文化的博大精深。梅文化的发掘与提倡,无疑是人类对梅文化认识的进一步深化;方兴未艾的梅文化会不断以新的形式和新的内容,提升到新的境界,必将绽放出新的绚丽之花。

二、梅园与赏梅

踏雪寻梅,成为古今人们的高雅活动。

由梅配植而成的梅园、梅林、梅峰、梅径、梅溪等美景,将华夏大地点缀得如诗似画,勾人游思。例如江苏省无锡市的梅园依山植梅,以梅饰山;梅开时节,雪海红霞,蔚为壮观。南京的梅花山,每届花开之时,花香枝影,浪涌雪堆,美不胜收。武汉市的磨山梅园,花期来临,万梅奔放,花海如云,幽香扑鼻。杭州市的超山梅花,斗寒吐艳,白似积雪,红晕如霞,雪海香涛,引人入胜。苏州市的邓尉山广植梅花,凌寒盛开,落英缤纷,暗香浮动,风光迷人。此外,武汉的东湖梅岭、广东的大庾岭罗浮山、杭州的西湖孤山等地,也是赏梅的好去处。古人赏梅时,注重梅的"韵"和"格",以"横斜疏瘦"与"老枝奇怪者"为贵。如今人们欣赏梅花以"四贵"为标准,即贵稀不贵密,贵老不贵嫩,贵瘦不贵肥,贵含不贵开。

时届花期,偕二三知己踏雪探梅,寻得赏梅胜地,品味那缥缈浮动的幽香,领略疏影横斜的风韵,自然是赏心之乐事。赶上明月之夜,徜徉于梅林之间,沐浴在香涛之中,看那梅花印月、月笼梅花,"有梅无雪不精神,有雪无诗俗了人。""梅须逊雪三分白,雪却输梅一段香"的诗兴便油然而生。倘得一铁骨虬枝的梅桩,或取几枝梅花插入花瓶,置于案头,便有馨香盈室、雅致非凡,独具风光之感。

三、梅花的象征含义

从道德文化方面看,自古梅花象征铁骨铮铮、不屈不挠、凌寒傲雪的崇高品德。如古代帝王常用盐梅调鼎作和羹,寓意为治国调政的方法。斗霜傲雪、坚挺傲岸的梅花,在儒家文化观念中,象征着高洁守德的凛然君子、不畏严寒的刚毅雄杰、惊顽起懦的勇猛斗士。梅花姿态瘦劲,冰肌玉骨,象征意志刚强和品德高尚的君子。因此"岁寒三友"(松、竹、梅)中有梅的倩影;"花卉四君子"(梅、兰、竹、菊)中也有梅的芳名。

"玉雪为魂冰为魄"不仅是梅的禀赋,更是其崇高情操的象征。梅花凌寒独放的性格,被历代文人赋予了丰富的道德哲理内涵,诸如"几生修德到梅花"、"品若梅花香在骨"、"人与梅花一样清"、"不要人夸颜色好,只留清气满乾坤"、"平生历尽寒冬雪,赢得清香沁大千"等等。在这里梅花已被幻化成一种悟性境界,充分反映出中华民族特有的气质。在中国,凡言及梅花,总能引起人们的种种联想,先进入脑海的往往不是梅花的物质形态,而是那坚贞不屈、高雅不凡、刚毅圣洁的精神形态。毛泽东在《咏梅》词中把梅花精神赋予了新的时代内容:"已是悬崖百丈冰,犹有花枝俏。俏也不争春,只把春来报。待到山花烂漫时,她在丛中笑。"表现了梅花的一身正气,坚强无畏;屹立在严寒里,凛然傲骨,压雪吐香;独立奋进,不依附于他物,这正是中华民族气魄之根本,民族气节的象征。正因为如此,梅花成为中国人民心中的国花。

中国人民对梅花一往情深,梅花又成为喜庆瑞兆、幸福吉祥物。古人有梅开五福之说。如《尚书·洪范》称:"五福:一曰寿,二曰富,三曰康宁,四曰攸好德,五曰考终命。"中国民间也有"五福"的说法:"人臻五福,花满三春。""梅开五福"当是"福"的最高境界了。今天,"梅开五福"也象征着快乐、幸福、长寿、顺利、和平之意。或许正是梅花绽放多为五瓣之缘故。旧时还认为"梅具四德,初生为元,开花如亨,结子为利,成熟为贞"。人们利用谐音关系,把喜鹊当成喜。如喜鹊在梅枝上跳跃并鸣叫的图案,常被冠以"喜报早春"、"喜报春到"、"梅(眉)梢添喜"、"喜上梅(眉)梢",取其谐音并寓意。再如以"竹"喻夫,"梅"喻妻,以竹、梅和两只喜鹊的图案,用来祝贺结婚新禧。插上(或在女人头上或在瓶里)梅花便过年的习俗在民间至今不衰。每逢新春佳节,梅开五福、喜梅报春的贺卡请柬飞入无数人家表示贺喜纳福。春节时遍及神州的春联中,更是充满梅花盛开、春意无限的内容。在中国传统的工艺美术品、生活器皿用品(如瓷器、花瓶、屏风等)中,梅花图案更是随处可见,甚至在衣服、被枕上都常见梅花的图案。细心留神一下,大多中国人的身边和生活中都能看到梅花的形象。由此可见,中国人对梅花的认识和理解,首先是从梅文化的生活中获得。

四、梅花与文学艺术

梅花在文学艺术领域中绽放得更是绚丽多姿。古往今来,梅花被视为高风亮节的楷模,因而吸引了古今无数文人墨客为之吟诗、作赋、写谱,或咏梅言志,或借梅寄情,流传下来含梅的诗词文赋佳作之多,远非其他花卉能比。例如:

中国第一部诗歌总集《诗经》中已有写梅之佳作《摽有梅》,生动地描述了抛梅求爱的少女对爱情的渴望与追求。成语"摽梅之年"即出于此。此后,历代以梅为题材的诗词更是兴盛之极,历代凡是著名诗人词家多有咏梅之作,更有"诗句中有梅花二字,便觉有清意"之说,"小窗细嚼梅花蕊,吐出新诗句句香"之句。人们所熟悉的唐代诗人杜甫、李白、白居易、韩愈、柳宗元、李商隐、元稹、杜牧等都有咏梅诗传世。到了宋代,王安石、苏轼、辛弃疾、陆游、陈亮、姜夔、林逋、李清照、杨万里等都把咏梅诗词推向新的高峰。其中,陆游一生作诗万首,其中咏梅之作达千首,今存160余首,他把"高标已压万花群"的梅花赋以"无意苦争春,一任群芳妒。零落成泥碾作尘,只有香如故"的高尚品格,让人感慨万千,传诵千古。林逋爱梅成痴,终日与梅鹤相伴,留下"梅妻鹤子"的佳话,他撰成的"疏影横斜水清浅,暗香浮动月黄昏"之句,把梅花的风姿雅韵描绘得奇妙无比,遂成咏梅绝唱。元代诗人杨维祯以"万花敢向雪中出,一树独先天下春"之句颂扬了梅花凌寒之气节。明代诗人高启用"雪满山中高士卧,月明林下美人来"之句,状梅之姿色风采和飘逸之情。宋人黄大舆把宋以前若干咏梅的诗词选编成集,名曰《梅苑》,有10卷之多,为中国文学史上第一部咏梅专集。

老一辈革命家也写下了很多咏梅、赞梅的诗词。如陈毅元帅写有"隆冬到来时,百花迹已绝。红梅不屈服,树树立风雪"之诗句。董必武留下了"不管风和雨,寒梅自著花。冰肌历寂寞,春动冷生涯"之佳句。毛泽东的《卜算子·咏梅》也广为人们传诵。

古人为梅作赋撰文者为数也不少。唐玄宗的得力贤臣宋璟早年曾作《梅花赋》以激励自警,后立志向上,奋发读书,终于官至宰相。后来清朝的乾隆皇帝乃为宋璟《梅花赋》所感动,行书梅花赋并刻石勒碑以示后人。明朝的唐寅也作《腊梅赋》，钟惺写下《夏梅说》，清朝龚自珍则作《病梅馆记》，抨击"将萎之华（花），惨于槁木"的时弊，以梅喻人议政，抒发了自己的情怀抱负。

五、梅花与绘画、音乐和戏剧

梅花不仅与文学关系密切，而且与绘画、音乐和戏剧也有亲密的关系。

画梅自古画家爱称之写梅，以写代画，旨在注重梅花意趣的发挥，追求神似，而不在乎梅花形状是否相似。"寒梅入画底上香，留得芬芳启后人"这反映出中国人艺术思维的特点。据画史记载，唐代于锡写梅就已先勾勒后着色。到了北宋初年，徐崇嗣用色点染能极其妙；而陈常写梅，其枝干用飞白，点花以色；崔白则始用水墨写梅，释仲仁则更精于此技，被认为是墨梅的鼻祖。南宋杨无咎，则创圈白梅花不着色，还以双钩与没骨法，尽写梅之荒寒清绝之趣。元代王冕，号梅花屋主，画梅以胭脂作没骨体，缀疏花点点，再现梅花瘦硬清妍的丽质佳姿，惟妙惟肖，人称村梅。其实，画家展示的是画家自身鲜明的个性和情操。在中国画史上，画梅自成一科，并且画论成熟，流派众多，代有传人。早在南宋已形成第一部画梅的专著，即宋伯仁撰成的《梅花喜神谱》。至今，北京故宫博物院的藏画中，古人传世的写梅之作数以百计。

许多画家对梅情有独钟，如元代画家王冕于居住处植梅千株，并自号"梅花屋主"。当代国画大师齐白石38岁时，曾租了间周围拥有20亩梅花的房屋，取名为"百梅书屋"。著名画家朱屺瞻也钟爱梅花，曾于寓所周围植梅百余株，并将寓所命名为"梅花草堂"。

梅花与中国的音乐及戏剧也结缘极深。唐乐府中有《梅花落》，恐怕是最早的梅花音乐了，可惜曲已失传。《梅花三弄》、《咏梅》等古曲，在今天依然是人们所喜爱的经典乐章。评弹则有《梅花梦》。在现代，以梅为主题的音乐歌曲更是不胜列举，如歌颂革命烈士江姐的《红梅赞》，毛泽东《咏梅》词等。

古今戏剧以梅为题者也不在少数，如古戏曲有《梅花配》，越剧及汉剧有《二度梅》，其他戏剧有《梅花记》、《梅花梦》、《一枝梅》、《雪里梅》等。当今戏剧歌舞界的最高奖项即称"梅花奖"，为实现梅花之梦已成为杰出戏剧歌舞演员的最高向往。

　　总之，以梅为题的文学作品、绘画作品、历代名曲及戏剧、神话典故，与梅相关的词语，用梅命名的人名、书斋、地名，梅的食用药用……凡此种种，不一而足。一句话，在中华文化中，无处不见梅花的身影。梅文化堪称中华文化园林中一枝奇葩，它数千年来影响了中国人的文化思想，它凝聚映射出中国人高尚的道德情操及审美情趣。

参考书目

罗常培著《语言与文化》,语文出版社,1989
王　力著《汉语史稿》,科学出版社,1958
吕叔湘著《语文常谈》,三联书店,1979
张清常著《胡同及其他》,北京语言学院出版社,1990
陈建民著《语言文化社会新探》,上海教育出版社,1989
邢福义主编《文化语言学》,湖北教育出版社,1990
何九盈、胡双宝、张猛主编《中国汉字文化大观》,北京大学出版社,1995
王建华著《文化的镜象——人名》,吉林教育出版社,1990
郭锦桴著《汉语与中国传统文化》,中国人民大学出版社,1993
申小龙著《社区文化与语言变异》,吉林教育出版社,1991
韩民青著《文化论》,广西人民出版社,1989
耿龙明等主编《中国文化与世界》,上海外语教育出版社,1992
马挺生著《命名的艺术》,广东人民出版社,1992
贾彦德著《汉语语义学》第2版,北京大学出版社,1999
苏新春著《汉语词义学》,广东教育出版社,1992
王献忠著《中国民俗文化与现代文明》,中国书店,1991
高国藩著《中国民俗探微》,河海大学出版社,1990
杨存田著《中国风俗概观》,北京大学出版社,1994
方立天著《中国佛教与传统文化》,上海人民出版社,1988
朱瑞玟编著《成语与佛教》,北京经济学院出版社,1989
笠原仲二著《古代中国人的美意识》,北京大学出版社,1987
赵瑞民著《姓名与中国文化》,海南人民出版社,1988
徐俊元等编著《贵姓何来》,河北科学技术出版社,1985
萧遥天著《中国人名研究》,国际文化出版公司,1987

语言文字应用研究所社会语言学研究室编《语言·社会·文化》,语文出版社,1991

丁国成等编《中国作家笔名探源》,时代文艺出版社,1986

张立文著《传统学引论》,中国人民大学出版社,1989

严耀中"华夏民族意识中的整体主义背景",《中国文化源》,上海百家出版社,1991

符淮青"汉语表'红'的颜色词群分析",《语文研究》,1988年第1期

刘云泉"色彩、色彩词与社会文化心理",《语文导报》,1987年第6—7期

赵守辉"汉语与饮食文化",《汉语学习》,1991年第5期

李如龙"地名的分类",《地名知识》,1985年第3期

范庆华"东、西、南、北",《汉语学习》,1991年第2期

关立勋主编《中国文化杂说》,北京燕山出版社,1997

姜中卫"中国梅文化简论",《人民日报》(海外版),1998年11.12

后　　记

　　笔者在三十多年的对外汉语教学中,深感语汇教学的重要和难度。

　　外国留学生在基础汉语学习阶段初步掌握了汉语的语音、汉字、基本词汇和语法之后,进入中级汉语(二年级)和高级汉语(三、四年级)阶段,感到问题最多的还是词语方面的问题,尤其是文化词语方面的问题。可以说,中高级汉语教学阶段的难点和重点在词汇。

　　我们汉语教师给留学生讲解词语时,一般多按照词典中的释义,或者简单地加以汉外对译。如汉语教材中的生词部分的汉英或汉法、汉日的对译。实际上,这些释义和对译往往只是词汇的表层义,即词汇意义和语法意义,而对词汇的深层义,包括象征义、文化义等却习焉不察。然而自幼受外域文化影响的外国留学生,却常常向教师问及词汇深层义方面的问题。诸如:汉语词汇中"松、竹、梅"、"桃李"的象征义,颜色词如"红、黄、绿、黑、白"等的文化义;为什么汉语中那么多"龙"啊、"凤"啊的词语;中国人为什么喜爱鸳鸯、喜鹊,而讨厌猫头鹰、乌鸦之类;狗在西方是宠物,而在汉语中却含有贬义;为什么在现代汉语的词汇中双音节词占绝对优势,四字格词语特别多,包括成语,几乎都是四字格式;等等。

　　显然,外国留学生提出来的这些问题,都与汉文化有密切关系。因为汉语是汉文化的载体,汉文化又是汉语的内蕴,尤其是汉语词汇,更是汉文化积淀而成的活化石。因此,要解答外国留学生提出的这些问题,必须从汉文化中去寻根问底。但目前师生苦于缺少这方面的工具书和参考书。

　　为了教学的需要,我们带着这些问题到浩瀚的汉文化典籍中去搜寻查找,经过几年的努力,积少成多,最后经过分析归纳,整理成书。

　　本书分为二十一章论述,是一种尝试。全书注重例证,论例结合,力求对读者有切实的帮助。书中一些讲法,特别是对某些文化现象的说明,吸取古今资料,择善而从,尽量不罗列异说,并力避俗词源学。为适合外国人学习汉语的需要,在语言上力求深入浅出,对一些书面性的文化词语,也尽量多作通俗性的阐释,但不讲一般词汇知识,以免与其他课重复。

以上有关内容对于国内各兄弟民族也是适用的,相信对汉族青年学生也会有所帮助。

此书的出版,首先要感谢北京大学教授周祖谟先生和语言文字应用研究所研究员陈建民先生。周祖谟先生,虽然年事已高,但他从始至终对此书的写作给予了鼓励和支持,书成时并欣然赐序。陈建民先生在百忙之中审阅了原稿,并提出了中肯的意见。北京语言学院的杨国章教授、赵金铭教授和鲁健骥教授也对书稿提出了宝贵的意见,北京大学出版社胡双宝教授审阅书稿并有所增益,谨在此一并致谢!

限于作者水平,疏误在所难免,谨企盼前辈和同行批评指正。

常敬宇
1993 年 12 月 3 日

修订附识

此次修订,除增加了新的章节之外,还对原书的章节进行了适当的补充和修正,其中,对有些章节的简略之处加以补述,对有些缺欠之处加以补充,对个别讹误之处加以修正;同时,还对本书所引据的文献资料也进行了核正。总之,比原版的内容更加充实和完善。

常敬宇
2009 年 3 月 28 日